HAMMERSTEIN OU A OBSTINAÇÃO

A marca FSC é a garantia de que a madeira utilizada na fabricação do papel deste livro provém de florestas de origem controlada e que foram gerenciadas de maneira ambientalmente correta, socialmente justa e economicamente viável.

HANS MAGNUS ENZENSBERGER

Hammerstein ou A obstinação

Uma história alemã

Tradução
Samuel Titan Jr.

Copyright © 2008 by Suhrkamp Verlag Frankfurt am Main

Grafia atualizada segundo o Acordo Ortográfico da Língua Portuguesa de 1990, que entrou em vigor no Brasil em 2009.

Título original
Hammerstein oder Der Eigensinn - Eine deutsche Geschichte

Este livro recebeu, em 2008, fomento pelo programa de apoio à tradução do Goethe-Instituit.

O tradutor agradece a Jorge de Almeida, Christine Röhrig, Luiz A. de Araújo, Betina Bischof e Renata Esteves.

Capa
warrakloureiro

Preparação
Marcia Copola

Índice onomástico
Lucas Carrasco

Revisão
Huendel Viana
Marise S. Leal

Dados Internacionais de Catalogação na Publicação (CIP)
(Câmara Brasileira do Livro, SP, Brasil)

Enzensberger, Hans Magnus
 Hammerstein ou A obstinação : uma história alemã / Hans Magnus Enzensberger ; tradução Samuel Titan Jr. — São Paulo : Companhia das Letras, 2009.

 Título original : Hammerstein oder Der Eigensinn : Eine deutsche Geschichte
 Bibliografia
 ISBN 978-85-359-1477-1

 1. Alemanha - História - 1918-1933 2. Alemanha - História - 1933-1945 3. Comunistas - Alemanha - Biografia 4. Generais - Alemanha - Biografia 5. Hammerstein, Kurt von, 1878-1943 I. Título. II. Título: A obstinação : uma história alemã.

09-04717   CDD-923.5092

 Índices para catálogo sistemático:
 1. Alemanha : Generais : Biografia   923.5092
 2. Generais : Alemanha : Biografia   923.5092

[2009]
Todos os direitos desta edição reservados à
EDITORA SCHWARCZ LTDA.
Rua Bandeira Paulista 702 cj. 32
04532-002 — São Paulo — SP
Telefone (11) 3707-3500
Fax (11) 3707-3501
www.companhiadasletras.com.br

O medo não é uma visão de mundo.
K. v. H.

Sumário

Um dia difícil, 11
A carreira exemplar de um cadete, 15
Um clã de longa data e um casamento à altura, 16
Um avô sinistro, 20
Algumas anedotas, 23
Uma conversa póstuma com Kurt von Hammerstein (I), 26
Primeira glosa. Os temores da República de Weimar, 31
Uma conversa póstuma com Kurt von Schleicher, 35
Segunda glosa. Um novelo de manobras e intrigas, 47
Tempos difíceis, 48
Três filhas, 57
Coisas de trabalho, 68
Sob camuflagem, 74
Uma estranha peregrinação, 79
Uma história de veteranos, 83
As aventuras do sr. Von Ranke, 84
Uma dama boêmia entra em cena, 89
Uma conversa póstuma com Ruth von Mayenburg (I), 92

Tentativas de última hora, 93
Terceira glosa. Sobre a cisão, 99
A guerra invisível, 101
Um jantar com Hitler, 104
Lista dos presentes ao 3 de fevereiro de 1933, 105
Moscou à espreita, 106
Uma conversa póstuma com Kurt von Hammerstein (II), 111
Fatos consumados, 114
Hindenburg manda saudações, 119
Uma conversa póstuma com Kurt von Hammerstein (III), 119
Uma conversa póstuma com Werner Scholem, 125
Um espião nato, 132
Dois casamentos muito diferentes, 137
Estilo de vida à prussiana, 146
O massacre, 148
Um acerto de contas de outra espécie, 149
À margem (I), 153
Uma conversa póstuma com Ruth von Mayenburg (II), 154
Uma conversa póstuma com Leo Roth, 158
Sondagens, 162
Uma conversa póstuma com Helga von Hammerstein (I), 165
Sobre o processo número 6222, 168
Uma conversa póstuma com Helga von Hammerstein (II), 170
Um aniversário e suas consequências, 171
Outro tipo de agente, 174
Um infiltrado no Bendlerblock, 176
Mais uma vida dupla, 181
Do histórico partidário de Leo, 185
Sem Helga, 186
No emaranhado dos desvios, 190
Uma mensagem de Moscou, 191
A inquisição, 193

A terceira filha na rede de espionagem, 199
Quarta glosa. A gangorra russa, 203
O marechal manda seus cumprimentos, 208
O Exército decapitado, 210
Helga ou a solidão, 215
Quinta glosa. Sobre o escândalo da simultaneidade, 217
Visitas campestres, 221
Uma despedida, 225
Uma conversa póstuma com Ruth von Mayenburg (III), 226
Guerra, 232
À margem (II), 235
Do quartel-general do Führer, 238
O funeral, 240
Sexta glosa. A propósito da nobreza, 244
Uma sala no Bendlerblock, 247
Uma conversa póstuma com Ludwig von Hammerstein, 252
A fuga, 260
Lembrança de uma farmacêutica, 264
A ofensiva, 268
Cúmplices pelo sangue, 270
A necrose do poder, 272
O fim de Berlim, 279
O retorno, 282
A mãe, 284
Quatro longos caminhos de volta à normalidade, 287
Vida nova no Novo Mundo, 290
O despertar da adormecida, 294
Questões de fronteira, 297
Uma conversa póstuma com Marie Luise
    von Münchhausen, 300
Os últimos anos de Helga, 303
Sétima glosa. O silêncio dos Hammerstein, 304

Por que este livro não é um romance, 307

Fontes, 321
Agradecimentos, 327
Sobre as ilustrações, 329
Índice onomástico, 331

O matrimônio do general Kurt von Hammerstein-Equord foi abençoado com sete filhos, quatro moças e três rapazes. Este relato trata dele e de sua família.

UM DIA DIFÍCIL

Como toda manhã, em 3 de fevereiro de 1933 o general deixou seus aposentos na ala leste do Bendlerblock pontualmente às sete horas. Não tinha que andar muito até o gabinete, que ficava no andar de baixo. Ali, naquela mesma noite, deveria sentar-se para conversar com um certo Adolf Hitler.

Quantas vezes já o encontrara? Deve tê-lo visto já no inverno de 1924/25 na casa do fabricante de pianos Edwin Bechstein, que ele conhecia havia muito. É o que diz seu filho Ludwig. Hitler não teria causado maior impressão em seu pai. Ele o descreveu então como um doidivanas, se bem que um doidivanas habilidoso. A sra. Helene Bechstein fora desde sempre uma grande admiradora de Hitler. Além de financiá-lo durante seus anos em Munique — falava-se de empréstimos e joias —, ela o introduzira ao que julgava ser a boa sociedade. Dava grandes jantares para Hitler, para apresentá-lo a amigos influentes, e lhe ensinara como manejar os talheres à mesa, quando e como beijar a mão de uma senhora, como envergar um fraque.

Alguns anos mais tarde, em 1928 ou 1929, Hitler foi ter com o general na residência deste na Hardenbergstrasse, não muito longe da estação Zoologischer Garten, presumivelmente para sondar o que o Estado-Maior pensava a seu respeito. Franz von Hammerstein, que na época tinha sete ou oito anos, recorda como o pai recebeu a visita: "Sentaram-se na varanda e conversaram. A opinião do meu pai sobre aquele homem: ele fala demais, e de modo muito confuso. Deu-lhe de ombros. Mesmo assim, Hitler não desistiu dele e lhe enviou uma assinatura gratuita de uma revista nazista".

O terceiro encontro aconteceu em 12 de setembro de 1931, na casa de um certo sr. Von Eberhardt, por insistência de Hitler, que a essa altura liderava o segundo partido mais forte da Alemanha. "Hammerstein disse por telefone a seu amigo [e então ministro da Defesa] Schleicher: 'O figurão de Munique quer falar conosco'. Schleicher respondeu: 'Infelizmente não posso'." A reunião durou quatro horas. Na primeira, Hitler falou sem parar, até que Hammerstein fez uma observação; nas restantes, discutiram; e por fim Hammerstein — segundo esse sr. Von Eberhardt — teria declarado: "Queremos ir mais devagar. De resto, somos da mesma opinião". Ele de fato fez tal declaração? Seria um indício das ambivalências profundas dessa época de crise, à qual nem mesmo as cabeças mais atiladas estavam imunes.

Depois dessa conversa, Schleicher teria perguntado a Von Eberhardt: "Que você acha desse Hitler?". "Embora muito do que ele diz seja inaceitável, não há maneira de contornar um homem que tem o apoio das grandes massas." "O que eu vou fazer com esse psicopata?", teria respondido Schleicher, então major-general e um dos políticos mais influentes do país.

Kurt von Hammerstein, por volta de 1934

Menos de um ano depois, o "psicopata" dominava a Alemanha. Em 3 de fevereiro de 1933, reuniu-se pela primeira vez com a cúpula das Forças Armadas* para expor seus planos e, se possível, conquistá-la. O anfitrião da noite foi o general Kurt *Freiherr* von Hammerstein-Equord.

Na ocasião, tinha 54 anos de idade e parecia ter chegado ao ápice da carreira. Já em 1929, como major-general, fora nomeado chefe do departamento de tropas, termo sob o qual se camuflava o Estado-Maior das Forças Armadas — que, pelo Tratado de Versalhes, não podia existir. Um ano depois, fora promovido a general e a comandante do Exército, o cargo mais alto do Exército alemão. A decisão fora muito polêmica. Os partidos de direita rechaçavam-no com veemência; censuravam-no por não ser "patriota" o bastante. No Ministério da Defesa, era chamado "o general vermelho", provavelmente por conhecer bem, por experiência própria, o Exército Vermelho. Ficara impressionado com a ligação estreita entre a tropa e as massas, em contraste com o completo isolamento político entre as Forças Armadas alemãs e as classes trabalhadoras. Ainda assim, era absurdo atacar Hammerstein como esquerdista, como fazia o *Völkischer Beobachter*; afinal de contas, ele era, por suas atitudes, um militar aristocrata da velha guarda. Numa reunião de comandantes em fevereiro de 1932, ele se expressou inequivocamente: "Nossas convicções nos levam à direita, mas precisamos saber com clareza quem são os responsáveis pela catástrofe política de agora. Estou falando dos líderes dos partidos de direita. São *eles* os culpados".

Um ano mais tarde, embora pudesse contabilizar uma carreira de sucesso, Hammerstein estava fundamentalmente farto de seu cargo.

---

* Ao longo deste livro, "Forças Armadas" traduz *Reichswehr*, denominação anterior à *Wehrmacht* nazista; usada durante a República de Weimar, ela conserva, entretanto, a menção a "império" (*Reich*). (N. T.)

A CARREIRA EXEMPLAR DE UM CADETE

1888 Colégio militar de Plön
1893 Colégio militar central de Berlim-Lichterfelde
1898 Segundo-tenente no 3º Regimento da Guarda em Berlim
1905-07 Em Kassel
1907 Academia de Guerra em Berlim
1909 Primeiro-tenente
1911 Na seção de logística do Estado-Maior Geral
1913 Capitão no Estado-Maior
1913 Ajudante na Intendência-Geral
1914 Comandante de companhia em Flandres
1915 Primeiro oficial (operações) do Estado-Maior do VIII Corpo de Reserva
1916 No Estado-Maior Geral
1917 Major
1918 Primeiro oficial (operações) do Estado-Maior do Comando-Geral
1919 No Estado-Maior do Corpo Lüttwitz
1919 No Estado-Maior do I Comando de Grupo em Berlim
1920 Tenente-coronel
1920 Comandante do Estado-Maior do II Comando de Grupo em Kassel
1922 Comandante do 3º Batalhão do 12º Regimento de Infantaria em Magdeburg
1924 Comandante do Estado-Maior da 3ª Divisão em Berlim
1925 Coronel
1929 Major-general, comandante do Estado-Maior do I Comando em Berlim
1929 Tenente-general, comandante do departamento de tropas
1930 General de infantaria, comandante do Exército

UM CLÃ DE LONGA DATA E UM CASAMENTO À ALTURA

Os barões Von Hammerstein são uma família muito ramificada que descende da velha nobreza da Vestfália e que, segundo o almanaque de Gotha, dividiu-se em duas linhagens e quatro ramos. Mil anos atrás, viviam na Renânia, onde ainda hoje, nas proximidades de Andernach, podem-se ver as ruínas de um castelo que leva seu nome; mais tarde, estiveram também em Hannover, na Áustria e em Mecklenburg. Encontram-se entre eles proprietários rurais, oficiais, conselheiros e guardas-florestais; as mulheres casavam-se à altura de sua condição ou terminavam a vida como freiras ou abadessas.

O pai do general vivia como guarda-florestal em Mecklenburg-Strelitz. Mandou o filho para o colégio militar, ainda que o jovem, segundo consta, preferisse virar advogado ou comerciante de café em Bremen. Como o pai tinha mais dois filhos, mas nenhum recurso, não havia como financiar outro tipo de estudo. Não bastasse isso, o jovem Hammerstein era ocasionalmente convocado a prestar serviços de pajem na corte imperial em Potsdam, coisa que lhe agradava tão pouco quanto o treinamento militar. Já nesses anos de formação conheceu o futuro chanceler Kurt von Schleicher. Aos vinte anos, os dois receberam a patente de oficial e seguiram como tenentes para o 3º Regimento da Guarda. A tropa gozava de muito prestígio; dela saíram vários generais e também, infelizmente, Paul von Hindenburg e seu filho Oscar.

Como preparação à Academia de Guerra, Hammerstein passou à Artilharia de Campanha em Karlsruhe. Viajou com todos os pertences em dois cestos de roupa, depois de leiloar o resto em seu antigo regimento. A decisão teria consequências de longo alcance para Hammerstein; pois em Karlsruhe, para onde se transferiu de caso pensado, ele reencontrou uma senhorita cujo pai, o barão Walther von Lüttwitz, era o comandante do Estado-Maior local.

Ela se chamava Maria. Hammerstein conhecera-a já em 1904, em Berlim, e pôs todo o empenho em se casar com ela.

Lüttwitz vinha de uma família de funcionários e proprietários da velha nobreza da Silésia. Sobre sua esposa, uma certa condessa Von Wengersky, nascida na Hungria, dizia-se que tinha sangue cigano e que era em tudo diferente das mulheres alemãs; uma das antepassadas dela era a lendária dançarina Catarina Filipacci, que o rei da Saxônia mantinha em sua corte.

A vida em grande estilo que os Lüttwitz levavam em Berlim não dava mostras de tais extravagâncias. Na sociedade guilhermina com que conviviam, os Lüttwitz gozavam "do favor das duas majestades". As filhas tomavam aulas de dança, falavam francês fluentemente e eram preparadas com esmero para sua primeira temporada de bailes; isso valia em especial para Maria, a segunda filha, de quem se diz que "causava impressão e tinha muitos pretendentes". Não era raro haver cem convidados para uma dessas festas dançantes. Os convidados do sexo masculino pertenciam a boas famílias e bons regimentos.

Lüttwitz escreve em seu diário: "É claro que o tenente Kurt von Hammerstein frequentava nossa casa, em sua condição de velho camarada de regimento. Também jogava tênis com minhas duas filhas. De início, não percebemos que tinha se decidido por Mietze [Maria]. Mas aos poucos a coisa se tornou clara para nós, e, uma vez que, em nossa opinião, não havia ali meios para prover um matrimônio livre de preocupações materiais, fui franco com o pretendente quando ele veio até mim pedir a permissão. Pedi que renunciasse a sua intenção, ele compreendeu meus argumentos mas pediu para manter as relações sociais conosco, para que nada viesse à tona. Assenti; mas o resultado, como eu devia ter previsto, foi que o namorico seguiu adiante".

Maria von Hammerstein recorda: "Nós dois, Kurt e eu, nos conhecíamos desde o inverno de 1904. Ele me parecia mais sério e sereno que os outros, diferente das outras pessoas. Numa festa a fantasia, ele de húngaro e eu à moda de Estrasburgo, nós dançamos juntos um bom tempo. Eu sempre me sentia diferente quando estava com ele". Os dois tornaram a se encontrar no clube de tênis. "Na hora de voltar para casa, o sr. Von Hammerstein sempre carregava meus sapatos. Na festa de despedida, ele trouxe quatro garrafas de espumante. Em novembro nos encontramos de novo num bazar na Festhalle. Dancei numa fantasia de estatueta em porcelana de Sèvres, num traje branco, toda maquiada de branco. Receava pelo nosso futuro."

Nada disso comoveu o sr. Von Lüttwitz. Ninguém queria oficiais pobres no Exército, muito menos na própria família. E Hammerstein não tinha dinheiro. Não podia levar para o casamento mais que uma pasta com a etiqueta: "Controle de dívidas". Foi somente quando um avô de Hammerstein decidiu cuidar do caso que o pai de Maria deixou de lado a resistência. Mas outro obstáculo deve ter pesado nas reservas deste último quanto ao casamento. A família Von Lüttwitz era estritamente católica, ao passo que Hammerstein, que aliás tinha pouco interesse por religião, fora batizado no protestantismo. Um casamento "misto" era tido como problemático nesses círculos. E a questão continuaria a ser fonte de todo tipo de irritação para os pais do casal, mas Kurt pôs-lhe fim com um decreto: "Além do mais", escreveu ele à mulher, "minha opinião é que os filhos devem ser batizados na fé da mãe, pois é esta que lhes ensina os fundamentos da religião. Todo o resto é puro falatório. Por mim, eles podem ficar de cabeça para baixo ou sapatear de raiva. Mas *você* não precisa entrar em polêmicas. Se alguém tiver alguma coisa para dizer, que se dirija a *mim*".

Apesar de todos os problemas, em 1907 uma cerimônia festiva foi celebrada em Karlsruhe. Dela nos chegou uma fotografia oficial. Muito embora o pai da noiva se queixasse de que a festa tivera que ser dada apenas "para um círculo mais íntimo", o grupo reunido

Maria e Kurt von Hammerstein, foto de casamento, 1907

parece bastante representativo. Muitos dos convidados, entre os quais o futuro chanceler Kurt von Schleicher, pertenciam à nobreza militar: os senhores condecorados em uniforme de gala, as senhoras em trajes brancos elegantes com chapéus fartamente adornados.

UM AVÔ SINISTRO

Uma foto posterior mostra o pai de Maria em uniforme de general, o olhar frio, os cabelos brancos, o torso magro ornado com a medalha *Pour le mérite*, apoiando a mão direita na cintura e fixando o observador com ar de desafio.

Nas recordações de sua neta Maria Therese, a ele cabe um papel nada simpático.

"Era um homem distante, representava um mundo submerso, que ele tentava em vão invocar de volta à vida. Seu mundo era para nós um mundo de sombras, o que valia tanto para a pompa fria de sua residência funcional como para as propriedades feudais no campo. Quase nenhum de nós conseguia suportá-lo.

"Um dia, ele contratou um pintor para que retratasse a mim e a minhas duas irmãs. Esses quadros ainda existem. São três pastéis com Butzi [Marie Luise] à esquerda, olhando para Helga, sentada no meio, e comigo à direita. Meu avô devolveu o retrato de Helga ao pintor porque achou que ela parecia uma judia. Provavelmente tinha lido o livro de Chamberlain, que então estava bem na moda. [*Fundamentos do século XIX*, de Houston Stewart Chamberlain, publicado em 1899, é uma das obras centrais do antissemitismo alemão.]

"Na casa do meu avô não havia vida familiar de que pudéssemos participar. Sua irmã mais velha ainda morava com ele, porque meu avô a proibira de se casar com o homem que ela amava. Nós, as crianças, não podíamos nunca fazer as refeições com os adultos;

Walther von Lüttwitz, década de 20

davam-nos de comer na copa. Minha avó ficava o tempo todo sentada na varanda do segundo andar, cercada de glicínias. Não podíamos subir até lá porque ela sofria de tuberculose. Ela morreu na Suíça, em novembro de 1918."

Pouco depois, deu-se um drama familiar.

"Quando voltamos das férias de verão para Berlim, no outono de 1919, a revolução havia começado. Meu avô Lüttwitz ainda era o general encarregado de Berlim. Morava na Hardenbergstrasse. Foi lá que nasceu meu irmão Ludwig, e minha mãe tinha ficado na casa do general com o bebê. Um dia, o marechal Hindenburg foi até lá para conversar com meu avô. Talvez por uma espécie de ambição ingênua, minha mãe teve a ideia de convidá-lo para batizar meu irmão. Eu quis fazer bonito e, ao contrário da minha irmã mais velha, que jamais teria se prestado a uma tolice dessas, prometi que pediria o favor a Hindenburg. Com um buquê de flores na mão, me aproximei dele, fiz uma vênia e então o pedido.

"Algumas semanas mais tarde, quando fui com minha mãe visitar meu avô, demos com a casa abandonada. Onde ele estava? Procuramos por ele em seu escritório e não o encontramos. Eu tinha a sensação de que havia alguém à espreita atrás de cada cadeira. A casa tinha um ar sinistro. Não tínhamos como saber então que ele havia fugido e que se abrigava com os parentes na Hungria. Como minha mãe pôde suportar tudo isso? Era tão próxima do pai, que ele, enquanto viveu, jamais deixou de lhe mandar cartões-postais com sua letra pequena e apertada."

Lüttwitz anota a respeito disso, em seu estilo brusco e lacônico: "Infelizmente, mais tarde se produziu uma tensão entre mim e Kurt Hammerstein. Depois da guerra, ele se tornou um oportunista, e então colidimos de frente". E Smilo, o cunhado de Hammerstein, declara: "A linha de separação estava traçada. Uma tragédia clássica no círculo mais íntimo da família. Minha irmã Maria sofreu muito com esse conflito".

ALGUMAS ANEDOTAS

O século XVIII foi o século de ouro de uma forma lacônica, que hoje não anda na moda: a anedota. Autores como Chamfort, Fontenelle e Lichtenberg dela se serviram. O gênero não goza de boa fama como fonte historiográfica, o que é uma pena, pois quem quer que se interesse por *caracteres e máximas* devia, se não pôr fé nele, ao menos lhe dar ouvidos.

Maria Therese, filha de Hammerstein, conta a respeito do pai, em suas memórias encantadoras e inteiramente desprovidas de pretensão:

"Meu pai tinha os dedos indicadores gigantescos, dava um a Butzi [Marie Luise] e o outro para mim, e nos levava para passear no sudoeste da cidade para ver os cavalos dos quartéis de Moabit, dava um torrão de açúcar para cada uma e mostrava como apertá-lo entre o polegar e o indicador para que o cavalo não o engolisse de uma vez. Das coisas que meu pai me ensinou, é a única de antes de 1914 que consigo recordar." (1913)

"Meus pais correm em volta da mesa redonda de café da manhã, debaixo da qual me escondi. Mamãe está com o matutino na mão, e papai vai atrás dela para pegar o jornal. Achei muito estranho. Eu só tinha quatro anos, mas logo vi que as notícias não eram boas. O jornal anunciava a mobilização geral." (1914)

"Certa manhã, meu pai vem espiar pela porta de nosso quarto de dormir, ainda no escuro. Usava o capacete com o grande penacho branco e vinha se despedir de nós porque estava para deixar Berlim no trem do imperador rumo ao quartel-general. Nessa época, era capitão no Estado-Maior." (1914)

Helga, irmã mais jovem de Maria Therese, contribui com uma história menos idílica: "Na sala de jantar, com as cadeiras revestidas de damasquim verde vindas de algum castelo e a mesa pesadona que não combinava com elas. Papus está furioso conosco (com Butzi e comigo), já não sei por quê, e nos dá uma surra com a chibata. Foi a única vez que apanhamos, e bom não foi". (1921)

Mais uma vez Maria Therese:

"Meu pai tinha alugado um lugar de veraneio em Steinhorst, perto de Celle. Mas numa parte da casa morava uma família que não queria se mudar e tinha se entrincheirado ali. Não queriam abandonar a cozinha e ameaçavam se defender de armas na mão. Meu pai entrou na sala de jantar deles, também de arma em punho. Foi a única vez que o vi numa espécie de guerra civil, e ainda por cima na própria casa. Teve que abrir um processo trabalhoso para enfim desalojar a família. De resto, havia alugado a casa do próprio bolso, para não ter que se preocupar com a família numerosa na Berlim daqueles anos." (1921)

"Um caminhão com os móveis foi mandado na frente: eu me apresso a ajudar os homens, carregando as cadeiras da sala de jantar. Mais tarde, ouvi Papus comentar a meu respeito: 'Foi de boa vontade, mas foi tolice'. Ele deve ter se incomodado por não me ver correndo pelo jardim, como os outros. O impulso de não se deixar servir era completamente estranho a ele, o último grão-senhor." (1924)

"Saímos de Berlim, e ele nos leva ao Stechlinsee. Ele nos mostra os lugares onde seu pai fora guarda-florestal e recita os nomes: olmo, choupo, freixo... A floresta é um assunto sério para ele. Prepara os botes desmontáveis e sai para remar conosco. Sente-se feliz por estar de volta à paisagem em que passou seus anos de infância, e nós nos sentimos felizes também." (década de 20)

"Nós só o ouvíamos falar quando havia visita. Sempre nos deixava ficar à mesa e escutar. Eu admirava o tanto que ele sabia, mas acabava tomando o partido da minha mãe. Uma vez, ele veio até meu quarto para se desculpar por ter se irritado tanto numa dessas discussões, no Tiergarten, que chegara a me dar uma pancadinha com a bengala. Por causa da longa separação durante a guerra e também depois, ele e mamãe não tinham aprendido a se adaptar um ao outro. Talvez viesse daí também seu completo silêncio à mesa." (1926)

"Queria uma Europa unida, era amigo de Coudenhove-Kalergi. Numa eventual Segunda Guerra, dizia ele, a Alemanha acabaria dividida. 'O comunismo virá, mas vou tentar evitar sua chegada até quando puder.'" (1929)

Seu genro Joachim Paasche conta:

"Não era avesso a um certo luxo. Adorava o seu conhaque e um bom charuto. Sentava-se à mesa familiar na Bendlerstrasse sem dizer uma palavra, sem fazer uma careta. Mas teve que rir no dia em que eu não notei que serviam carne de caça e pensei que fosse carne bovina. E uma vez ele disse ao criado: 'Que me traga...'. Eu nunca ouvira essa forma de imperativo, digna do imperador Frederico." (1931)

"Seus sete filhos eram famosos pelo desregramento e pela índole rebelde. E mesmo ele não tinha nada do alemão típico, trabalhador e consciencioso. Gostava de convívio, muitas vezes deixava o trabalho de lado e saía para caçar." (1931)

"Sua autoironia, quando o antissemitismo começou a levar a melhor: 'Só espero que nos livremos logo desse Hitler, assim vou poder voltar a xingar os judeus'. Por essa época ainda era possível soltar uma tirada como essa." (1931)

Margarethe von Oven, sua secretária, mais tarde condessa Von Hardenberg, recorda:

"Quando entrei no escritório, na manhã seguinte ao incêndio do Reichstag, ele me recebeu com estas palavras: 'Então foi a senhora que pôs fogo!'. Fiquei horrorizada e pasma; eu ainda estava sob o impacto de Potsdam e da nomeação de Hitler. A resposta foi uma ducha fria: 'Quer dizer então que a senhora também caiu nessa esparrela?'. Ele e minha mãe foram os únicos que não se deixaram ofuscar." (1933)

E Maria Therese relata:

"Meu pai me beijou duas vezes na vida: primeiro no corredor, uma vez em que veio de licença para casa durante a Primeira Guerra Mundial, e depois em 1935, quando fui me despedir dele, a caminho do Japão."

UMA CONVERSA PÓSTUMA COM KURT VON HAMMERSTEIN (I)

H: O senhor queria falar comigo?

E: Sim, se o senhor tiver algum tempo livre.

H: Tempo eu tenho de sobra. Mas a propósito de quê?

E: General, dei com seu nome em todo lugar, em Berlim, em Moscou, no Canadá... Sua família...

H: Minha família não é da conta de ninguém.

E: Mas e a história, general, em que o senhor desempenhou um papel tão importante?

H: O senhor acredita mesmo nisso? Dois, três anos talvez, e estava tudo acabado. O senhor é historiador?

E: Não.

H: Jornalista?

E: Sou escritor.

H: Ah. Perdoe-me, mas não sei nada de literatura. Na casa dos meus pais não se liam romances. Quanto a mim, alguma coisa de Fontane e, quando fui parar num hospital, *Guerra e paz*. Só isso.

E: Estou escrevendo um livro sobre o senhor.

H: Vai escrever mesmo?

E: Vou. Espero que o senhor não tenha nada contra.

H: Meu velho professor de latim sempre dizia que os poetas mentem.

E: Não é a minha intenção. Pelo contrário. Quero saber com

toda a precisão o que aconteceu, na medida em que isso ainda é possível. É por isso que estou aqui. Além do mais, hoje é seu aniversário. Eu me permiti trazer uma caixa de havanas. Sei que o senhor tem um fraco por bons charutos.

H (*rindo*): Quer dizer então que o senhor quer me subornar? Obrigado. Pode entrar. Como vê, minha escrivaninha está vazia. Já não tenho segredos para guardar. O que o senhor gostaria de saber?

E: Talvez o senhor possa me dizer alguma coisa sobre o seu sogro, o sr. Von Lüttwitz.

H: Ele era completamente desprovido de fantasia e, em termos políticos, um caso perdido. Logo vi, já na primeira vez que o encontrei.

E: Em 1904, em Berlim.

H: Correto. E depois na guerra, no meu tempo de Estado-Maior. Ele era meu superior.

E: O senhor teve dificuldades com ele.

H: Pode-se dizer que sim. E em dezembro de 1918 — ele comandava a região de Berlim — ele foi além dos limites.

E: A revolução.

H: Se o senhor quiser chamar assim aquela confusão. O senhor pode imaginar que eu não tinha grande opinião sobre os tais espartaquistas; mas a gentalha dos *Freikorps* era ainda pior, e justo com ela o velho resolveu pactuar.

E: Ele derrotou o levante. É verdade que as tropas dele se envolveram no assassinato de Rosa Luxemburgo e Karl Liebknecht? Sua filha Maria Therese se lembra do senhor irrompendo na sala de jantar e esbravejando: "Os soldados arrastaram uma mulher pelos cabelos e a atiraram no Landwehrkanal".

H: Pode ser. O fato é que eu era o primeiro oficial no Estado-Maior do Comando de Berlim, e Lüttwitz era meu superior. Sua tropa preferida era a brigada de fuzileiros Ehrhardt, um bando de perdidos; Lüttwitz tem parte naqueles assassinatos.

E: O ministro da Defesa era Gustav Noske, autor da famosa tirada: "Alguém tem que ser o cão de caça".

H: É verdade, os comunistas adoravam citar essa frase. Eles queriam fundar uma república de conselhos à maneira soviética. Teria sido a guerra civil. É claro que eu e meus colegas não podíamos aceitar uma coisa dessas.

E: Os "três majores".

H: De onde o senhor conhece a expressão?

E: Brüning a usa em suas memórias.

H: Verdade? Imagino que se refira a Kurt von Schleicher e Bodo von Harbou, que eu conhecia da Academia de Guerra e da Primeira Guerra Mundial.

E: Ele escreve a respeito do senhor: "Na primeira metade de 1919, esses três majores, amigos que estavam sempre em contato estreito um com o outro, tinham grande, ainda que não decisiva, influência sobre todas as questões importantes de natureza militar". E o diz como um grande elogio. Segundo ele, o senhor teria evitado o caos.

H: Aí também já é um pouco de exagero.

E: Um ano mais tarde, conforme o Tratado de Versalhes, Noske quis dissolver os *Freikorps*, que não lhe davam a mínima. Seu sogro não gostou da história.

H: Claro que não. Ele se recusou a obedecer. O ministro então lhe deu uma licença, ou seja, o demitiu. E aí é que o velho tentou dar um golpe. Foi em 12 de março de 1920. Lembro bem, ele ordenou que a Brigada Ehrhardt marchasse sobre a capital e derrubasse o governo. Queria de todo jeito que eu participasse.

E: Situação difícil para o senhor!

H: Como assim?

E: O senhor se recusou.

H: Claro. Uma operação sem pé nem cabeça!

E: O senhor fez o que pôde para demovê-lo.

H: Aquilo era completamente absurdo.

E: Seu amigo Schleicher era uma figura importante no Ministério da Defesa. Ele o advertiu, a propósito da sua recusa em obedecer: "Pense com maturidade, você tem cinco filhos". E o senhor teria respondido: "Eles que mendiguem quando a fome apertar".

H: Quem diz isso?

E: Seu filho Kunrat.

H: Pode ser.

E: No fim da história, seu sogro mandou que prendessem o senhor.

H: Foram três ou quatro horas, logo os meus homens vieram me soltar.

E: E depois?

H: Ele nomeou um testa de ferro chamado Kapp. Um burocrata balofo e insignificante, de colarinho e pincenê, que no final se aproximou de Ludendorff, que também não era confiável.

E: Mesmo assim, Lüttwitz chegou a tomar Berlim com os seus *Freikorps*.

H: Um motim.

E: O chanceler e o gabinete fugiram.

H: Bauer, não é? Outro que não era um luminar.

E: Com isso, esse Wolfgang Kapp tomou para si o cargo de chanceler.

H: Ele não mandava em nada. Lüttwitz tinha assumido o comando do Exército e queria brincar de governo militar. A tropa não aceitou. Muito menos os civis. Foi então que organizaram a greve geral.

E: No final, foram 2 mil mortos.

H: Foi uma coisa vil. Quatro dias depois, estava tudo acabado. Alta traição! Cinquenta mil marcos de recompensa pela captura — e ele se orgulhava disso. Não foi fácil para Maria. Kapp, o gorducho, refugiou-se na Suécia, e meu sogro pôs sebo nas canelas. Primeiro foi para Breslau e em seguida, com o passaporte de um parente, para a Eslováquia; fez-se passar por um tal de sr. Von Lorenz. De lá, atravessou de charrete a fronteira com a Hungria. A certa altura, um guarda de fronteira suspeitou do passaporte e quis detê-lo. Ele pulou no cavalo e sumiu dali! Nesse esconderijo conheceu uma prima da minha finada sogra, com quem logo se casou. Nem o diabo sabe como ele acabou arranjando um passaporte de verdade. Com esse passaporte, voltou à Alemanha e se escondeu com um pastor protestante nas Eulengebirge. Um dia, chega a polícia, quinze homens ao todo. "Onde está o general?" "Não faço ideia." "Mas a cama ainda está quente." É bem provável que nem quisessem mais encontrá-lo. Mas por que estou lhe contando tudo isso?

E: Por contar.

H: É claro que, três semanas mais tarde, veio a anistia, feito o amém depois da missa. Hindenburg fora eleito para a presidência e cuidara pessoalmente do assunto. Meu sogro teve o topete de exigir uma aposentadoria retroativa, e quer saber de uma coisa? Ele conseguiu! Um lance e tanto. Mas afinal foi sentenciado por alta traição. Ficou um tempo no xadrez, até 1931; mas logo bateu asas e voou. A Frente Harzburg era bem do seu feitio, e em 1933 ele saudou a ascensão dos nazistas.

E: Não chega a me surpreender. Também não suportava os judeus.

H: Ele não era o único. Era completamente normal no Exército. Se o senhor ouvisse as piadas dos meus camaradas de regimento! Não era algo que chamasse a atenção. De resto, os franceses e os ingleses faziam a mesma coisa. Não era fanatismo, era mais um mau hábito. Só notaram o que estava em jogo quando já era tarde demais.

E: Muita gente nem chegou a notar.

H: É fácil dizer! Mas o senhor não conhece bem o velho Lüttwitz. Foi em 1934, depois da Noite dos Punhais, que ele caiu em si.

Só então a velha guarda percebeu do que o tal de Hitler era capaz. E nós voltamos a caçar juntos, Lüttwitz e eu, como nos velhos tempos. O senhor provavelmente não entende.

E: Talvez não entenda tudo. Não é por falta de esforço. Mas posso lhe fazer mais uma pergunta?

H: Se quiser.

E: Em que estado de ânimo o senhor esperou, treze anos mais tarde, em 3 de fevereiro de 1933, a chegada de seu convidado à Bendlerstrasse?

H: O senhor quer saber do meu humor setenta anos atrás? Provavelmente péssimo.

PRIMEIRA GLOSA. OS TEMORES DA REPÚBLICA DE WEIMAR

Devíamos ser gratos por não termos estado lá.

A República de Weimar foi desde sempre um aborto. Não se trata aqui de uma caracterização retrospectiva e arrogante. Já Ernst Troeltsch a descrevia nesses termos em suas *Spectator-Briefen* dos anos de 1918 a 1922, e não era o único. Uma olhadela nos primeiros romances e reportagens de Joseph Roth deve bastar para convencer quem ainda tiver dúvidas a respeito disso.

E não apenas porque as velhas elites não estavam dispostas ao compromisso com a república. Muitos dos que voltaram da guerra perdida para casa não queriam renunciar à "luta como vivência interior" e ansiavam pela revanche. Daí surgiram as lendas sobre a "punhalada pelas costas"; e, por toda a década seguinte, não faltou quem dissesse: "E pensar que vencemos!". A justiça e a polícia aferravam-se a seus hábitos e normas guilherminos. Nas universidades, predominavam sentimentos autoritários, antiparlamentaristas e antissemitas. Mais de uma vez, a atmosfera carregada extravasava em planos diletantes de golpes e derrubadas.

Do outro lado, as coisas não iam muito melhor. A esquerda tampouco tinha grande opinião sobre a democracia, e seus quadros se preparavam para um levante.

A miséria econômica só contribuía para a instabilidade social alemã. As dívidas de guerra e as reparações pesavam sobre o orçamento da república. A inflação arruinou a classe média e a pequena burguesia. Acrescente-se a isso a corrupção endêmica, que chegava aos cargos mais altos do Estado e dos partidos, com consequências políticas diretas. A queda do presidente Hindenburg é um caso notório. O único momento econômico que faz pensar numa espécie de recuperação durou ao todo quatro anos, de 1924 a 1928, até que a crise econômica mundial viesse lhe pôr um fim brutal. O colapso econômico e o desemprego subsequente levaram os assalariados à amargura e ao temor da decadência social.

Havia ainda as tribulações da política exterior, que com frequência chegavam a graus insustentáveis. O Tratado de Versalhes, longe de ser a paz inteligente que os britânicos e os americanos conceberam após a Segunda Guerra Mundial, suscitava um ressentimento veemente na sociedade alemã. A ocupação do Ruhr, o separatismo e os conflitos étnicos favoreciam e aguçavam os sentimentos chauvinistas. Os vizinhos imediatos, sobretudo os franceses e os poloneses, faziam o que estava a seu alcance para humilhar ainda mais os alemães, e também a União Soviética tentou como pôde desestabilizar a república.

Numa palavra, o país vivia uma guerra civil latente, que não apenas se lutava por meios políticos mas volta e meia assumia a forma de violência aberta. Do levante espartaquista às agressões e assassinatos dos *Freikorps* e do "Exército Negro", da revolta de março à marcha dos nacional-socialistas rumo à Feldherrnhalle em Munique, dos levantes operários de Hamburgo e Viena ao "Maio Sangrento" em Berlim, a democracia nunca saiu da mira dos militantes dos dois lados.

Revista do aparelho militar do KPD, *1923-5*

No verbete "tempo do sistema" (*Systemzeit*),* lê-se hoje em dia a seguinte definição, politicamente insuspeita: "tempo determinado pelo relógio interno de um computador e transmitido ao *software* pelo sistema operacional". Nas décadas de 20 e 30, a definição era outra. "Tempo do sistema" era um termo polêmico, cunhado nos anos de Weimar (e que viveu um estranho renascimento em 1968). Direita e esquerda, Goebbels e Thälmann empunhavam-no contra a república.

Nos anos de 1932 e 1933, a fratura social, não só na Alemanha mas também na Áustria, chegou a níveis libaneses. Milícias — SA, Liga dos Veteranos Vermelhos, Capacetes de Aço, *Hammerschaften*, *Reichsbanner*, *Schutzbund* e Exército Secreto — enfrentavam-se no meio da rua, e a agonia da República de Weimar atingia seu ponto crítico.

É um enigma que a mentira dos "anos 20 dourados" tenha sido aceita pelos que vieram depois, um enigma que não se pode desculpar com ignorância ou falta de imaginação histórica. Esse mito frágil se alimenta antes de uma mistura de inveja, admiração e *kitsch*: inveja da vitalidade e admiração pelos feitos de uma geração de grandes talentos, mas também nostalgia barata. Assistimos à milésima apresentação da *Ópera dos três vinténs*, surpreendemo-nos com os preços que Beckmann, Schwitters ou Schad alcançam em leilões, entusiasmamo-nos por réplicas de móveis Bauhaus e nos regalamos com filmes como *Cabaré*, que mostram uma Berlim "tresloucada", histérica e polimorficamente perversa. Um pouco de decadência, uma pitada de risco e uma boa dose de vanguarda provocam um arrepio agradável no habitante do Estado do Bem-Estar.

Essas florações de uma cultura absolutamente minoritária

---

* O termo *Systemzeit* designava o "intervalo" ou "interregno" entre o regime derrotado na Primeira Guerra Mundial e o futuro Terceiro Reich dos nazistas ou a futura república soviética dos comunistas. (N. T.)

fazem esquecer o pântano em que ela medrou. Pois o mundo artístico e intelectual dos anos 20 não era imune ao estado de ânimos da guerra civil. Escritores e filósofos como Heidegger, Carl Schmitt e Ernst Jünger, mas também Brecht, Horkheimer e Korsch, contrapunham à covardia da classe política o *páthos* da decisão — ao mesmo tempo que deixavam para mais tarde a pergunta sobre a natureza dessa decisão. E todos, à esquerda como à direita, prodigalizavam os gestos incondicionais.

Os políticos do meio-termo não tinham como se manter no páreo. Pareciam pálidos e desorientados. Eram completamente incapazes de mobilizar os temores, os ressentimentos, a admiração e a energia destrutiva das massas. Também por isso todos eles, sem exceção, subestimaram Hitler, melhor que todos nesse quesito. No fim, não restou à classe política outra coisa senão oscilar entre o pânico e a paralisia.

O sentimento da própria impotência levou a maioria à fuga para os extremos. As pessoas só acreditavam encontrar proteção e segurança em organizações como o KPD [Partido Comunista da Alemanha], o NSDAP [Partido Nacional-Socialista da Alemanha], o *Reichsbund* ou a SA. As massas hesitavam entre a esquerda e a direita; o vaivém entre os dois polos assumiu formas epidêmicas. Por medo ao isolamento, os homens ansiavam o coletivo e procuravam refúgio na raça ou no comunismo soviético. Paradoxalmente essa fuga, para muitos que a empreenderam, acabou na mais completa solidão: no exílio, no campo de concentração, nos expurgos, no *gulag* ou no degredo.

UMA CONVERSA PÓSTUMA COM KURT VON SCHLEICHER

E: General, obrigado por me receber.
S: Por mim, pode deixar de lado o "general". Isso já não conta. O que o senhor quer saber?

E: O senhor não escreveu suas memórias.

S: O senhor tem três chances para descobrir por quê. Um morto não escreve memórias.

E: Mas também não precisa mais medir palavras.

S: É verdade.

E: Trata-se de seu amigo Kurt von Hammerstein.

S: Ah, é? O senhor o conheceu?

E: Não. Ele sobreviveu só nove anos ao senhor.

S: Conte mais.

E: Ele sabia que tinha fracassado, mas nunca se resignou e muito menos se deixou levar.

S: É bem a cara dele. É verdade, pode-se dizer que fomos amigos. Desde sempre. Fui cadete em Lichterfelde junto com ele, depois tenente no 3º Regimento da Guarda, e mais tarde veio a Academia de Guerra, o Estado-Maior, e assim por diante, praticamente a mesma carreira. Foi assim que nos conhecemos. Hammerstein era de confiança, era sóbrio, muito inteligente e sobretudo uma alma leal.

E: Coisa que não se pode dizer do senhor, assim, sem mais nem menos.

S (*rindo*): Bem, se o senhor preferir assim, digamos que sempre dividimos os papéis. Uma dupla ideal.

E: Com o fim da guerra, o senhor foi transferido para o Ministério da Defesa e assumiu a direção da seção política do departamento de tropas, uma posição de influência, enquanto Hammerstein ia servir com Lüttwitz.

S: Com aquele sogro linha-dura, isso mesmo. Eu continuei no Ministério.

E: E no Ministério o senhor ascendeu muito rapidamente.

S: Não havia mais ninguém de confiança por ali.

E: Em 1929 o senhor era major-general e secretário de Estado.

S: Pois é. Mas Hammerstein não ficou muito atrás. No mesmo

ano ele foi nomeado comandante do departamento de tropas e, no ano seguinte, comandante do Exército. Cuidei de tudo isso.

E: O senhor?

S: Cada um faz o que pode.

E: Nisso o senhor nunca foi de muitos escrúpulos.

S: O que o senhor quer dizer?

E: Amizades, nepotismos, favores.

S: Deixe disso! Ele era simplesmente o homem certo. A maioria dos velhos camaradas de Primeira Guerra eram inúteis. Não conseguiam aceitar a república e só pensavam em dar golpes. E os mais jovens eram verdes, inadequados e ressentidos. Basta dizer uma palavra: Versalhes! Não havia chances de carreira nem verba para promoções. Não, eu precisava de uma cabeça fria, alguém com experiência de Estado-Maior, não um diletante ou um aventureiro! E se o homem certo era também um amigo — melhor ainda!

E: Mesmo assim. Nem a esquerda nem a direita patriótica ficaram satisfeitas com a decisão.

S: E o senhor acha que eu me importava com isso? A matilha pode latir à vontade.

E: General, a sua fama póstuma não é das melhores.

S: Não me admiro. E que dizem de mim?

E: Dizem que o senhor era um virtuose do jogo político. "General de repartição. Leviandade infantil. Jovialidade divertida e estudada. Esperto como poucos. Livre de escrúpulos."

S: Quem diz tudo isso?

E: Blomberg. Seu sucessor como ministro da Defesa.

S: Saco de inveja. A minha gente sempre pensou de outro modo a meu respeito.

E: Quem, por exemplo?

S: Hammerstein, por exemplo. Mas também Eugen Ott. Se não me engano, foi ele que escreveu que eu era "um bom camarada, de um coração caloroso que muitas vezes ocultava sob o sarcasmo". E não foi o único. Além dele, havia Ferdinand von Bredow, meu homem para a Defesa, e, é claro, Erwin Planck, meu auxiliar mais importante na chancelaria. Eu podia confiar neles, e eles em mim.

E: Mas parece que as coisas foram diferentes em quase todos os outros casos. O senhor teria sido oportunista, indigno de confiança, infiel à própria palavra, é o que não me canso de ouvir; o senhor teria sempre manobrado por debaixo do pano e evitado a luz do dia. "Um caçador de homens está à solta. A ironia brilha nos olhos dele. Um véu esverdeado parece recobrir sua íris, e em torno da boca corre um vinco de circunspecção que não inspira confiança", escreve um ex-líder da SA que teve de fugir de seu próprio líder depois dos massacres de junho de 1934. Talvez tivesse tido que lidar com o senhor em alguma situação anterior. "Um líder de homens", o senhor teria ditado, "precisa ser um cínico resoluto, não um cético de araque."

S: Não me admiro. Mas é gentileza sua me contar tudo isso. Faz tanto tempo! Nunca pensei que o futuro se interessaria por essas histórias antigas. Veja só!

E: Mesmo observadores mais benignos tinham lá suas reservas, sr. Von Schleicher. "Astucioso e de uma mobilidade incrível, às vezes brusca", como se lê nas memórias de Brüning.

S: Sei.

E: Ele também diz, em seu favor, que o senhor provavelmente fora marcado pela profissão, pelo trato constante com o serviço secreto, pela necessidade de dissimular, e assim por diante. Mas sobretudo ele tem algo a dizer a respeito da sua amizade com Hammerstein, aliás com muita perspicácia.

S: E o que ele diz?

E: "Quanto ao temperamento, Schleicher era o oposto de

Erwin Planck, por volta de 1932

Hammerstein. Por isso, como tantas vezes acontece, os dois se entendiam tão bem. Hammerstein não tinha gosto pela política, na medida em que esta era mera política partidária. Nesse campo, confiava em Schleicher, que se movia no mundo político feito um peixe na água, mas que, volta e meia, era reconduzido por Hammerstein a uma linha de ação mais clara e reta. Hammerstein reduzia tudo a linhas claras e simples, às quais se aferrava como deve fazer um bom oficial de Estado-Maior. Schleicher tinha grande sensibilidade e uma fantasia irrequieta, tão capaz de se magoar quanto de se deixar influenciar. Por isso fazia movimentos que ninguém teria previsto. Farejava todo tipo de perigo e sofria em silêncio. Da boca para fora, isto é, diante do corpo de oficiais, ocultava esses sentimentos por meio de um cinismo escancarado. Precisava de uma natureza tranquila, clara e constante como a de Hammerstein na qual pudesse confiar".

S: Nada mau. Quem diria que o sr. Brüning fosse capaz de algo assim.

E: Aliás, o senhor teve parte na queda de Brüning. E antes disso o senhor já tinha posto de lado outro chanceler, o bravo Hermann Müller, para não falar de seu protetor e superior, o ministro da Defesa Groener, que o julgava "um cardeal *in politicis*" — o que provavelmente foi um erro dele, pois o senhor acabou por derrubá-lo também.

S: O senhor acha mesmo que eu era tão poderoso? O senhor me toma por um Maquiavel de primeira.

E: Está tudo nos arquivos. E, no lugar de Groener, o senhor plantou seu próprio candidato, o sr. Von Papen, tudo isso sempre nos bastidores. "Quem ainda confia no senhor?", escreveu-lhe Groener. "Quase ninguém. Esse estilo de chibatadas tem que ter fim. Hitler seria capaz da mesma coisa. Se é disso que se trata, o senhor é desnecessário."

*Kurt von Schleicher, Heinrich Brüning e Kurt
von Hammerstein em Wildbad, 1930*

Kurt von Schleicher com Franz von Papen, 1932

S: Poupe-me desse seu Hitler.

E: Não tenho nada a ver com Hitler.

S: De resto, eu o vi pela primeira vez em 1931.

E: Mas achou que ele era "um homem interessante, com notáveis dotes de orador. Seus planos o conduzem a regiões rarefeitas. É preciso então puxá-lo pela ponta do paletó de volta ao chão dos fatos". É uma pena que o chão dos fatos não tenha se mostrado tão firme assim.

S: Quem teria como saber?

E: O senhor tem razão. Há um poema de Gottfried Benn que diz: "Em poucas palavras: política às avessas./ Quando ela vai virar do avesso? Hoje? Em dez anos? Daqui a um século?". No seu caso, nem demorou tanto: um ano foi o bastante para contradizê-lo. Em 1932 o senhor estava seguro de exercer grande influência sobre Hitler, mais ainda, de que ele o admirava e que não tentaria nada contra o senhor e contra o Exército.

S: Verdade?

E: Foi o que testemunhou seu amigo e auxiliar Erwin Planck, filho do físico. E em agosto do mesmo ano o senhor teria defendido junto a Hindenburg a nomeação de Hitler para a chancelaria.

S: Só sugeri para despistá-lo. E consegui, ao menos por algum tempo.

E: E então foi a vez de Papen. Em junho de 1932, o senhor o recomendou a Hindenburg sem que Brüning soubesse. Outros ainda afirmam que o senhor queria restabelecer a monarquia. Ou era mais uma das suas piadas?

S: Muito barulho por nada.

E: De todo modo, é inacreditável o número de coisas em que o senhor esteve envolvido como simples secretário de Estado. Eu me pergunto como o senhor pôde exercer tamanha influência. Confesse, no fundo Papen era um mero testa de ferro do senhor.

S: Um janota vaidoso! Logo deplorei ter apresentado sua candidatura.

E: Por que o senhor mesmo não tomou o poder?

S: Nunca fui de subir no palco. O senhor veja, no fundo sempre trabalhei de modo conspiratório. Eu conhecia bem as questões de defesa. Isso me serviu na política. Assuntos melindrosos não devem nunca ser confiados ao papel. Lembre-se disso!

E: Seja como for, afinal o senhor saiu da sombra, tirou Papen do caminho e assumiu a chancelaria.

S: Mas só por algumas semanas.

E: O senhor foi o primeiro e único chanceler a ler o discurso de posse pelo rádio, e não diante do Parlamento.

S: É verdade. Mas a essa altura o Parlamento já não tinha muito que dizer. Tampouco teria como me apoiar. Hindenburg me prometera dissolvê-lo, e eu então governaria sem maioria parlamentar. Mas no fim ele me abandonou. Acertou-se com Papen, aquela nulidade. Em 22 de janeiro estava tudo decidido, e no dia 28 eu renunciei.

E: Até onde sei, Hammerstein não queria nem saber de suas manobras complicadas. Não gostava de se envolver nessas histórias de bastidores da política. "Ao longo do governo de 56 dias do chanceler Von Schleicher, não tive ocasião, como comandante do Exército, de me ocupar de política."

S: Ele disse isso assim, ao pé da letra?

E: Para mim é comovente ver, sr. Von Schleicher, até que ponto ele confiava no senhor. Groener, o ministro da Defesa, que o protegeu e a quem o senhor retribuiu muito mal, costumava dizer: "Hammerstein, o soldado e caçador apolítico, segue seu amigo Schleicher como um cão de caça bem treinado".

S: Besteira. Ele tinha índole forte e sabia muito bem o que queria. Mas também é verdade que minhas atividades frequentemente facilitaram as coisas para ele. Poupe-me dessas suas piscadelas, ele

Kurt von Schleicher durante um discurso radiofônico, 1932

dizia muitas vezes. Mas é claro que isso já não era possível nos últimos anos da república.

E: Ele sempre falou mal dos políticos. Não era feito para mexer pauzinhos por debaixo do pano.

S: Não. Hammerstein era tudo menos um intrigante clássico. Ao contrário de mim — não é isso que o senhor quer dizer?

E: Não tenho como julgar. Estou apenas repetindo o que afirmam os historiadores. O senhor tentou, anos a fio, jogar umas contra as outras as forças destrutivas em jogo. Achou que podia atrelar Hitler e sua cambada, como o senhor os chamava, e domá-los pelo exercício do governo. As palavras são suas!

S: O senhor se diverte em ficar martelando isso? Pois bem, acreditei que podia puxar o tapete dos nazistas por via parlamentar. Mas só mesmo com violência teria sido possível tirá-los do jogo, e eu não tinha poder para tanto.

E: E quem sabe nem convicção?

S: É fácil falar, meu caro! Tentei salvar o que podia ser salvo. Tudo em vão! Na verdade, a partir de 1930 a Alemanha se tornou ingovernável.

E: É verdade que no fim de janeiro, sem avisar Hammerstein, o senhor manteve negociações com Hindenburg?

S: Absurdo.

E: A sua sorte teria sido selada mesmo antes do famoso discurso de Hitler no apartamento de Hammerstein. Ao menos é o que afirma Brüning.

S: Ah, Brüning...

E: Seu amigo não tinha como saber o que se preparava nos bastidores...

S: Talvez tivesse como adivinhar. Mas ele nunca me levou a mal por meu comportamento. Era um homem generoso, ao contrário de mim.

SEGUNDA GLOSA.
UM NOVELO DE MANOBRAS E INTRIGAS

Os historiadores trataram de pesquisar minuciosamente, dia a dia e mesmo hora a hora, como se deu o fim da República de Weimar. As atas e os protocolos foram examinados, os discursos, anotados, os diários e as memórias, avaliados, as cartas foram decifradas. Apesar disso, ou talvez por isso, o não especialista que se aprofunda nas fontes acabará por entender menos ainda como tudo se deu. Trata-se de uma leitura capaz de desencorajar qualquer um. Logo se tem a impressão de estar perdido num matagal indevassável de boatos, histórias escusas, intrigas e manobras. Por toda parte há contradições, versões, pretextos e mentiras propagandísticas. Talvez seja assim com todos os pontos de inflexão inesperados no curso da história.

Não obstante, poucas vezes a desorientação dos políticos salta com tanta nitidez aos olhos como neste caso. Todos parecem inacreditavelmente fracos e sobrecarregados, oscilando indecisos entre a histeria, a ilusão e o pânico, a começar pelo presidente, o velho Hindenburg, já incapaz de formular uma ideia clara. Mas também os executivos, Brüning, Schleicher, Papen, Meissner, e as figuras de bastidores, como Hugenberg ou Strasser, perdem-se num emaranhado de especulações, vaidades, maquinações e astúcias estúpidas. Seus esforços mornos por "domesticar" o NSDAP são mostra de uma cegueira que é difícil entender *post festum*. No final, com o Parlamento barrado por medidas de emergência que valiam por um estado de exceção, a ditadura presidencial era um fato. As Forças Armadas, que jamais aderiram ao novo regime, assumiram uma posição supostamente "apolítica", e os que estavam dispostos a defender a república foram incapazes de tomar a iniciativa, paralisados pelo temor da guerra civil que queriam a todo custo evitar.

"Lá fora, na nação", a confiança nas instituições estatais esgotara-se havia muito, a reputação da classe política caíra a zero. A situação econômica era desesperadora. Nas ruas, reinavam as milícias, e os parcos democratas fitavam o terror — só a SA contava com 450 mil homens — como que hipnotizados.

O único ator que desde o início perseguiu um objetivo claro foi Adolf Hitler. Todos, e não por último os comunistas, subestimaram sua energia destrutiva e sua falta de escrúpulos, bem como sua capacidade de mobilizar as massas desesperadas.

TEMPOS DIFÍCEIS

Não bastasse a política, o general Von Hammerstein tinha suas preocupações privadas. A relação com os filhos se abalara desde a longa ausência dele na guerra. A esposa ficara esgotada com o nascimento do quarto filho, e não queria arriscar mais uma gravidez, ao passo que o marido via o crescimento da família como um fenômeno natural. Numa carta enviada do campo de batalha, ele caracterizou as reservas de Maria como uma "tolice gritante".

Cabia à esposa cuidar da sobrevivência da família. "Ela se sentia solitária e assoberbada pelo excesso de trabalho com os muitos filhos, sem ninguém que a ajudasse", diz sua filha Maria Therese. Foi ela quem providenciou para que as crianças passassem tanto tempo quanto possível no campo, onde ao menos havia o suficiente para comer, o que não era nada fácil no inverno famélico entre 1917 e 1918. "Nada do que acontecia no mundo chegava até nós, crianças, ainda que aquele fosse o inverno da revolução. O mundo dos adultos não existia para nós, e nós não existíamos para o nosso pai. Era como se ele não tivesse voltado da guerra. Estava de novo ali, mas quase não o notávamos", queixa-se Maria Therese quatro décadas mais tarde.

Maria e Kurt von Hammerstein, verão de 1914

Pouco depois, em Kassel, ela foi mandada, juntamente com a irmã mais velha, Marie Luise, para uma "escola de freiras estúpida e atrasada". "Meu pai devia ter intervindo e impedido que fôssemos parar naquela escola estreita, da qual *tínhamos* que fugir. Se houvesse tido essa intuição, teria poupado muito desgosto para si e para nós. Mas não demonstrava o menor interesse por nós. Não falava conosco. O distanciamento que se produzira com a guerra, também entre ele e minha mãe, chegou ao máximo nessa época."

Simultaneamente, naqueles anos as crianças passavam pelo mais notável vaivém social. Por um lado, eram convidadas de famílias nobres, quando então, como no caso dos parentes silesianos do clã Lüttwitz, havia passeios de carruagem e cavalos para montar. "Assim que cresci", conta Maria Therese, "comecei a montar sem sela nem rédea. Todas as tias velhas iam até a campina para ver como eu montava. Não tinha medo nenhum." Muitas vezes, as crianças — agora três filhas e dois filhos — eram também hóspedes no castelo da família Von Asseburg-Neindorf em Magdeburg. Por outro lado, passavam longos meses em casinholas de aldeia alugadas, onde criavam galinhas e patos para fechar as contas. (Hammerstein jamais possuiu casa própria.)

Nessas circunstâncias, não havia como pensar numa educação aristocrática ou mesmo burguesa. Era de esperar que o pai de Maria, o velho Lüttwitz, se mostrasse mais que insatisfeito: "Não sei como Maria se contém e não se permite um único lamento pela situação modesta a que o casamento a levou. Quase sempre sem criados, cuida praticamente sozinha de seis filhos e da casa". Lüttwitz sentia também falta de um quarto apropriado para as meninas. Em compensação, Maria von Hammerstein acostumara-se a um alto grau de independência.

Sua segunda filha, Maria Therese, ou Esi, pergunta-se em suas memórias: "Com o fim da guerra, [meu pai] teria preferido mudar de vida, como a maioria dos amigos dele? Durante a guerra, tivera

Maria von Hammerstein com Marie Luise, Maria Therese e Helga, por volta de 1918

dois ataques de herpes, sem dúvida por conta de irritações. Falava-se muito destas, mas nunca do sofrimento, que certamente havia".

De resto, não devemos imaginar que as condições de vida do alto oficialato durante a guerra fossem suntuosas. Vigia o velho dito militar: "O casaco do rei é quente, mas é apertado". Durante a República de Weimar, as coisas não se tornaram menos parcimoniosas; e logo veio a inflação, seguida da crise econômica. Ao longo dos anos 20, o general viajava de quarta classe sem maior celeuma. "No início, não tínhamos dinheiro para nada", conta Helga von Hammerstein. "Ama [a mãe] também não lidava muito bem com dinheiro. No dia 20 o salário acabava, e tínhamos que viver sem dinheiro os últimos dez dias do mês. Certa vez, em Kassel, quando começou a inflação, levamos peles secas de lebres que havíamos caçado para vender no mercado da cidade velha. Depois, felizmente as tias e os tios nos ajudaram. Essas dificuldades eram sempre tratadas com leveza. Uma ocasião, em Berlim, perdi cem marcos — então um bom dinheiro, com o qual eu pretendia pagar a conta mensal da mercearia; minha madrinha, que era muito rica, ficou sabendo e me chamou para pegar o dinheiro com ela. Que alívio!"

Por muito tempo valeu entre os Hammerstein a regra de que os mais velhos deviam cuidar dos mais jovens, o que decerto contribuiu para sua independência, ainda que não faltassem as rivalidades internas. Cada uma das irmãs tinha a seu cargo um dos irmãos. Mais tarde, Helga diria: "Não tive mocidade", pois a dedicara a cuidar de Franz, tarefa que certamente lhe pesou.

O caos simpático desse lar só se alterou, ao menos parcialmente, quando Hammerstein foi promovido a major-general. O sogro, porém, continuava desgostoso com o modo de vida da família: "Estivemos com eles na casa da Hardenbergstrasse em que morei quando era comandante. Naquele tempo, vivia em aposentos de luxo, ao passo que agora tivemos de nos dar por

Maria Therese, Helga, Ludwig, Franz e Kunrat von Hammerstein, por volta de 1925

satisfeitos com cômodos modestos, pois os Hammerstein só ocupam um quarto do espaço que antes estava à minha disposição. Em vez de entrar pela porta da frente, tivemos que usar a entrada dos fundos".

Foi só em 1930, quando Hammerstein chegou a comandante do Exército, que o velho Lüttwitz se deu mais ou menos por satisfeito, sem, contudo, deixar de lado seus juízos prontos: "Tem um bom salário e uma bela casa, mas está núma situação muito exposta politicamente, e agora seus erros passados são examinados com lupa e criticados. Temo que o próximo governo de direita, que não tardará, logo vá lhe torcer o pescoço, a ele como a seu amigo e protetor, o sr. Von Schleicher".

De fato, quando chegou à Bendlerstrasse, Hammerstein dispunha de um motorista particular e de uma residência funcional de três andares — no térreo ficava o escritório, também reservado a ocasiões sociais; o andar superior destinava-se à família; e o sótão, que tinha acesso independente, era território das três filhas e da srta. Else Caspari, ou Pari, de Osterburg, a indispensável irmã de criação e confidente que desde bebê vivia com os Hammerstein. Andava com as meninas de castelo em castelo e sabia calar os segredos de família em que fora iniciada.

Mas, mesmo na Bendlerstrasse, o general se ateve a seu modo de vida modesto. Continuavam sem criados, e a dona da casa, segundo se conta, teria rompido em lágrimas ao mudar para a nova casa, por medo das exigências sociais que vinham com ela. "Três vezes por dia havia que receber, trocar de roupa, conversar — era terrivelmente cansativo." Uma lista de convidados que chegou até nós desfaz qualquer dúvida a esse respeito. Nela consta metade do almanaque de Gotha, de Louis Ferdinand, príncipe da Prússia, aos Stolberg, Brühl, Dohna e Hardenberg; sem falar dos principais militares e políticos, com Hindenburg, Schleicher e Papen à frente, seguidos de embaixadores e enviados de quase todos os poderes representados em Berlim. Por aí se vê o peso político do cargo de Hammerstein, o que seria impensável para um general nas condições de hoje. Nessa lista de convidados chama a atenção o fato de haver nomes da China e do Egito mas nunca da União Soviética. É evidente que o dono da casa preferiu a discrição quanto a esse ponto. Mas, fosse como fosse, Hammerstein não dava nenhuma importância aos gastos de representação; é plausível que, a todas as Excelências, preferisse o sr. Von Arnswaldt — um guarda-florestal que, como tal, sabia alguma coisa de caça.

Maria von Hammerstein tinha, portanto, uma casa trabalhosa a comandar. O inventário da sala de jantar dá o que pensar: 24 cadeiras de carvalho, 48 garfos de ostra, 238 facas, 133 taças de *sherry*, e assim por diante... Quando não havia convidados oficiais, a vida adquiria ar mais caseiro. Uma parenta conta que com frequência só havia linguiça e salada de batatas na casa dos Hammerstein. Maria já tinha muito que fazer; afinal de contas, precisava cuidar da criação dos filhos. E, no que tocava ao general, ele deve ter pensado que, por mais que as amasse, nem sempre era fácil suportar aquelas sete crianças — pois eram sete agora — em casa.

De resto, ter muitos filhos era antes regra que exceção entre as famílias nobres. Estavam todos acostumados a grandes casas no campo, para onde se retiravam no verão. E os dois, Kurt e Maria, tinham muitos irmãos, uma tradição que até hoje persiste na família Hammerstein.

Por fim, o trabalho não deixava de oferecer ao general ocasiões em que podia se ausentar da vida familiar. Em seu escritório ele estava, como diziam então, "a salvo", protegido na antecâmara por uma secretária, Margarethe von Oven, que mais tarde trabalharia para os conspiradores do Vinte de Julho. O general não tinha ideia do que as filhas andavam fazendo, como não conhecia os mundos pelos quais transitavam.

*Kunrat, Hildur, Franz e Ludwig von Hammerstein,
por volta de 1929*

TRÊS FILHAS

A mais velha das filhas, Marie Luise, ou Butzi, completou 25 anos em janeiro de 1933; sua irmã Maria Therese tinha 24. Helga, a terceira, acabara de fazer vinte. Os quatro menores, Kunrat, Ludwig, Franz e Hildur, ainda iam à escola.

Mesmo assim, Maria Therese pegou alguma coisa dos *roaring twenties*; há uma foto em que ela posa, no meio de uma estrada rural de Brandenburg, sobre a nova motocicleta que ela devia à generosidade de uma tia: de pernas abertas, cabelos ao vento, cotovelos à altura dos ombros, Maria fixa o observador com um sorriso provocativo.

No entanto, as aparências enganam. Já em 1926 ela seguira o exemplo da irmã mais velha e se juntara a um grupo de *Wandervogel*. "Fazíamos excursões de mochila nas costas, e eu andava até quase cair de cansaço. Nos albergues da juventude, nós nos lavávamos dos pés à cabeça com água gelada. Éramos espartanos, e todo o resto não valia nada." *Jugendbewegung, Lebensreform*, o desafio de Rilke ("Deves mudar tua vida"), tudo isso vinha ao encontro das inclinações idealistas de Maria Therese, que tampouco tardou a entrar em contato com a antroposofia.

Mas então sua irmã mais velha determinou que ambas estavam crescidas demais para as excursões inofensivas com os *Wandervogel* e concluiu pela necessidade de organização política. Nada disso parecia necessário a Maria Therese, que "não tinha nenhuma noção" de política; mesmo assim, ela e a irmã mais nova, Helga, seguiram a opinião da outra — uma decisão que se mostraria prenhe de consequências para as três.

Maria Therese já não durara muito na escola católica. Realizou os exames de conclusão do secundário no Auguste-Viktoria-Gymnasium da Nürnberger Strasse. Ali fez uma amiga para a vida inteira, Wera Lewin. Mesmo não sendo religiosa, a família desta

Maria Therese, 1932/33

nutria muito interesse pelo sionismo. O pai era um conhecido médico judeu, pesquisador do câncer e especialista em medicina do trabalho. Wera também gostava de frequentar os Hammerstein, pelo menos até "o dia em que deu com uma grande suástica na porta de casa. Meu irmão Kunrat, que tinha dez anos, desenhara-a com giz. Provavelmente andara lendo demais o *Völkischer Beobachter*, um jornal nazista que o fabricante de pianos Bechstein mandou para o meu pai anos a fio e que sempre ia parar na lata de lixo de casa. Enquanto estive na Alemanha, minhas relações com Kunrat foram sempre ruins. Ele criticava tudo o que eu fazia. Fiquei feliz de saber que mais tarde ele arriscou a vida na Resistência.

"Depois desse dia, Wera nunca mais nos visitou. Nós nos encontrávamos sempre na Fasanenstrasse. O dr. Lewin tocava piano, e Wera tocava violino. Na biblioteca dele havia toda a literatura universal. Para mim, tudo isso era uma coisa inédita, pois no mundo do meu pai jamais se falava em romances. Nas paredes, havia quadros de pintores ainda desconhecidos, Klee e Kirchner. Que diferença da nossa casa!"

Daí em diante, Maria Therese passou a frequentar a academia de canto Unter den Linden, interessou-se pelas montagens teatrais de Max Reinhardt, ia ouvir Bruno Walter, Furtwängler e Klemperer na velha sala de concertos da Filarmônica, aprendeu russo e leu Tolstói; é possível mesmo que tenha comparecido a alguns espetáculos no Teatro Ídiche.

"Apesar de minha amizade com Wera, segui adiante por meu veio político. Eu andava por Neukölln e me ingeria em tudo, mas permanecia uma estranha àquele mundo." Na Liga dos Estudantes Socialistas, ela conhecera Nathan Steinberger, ou Nati, um judeu comunista que mais tarde emigraria para Moscou. "Nós nos encontrávamos", conta ele, "em estações ferroviárias ou, camuflados como liga de esportes, em bares, às margens do Spree ou no liceu da Weinmeisterstrasse para reuniões vespertinas em que ora-

Maria Therese, 1933

dores de fora vinham falar aos estudantes de inclinação revolucionária." Maria Therese o descreve como "silencioso feito uma esfinge". Ela empreendeu várias excursões com a liga de estudantes para "um campo de nudismo onde, no entanto, tudo era muito comportado. Dormíamos nas barracas ao lado de trabalhadores sem sofrer nenhum tipo de insinuação. Nati, com quem eu às vezes dormia no feno, estava apaixonado por mim, mas eu não o amava. Ainda posso ver seu rosto triste. Acho que ele estudava filosofia.

"Li os clássicos marxistas, além de Engels e Ludwig Feuerbach, *A ideologia alemã* e até *O capital*, e acreditei que de repente podia entender o mundo, que encontrara uma chave para entender aquele mundo confuso. Tinha a sensação de que, com o materialismo histórico, pisava em terra firme, e me senti feliz como só me sentira aos catorze anos, quando o mundo começou a se abrir para mim. Por muito tempo vi em meus pais e em seus amigos sobretudo representantes de uma classe social e, embora ainda morasse em casa, deixei de tomar parte na vida deles.

"Evitava especialmente tudo o que parecesse luxo, como, por exemplo, as cavalgadas, que até então eu sempre gostara de fazer. Não queria estar no meio daquela gente que dançava sobre o abismo. Além de mim e das minhas irmãs, só os filhos da intelectualidade berlinense se sentiam do mesmo modo. Éramos as ovelhas negras.

"Meu pai nunca perguntava sobre nossos colegas ou professores. Berlim era um grande oceano em que se podia desaparecer. Sabia que queríamos andar pela cidade inteira, e não apenas pela região oeste? Ou tinha se resignado? Víamos com mais clareza que ele o abismo à beira do qual nos encontrávamos? O bom era que nossa ausência não costumava chamar a atenção, uma vez que a casa seguia repleta, com nossos irmãos mais jovens e sua babá.

"A vida em dois mundos que não tinham nada de comum entre si não era lá muito fácil. Uma vez, quando tive medo de ser presa pela Gestapo — fora intimada a ir à Prinz-Albrecht-Strasse —, disse a ele que tinha amigos íntimos judeus. Ele respondeu: 'Você pode manter relações *pessoais* com eles'. Queria dizer que apenas as ligações políticas seriam um perigo para mim. Com isso me deu apoio, sem, contudo, dizer que eu devia tomar mais cuidado."

O entusiasmo de Maria Therese pelo materialismo histórico não tardou a ceder; ao contrário de sua irmã mais velha, sentia falta de uma dimensão espiritual que lhe parecia decisiva. Além do mais, não estava pronta a renunciar duradouramente à própria independência para se filiar a um partido.

Não gostou da universidade. As preleções a entediavam. "Não queria me afundar em livros velhos e ilustres, queria viver." Viajou para Budapeste, Barcelona e Praga, trabalhou como professora-assistente numa ilha da Frísia. Em 1932, seu padrinho Kurt von Schleicher conseguiu-lhe um emprego de secretária num escritório misterioso próximo à praça Lützow, gerido por um certo "Barão Roland" ou "Rolland", de quem se dizia que trabalhava para a espionagem militar alemã desde 1914. Supostamente, tratava-se de uma firma espanhola de importações que comerciava em frutas tropicais; entretanto, mais parecia um lugar para reuniões políticas, onde se encontravam personagens imperscrutáveis do âmbito dos serviços de Inteligência. Não é claro até que ponto Maria Therese foi iniciada no que se passava ali. Por outro lado, é bem possível que Helga, sua irmã mais nova, tenha usado Maria Therese como fonte, para empregar o jargão do serviço secreto. Com a ascensão de Hitler, a firma foi fechada.

Mas não eram as inquietações de Maria Therese, e sim as aventuras de Marie Luise e Helga que davam dor de cabeça no general. Ainda que fingisse não prestar atenção, não lhe escapava que as duas levavam uma vida mais que livre para os padrões da família.

Marie Luise von Hammerstein, por volta de 1928

O que as movia não era a vida mundana da metrópole. Não tinham muito que fazer com a agitação ligeiramente histérica dos últimos anos da República de Weimar. Marie Luise foi a primeira a se interessar por questões explicitamente políticas. Num *curriculum vitae* que redigiu em 1951, lê-se o seguinte: "Livrando-me do círculo aristocrático-burguês de minhas origens por meio do *Jugendbewegung*, travei contato com pessoas do meio proletário. Aos dezesseis anos abandonei a Igreja". Em 1927, logo depois de concluir o secundário, começou a estudar direito na Universidade de Berlim, e já no primeiro semestre se filiou ao Partido Comunista. Nas salas de aula conheceu um colega que lhe agradou. Werner Scholem era judeu, sedutor e homem de longa carreira política: cofundador da Liga Espártaco, deputado, membro do Politburo e dirigente do partido. Desligado deste em 1926 sob a acusação de ultraesquerdismo, de início se afastou da atividade política, ao mesmo tempo que, comunista sem partido, permanecia fiel a suas convicções. Em 1927, retomou os estudos jurídicos. Data dessa época sua ligação com Marie Luise von Hammerstein. Como prova da generosidade e do espírito livre do general, diga-se que ele jamais se pronunciou sobre essa relação.

Ao lado dos estudos, que concluiu em 1931 com o exame de ordem, Marie Luise aprendeu russo e assumiu, a partir de 1930, "tarefas partidárias", das quais logo voltaremos a falar e que a fizeram objeto de uma investigação policial. Amigos influentes de seu pai providenciaram para que os trabalhos fossem interrompidos. Não obstante, os autos acabaram por cair nas mãos da Gestapo depois que Hitler tomou o poder.

Como Marie Luise, Helga também pôs a família diante de toda espécie de problema. Seu pouco empenho em fazer os exames do secundário não era o pior. A mãe, de seu lado, valorizava a educação das filhas e sofria por ter frequentado apenas a escola das irmãs ursulinas em Breslau, sem poder ir adiante com estudos universitários. Além do mais, era muito liberal em tudo o que dizia respeito à escola. "Ela nos deixava faltar à vontade", diz Helga. "Sempre arranjava alguma desculpa para nós e não queria saber de detalhes relativos às notas ou ao comportamento." O pai declarava a quem quisesse ouvir: "Meus filhos são republicanos livres. Podem dizer e fazer o que bem entenderem". "Coisa que então fazíamos, nem sempre para o agrado dele", observa Helga, que abandonou a escola no começo de 1930. Em seu *curriculum* dos anos 50, Maria Therese avalia assim a atitude de Hammerstein: "Ele tinha uma confiança inabalável em nós, o que eu invejo agora, quando tenho filhos da mesma idade".

Nem sempre terá sido fácil. Ainda quando frequentava o Charlottenburger Gymnasium, Helga, à maneira de Marie Luise, fora atraída para o campo gravitacional do comunismo. De início, de modo relativamente inofensivo. "Embora, por obra da doutrina e da ideologia marxista que professávamos, soubéssemos tudo o que havia para saber sobre o curso da história mundial, aceitávamos as análises de Papus [Hammerstein] relativas à história imediata, bem como seus retratos de políticos e de conjunturas."

Mas as coisas não pararam por aí. Em maio de 1928, durante uma excursão da Liga dos Estudantes Socialistas, Helga apaixonou-se por um homem chamado Leo Roth. Se em algum momento julgaram que se tratava apenas do flerte inofensivo de uma garota de quinze anos que a família inteira chamava de "a pequenina", o fato é que seus pais subestimaram a seriedade e a força de vontade de Helga.

Roth, filho de um comerciante judeu de roupas que emigrara da Galícia polonesa para Berlim ainda antes da Primeira Guerra Mundial, abandonara várias vezes a escola e vivia em conflito irremediável com o pai autoritário. Era uma natureza rebelde. Aos treze anos, filiou-se a uma organização juvenil judaica; começou a estudar serralheria, a fim de emigrar para a Palestina, onde havia demanda por bons artesãos. Aproximadamente em 1926, voltou-se para o comunismo. Entrou para a Liga da Juventude Comunista (KJVD). Desde o início, viu-se envolvido no conflito de facções no interior do movimento. Aulas de instrução política, plataformas partidárias instáveis, cisões, panelinhas, suspeitas e acusações eram parte do cotidiano político da esquerda militante. Ainda em 1926, Roth tornou-se seguidor de Karl Korsch, o teórico marxista que também era o mentor de Brecht; acusado de "trotskismo", foi excluído da liga juvenil do Partido Comunista da Alemanha (KPD); três anos mais tarde, em outubro de 1929, o partido aceitou-o de volta, ao notar que podia fazer uso dele. Na época, rompera todo contato com a família, e daí em diante se tornou revolucionário profissional, trabalhando como funcionário no "aparato" ilegal do KPD.

O que haverá de verdade nesse lendário "aparato"? Apenas para recordar: desde a época de Lênin, a União Soviética depositara esperanças em que também o Ocidente tomaria parte na revolução comunista mundial. Em vista disso, fundou-se em Moscou a Terceira Internacional, também conhecida como Komintern, que viria a reunir sessenta partidos sob sua influência. Desde o início, foi dominada pelos bolcheviques. Em seu programa, inscreveram-se os seguintes objetivos: "a derrubada do capitalismo, a fundação de uma ditadura do proletariado, a criação de uma república soviética internacional e a eliminação completa das classes sociais".

Entre os partidos estrangeiros, o KPD era considerado o mais importante; dispunha de muitos membros fiéis e desempenhava um papel de relevo também fora do Parlamento. Já em 1923, planejou-se em Moscou um "Outubro alemão", que levou a uma patética tentativa de levante em Hamburgo. O Komintern obrigava os partidos estrangeiros a manter aparatos paralelos, ilegais e militarmente disciplinados, que eram financiados com rublos-ouro e com a venda de diamantes do Tesouro do Kremlin.

Leo Roth, por volta de 1934

Sob Stálin, o Komintern transformou-se em instância de controle do movimento. Seu órgão central era o Comitê Executivo (EKKI), que mantinha seu próprio serviço de informação, espionagem e sabotagem. O Exército Vermelho, que naturalmente dispunha de um serviço de espionagem em moldes clássicos, o assim chamado Quarto Departamento, perseguia interesses em parte divergentes e empregava seus próprios agentes, ao passo que o Komintern, sobretudo na Alemanha, valia-se do "aparato militar" do partido. Não faltavam as rivalidades e ciumeiras, comuns no mundo da espionagem. Ainda assim, suas atividades se complementavam, especialmente no campo da espionagem militar e industrial.

O Komintern mantinha em Moscou sua própria escola militar, que formava quadros do KPD em técnicas de transmissão e criptografia, bem como no manejo de armas e explosivos para futuros levantes. Foi nesse assim chamado Aparato M, diretamente subordinado ao Politburo e cuidadosamente dissociado da imagem do partido, que Leo Roth começou a trabalhar a partir de 1930.

E Helga? A saga familiar relata que "já então ela se soltara". Em poucas palavras, isso provavelmente quer dizer que já aos dezessete anos ela deixou por algum tempo a casa dos pais para ir morar com o namorado, Leo Roth, no bairro judaico polonês de Scheunen. Assim como ele, que nascera num *shtetl*, também ela queria se distanciar do meio de que provinha. Em 1929, pouco depois de conhecer Roth, tornou-se membro da liga juvenil do KPD; em maio de 1930, ingressou no partido. Desse momento em diante, usou o nome de guerra de Grete Pelgert.

COISAS DE TRABALHO

As opiniões sobre o desempenho de Hammerstein são divididas. Muitos falam de uma cisão entre "front" e "escritório". Ele teria sido um general antes político que marcial. Supostamente, faltava-lhe a empatia com os quartéis. Dizia-se que seu interesse pela tropa e pelas necessidades desta era extraordinariamente reduzido.

Bem diversas são as opiniões de quem o conheceu em serviço na Primeira Guerra. Sobre essa época, seu cunhado Smilo von Lüttwitz tem o seguinte a dizer: "Nunca mais conheci um oficial de Estado-Maior capaz de chegar com tanta rapidez a uma visão clara da situação geral com base nos relatórios contraditórios das tropas e, na sequência, transmitir a todos as medidas necessárias de modo preciso e inteligível numa ordem sucinta. Muitas vezes precisava apenas de poucos minutos, durante os quais trabalhava em absoluta calma e serenidade, sem se deixar perturbar pelo telefone ou pelas pessoas exaltadas que entravam na sala. Hammerstein era o polo de tranquilidade no Estado-Maior. A confiança nele derivava unicamente de sua capacidade superior, de seu juízo claro e realista das situações".

Também as numerosas viagens de trabalho ou de inspeção que ele empreendeu como comandante do Exército contam outra história, e as ligações que formou ao longo da Primeira Guerra, bem como seus contatos com os serviços de Inteligência, faziam com que estivesse sempre muito bem informado.

Mesmo assim, havia quem lhe censurasse o "comodismo exagerado e uma incrível falta de gosto pelo trabalho normal". (Já aos vinte anos, quando ele recebeu sua primeira patente de oficial, podia-se ler em seu histórico que era um homem de "preguiça produtiva".) O general Hermann Foertsch, major junto ao Ministério da Defesa antes de 1933, acusado de crimes de guerra em Nürnberg mas finalmente eximido e, a partir de 1955, consultor de Adenauer para a fundação do novo Exército Federal alemão, o Bundeswehr, escreve retrospectivamente sobre a saída de Hammerstein:

"Para começar, razões políticas, era adversário dos nacional-socialistas em virtude de um juízo certeiro sobre a falta de freios do movimento. Mas a isso se somava o fato de que H. era um homem avesso a todo trabalho normal. Era genial, inteligente, negligente também em seu aspecto exterior, muito crítico, ligeiramente pessimista, preguiçoso como ninguém, de modo que as tarefas que se anunciavam para o Exército pareciam exigir outra personalidade. Não só razões políticas, portanto. Hitler, em primeiro lugar, mas também certos círculos militares diziam que não se iria longe apenas à base de genialidade.

"Hammerstein vinha do mesmo regimento que Schleicher, de quem era muito amigo. Além disso, era republicano confesso. Teria dito [antes de assumir o cargo em 1930]: 'Pelo amor de Deus, Schleicher, não faça isso comigo, eu vou ter que trabalhar'. Com razão, os nacional-socialistas viam nele um adversário intelectualmente muito superior e um observador cético e zombeteiro de suas palavras e atos. Ninguém contava com a permanência dele no cargo sob o governo de Hitler."

Schwerin von Krosigk, ministro das Finanças de Hitler e condenado como criminoso de guerra em Nürnberg, escreveu após a guerra:

"Os entendidos no assunto dizem que Hammerstein foi um dos maiores talentos estratégicos do Exército alemão. Só pôde mostrar esse talento em jogos de guerra e no campo de manobras. Isso o entediava. De modo que, conforme ele ascendia, uma falha foi se manifestando com mais e mais força: Hammerstein era preguiçoso, não há termo mais suave para dizê-lo. Ele mesmo tinha consciência disso e justificava esse traço de caráter afirmando que todo homem em posição de comando deve ter a coragem de ser preguiçoso. Mas ele exagerava a dose de distensão quando, caçador apaixonado que era, ia de caçada em caçada do fim do verão até o meio do inverno e só passava por Berlim de tempos em tempos, feito um cometa. Éramos vizinhos em Dahlem. Certa vez, em 1933, depois de sua demissão do comando do Exército [que só ocorreu em 1934], eu o encontrei na rua e lhe perguntei o que pensava fazer, ao que ele retrucou que dali em diante faria da caça e da pesca sua ocupação central. Eu o conhecia bem o suficiente para responder: 'Mas então não vai mudar nada', e ele tinha humor suficiente para rir da tirada.

"Não era homem de fazer esforço para conservar sua posição; frequentar o gabinete de Hitler, Göring ou Blomberg era coisa que ele desprezava. Seguia o seu caminho reto, mantinha o rumo que julgara necessário e não queria nem saber se agradava ou não."

Erich von Manstein, o futuro marechal de campo, igualmente condenado por crimes de guerra em 1949 e, como o general Foertsch, convocado por Adenauer para a organização do novo Exército Federal, exprimiu-se assim sobre Hammerstein em seu livro de memórias: "Como eu, vinha do 3º Regimento da Guarda e, ao lado do general Von Schleicher, proveniente do mesmo regimento, foi um dos homens mais inteligentes que conheci. A tirada 'Regras são para os burros', com a qual se referia a qualquer sujeito mediano, era de sua autoria e era característica dele. Teria sido um extraordinário comandante do Exército em tempos de guerra. Como comandante do Exército em tempos de paz, faltava-lhe a compreensão da importância do trabalho miúdo, e só sabia deplorar a 'diligência', qualidade que lhe parecia necessária apenas ao homem mediano. Ele próprio fazia pouquíssimo uso dela; com sua inteligência rápida e seu entendimento penetrante, podia dispensá-la. O talento militar dele era complementado por um juízo político muito clarividente. Desenvolveu-o com base na consideração sóbria da situação e das circunstâncias políticas. Mas não tinha o sentido da imponderabilidade dos fatores psicológicos. Sua atitude intelectual, conjugada com o fato de que, por toda a sua constituição, era um grão-senhor, só podia fazer dele desde sempre um adversário decidido da estridência nacional-socialista".

Kurt von Hammerstein como comandante do Exército

Também seus colaboradores militares concordam que Hammerstein não gostava do trabalho miúdo à escrivaninha, mas que tinha o dom raro de compreender as situações num átimo e de exprimir suas ideias com concisão clássica. Segundo seu filho Ludwig, ele teria descrito nos seguintes termos, para uma plateia de auxiliares, o trabalho de um comandante: "Livrem-se do trabalho miúdo. Chamem para si umas poucas cabeças pensantes. Mas reservem muito tempo para pensar e chegar à clareza completa sobre si mesmos. Só assim poderão liderar".

Ao ser perguntado sobre os critérios pelos quais julgava seus oficiais, ele respondeu: "Distingo quatro espécies deles. Há oficiais inteligentes, aplicados, burros e preguiçosos. Em geral, essas qualidades vêm aos pares. Há os inteligentes e aplicados, que devem ir para o Estado-Maior. Depois vêm os burros e preguiçosos; esses são 90% de qualquer Exército e são próprios para tarefas de rotina. Os inteligentes e preguiçosos têm o que é preciso para tarefas mais altas de liderança, pois têm clareza mental e firmeza dos nervos na hora de decisões difíceis. Mas é preciso tomar cuidado com os burros e aplicados; não podem receber nenhuma responsabilidade, pois só sabem causar desgraça".

Uma tradução inglesa dessas máximas apareceu onde menos se esperaria. O oficial americano Eric M. Warburg foi destacado para um comando especial britânico com elementos do Exército, da Marinha e da Força Aérea que se alojou, em outubro de 1942, nas propriedades de *Lord* Latimer em Buckinghamshire. "Qual não foi minha surpresa", conta ele, "quando vi atrás da mesa do oficial comandante uma citação do general Von Hammerstein escrita em letras grandes: '*I divide my officers into four groups*'", e assim por diante. No meio da guerra, os britânicos tinham feito seus os princípios de um general do Estado-Maior alemão.

SOB CAMUFLAGEM

Enquanto os comunistas, desde 1919, planejavam abertamente uma revolução alemã, instigavam levantes e denunciavam o militarismo alemão, nos bastidores o Exército Vermelho colaborava estreitamente com o Exército alemão. Karl Radek, detido em fevereiro de 1919 como emissário bolchevique, recebia em sua cela oficiais alemães e fazia os primeiros contatos. Um ano mais tarde, o então comandante do Exército, general Von Seeckt, afirmava que o auxílio para a reconstrução das Forças Armadas viria não dos vencedores, mas da Rússia bolchevique: "A Alemanha e a Rússia dependem uma da outra, como antes da guerra. E, caso fique do lado da Rússia, a Alemanha será invencível. Caso fique contra a Rússia, a Alemanha desperdiçará a única esperança futura que lhe resta". Seeckt enviou a Moscou seu velho amigo Enver Pascha, ex-ministro turco da Defesa que vivia no exílio berlinense. Este relatou que Trótski era favorável à colaboração com a Alemanha e estava mesmo disposto a aceitar as fronteiras orientais alemãs de 1914. Passado um ano, Lênin dirigiu-se a Berlim com um pedido de auxílio alemão na construção do Exército Vermelho.

No outono de 1921, deram-se as primeiras negociações sérias, conduzidas, é claro, no mais estrito segredo. Em 1922, formou-se no Ministério da Defesa um Grupo Especial R, dotado de um orçamento secreto de 250 milhões de marcos. No verão de 1923, o comandante da Força Aérea soviética e os generais Von Seeckt e Von Schleicher assinaram em Berlim um tratado para a reconstrução da indústria militar russa e para a produção de material bélico para a Alemanha. Além disso, trataram da participação em manobras conjuntas, da formação de oficiais russos para tarefas de Estado-Maior com seus colegas alemães e do desenvolvimento de novas armas, sobretudo para as forças aérea e blindada. Supostamente, Karl Radek, Kurt von Hammerstein e Ferdinand

von Bredow compareceram à assinatura do tratado. No Estado-
-Maior, que de resto não podia usar publicamente essa denominação, constituiu-se uma central secreta, dedicada ao planejamento e à camuflagem de toda a operação.

Radek, que então ainda era membro do Comitê Executivo do Komintern, disse com todas as letras ao embaixador alemão em Moscou: "Estou convicto de que o governo soviético pode trabalhar em bons termos com um governo reacionário alemão. Esse é também o desejo do general Von Seeckt, que declarou ser necessário torcer o pescoço dos comunistas alemães e, ao mesmo tempo, colaborar com o governo soviético".

Os êxitos não tardaram. Em 1927, o embaixador soviético em Berlim escreveu ao Ministério das Relações Exteriores em Moscou: "A participação nas manobras alemãs e as preleções nas academias alemãs são do nosso interesse. Foi o que declararam, sem exceção, os militares que passaram por aqui. O que oferecemos em troca aos alemães não nos custa nada, uma vez que eles pagam tudo, e não será difícil, nos rincões da União Soviética, encontrar um lugar apropriado para escolas e outros pequenos centros de formação alemães".

Seria difícil, porém, descrever como pequenas as instalações de que se tratava. Entre 1924 e 1933, uma base aérea em Lipezk serviu à formação de cerca de 240 pilotos alemães por ano, bem como a centenas de testes com aviões de combate das indústrias Junker e Fokker. A base de apoio de Tomka, perto de Volsk, às margens do Volga, foi usada a partir de 1929 para "experimentos especiais" conjuntos, visando o desenvolvimento de novas armas químicas para o front. Anos antes, Stresemann declarara-se de acordo com tais procedimentos. O Exército camuflava esses experimentos secretos com as rubricas "processamento de elementos químicos" e "desenvolvimento de substâncias antiparasitárias". Em Kazan, foi fundada uma escola de formação da tropa blindada. Em Moscou, o Ministério da Defesa alemão criou uma central para a coordenação dessas atividades.

Um cálculo de interesses muito claro estava na base dessa colaboração militar. O Tratado de Versalhes impusera uma série de restrições à Alemanha: o Exército ficava limitado a 100 mil homens (enquanto a França dispunha de uma força de 1 milhão de homens), nenhuma força aérea ou blindada, nenhum submarino, nada de armas químicas ou artilharia pesada, nenhum Estado-Maior Geral ou serviço militar obrigatório. A União Soviética, por sua vez, vira-se militarmente enfraquecida depois da guerra civil, e não dispunha de uma indústria militar moderna. Também a formação do alto oficialato deixava a desejar.

Os dois poderes encontravam-se isolados no âmbito internacional, a Alemanha pela derrota de 1918, a União Soviética em sua condição de Estado-pária e origem do "perigo vermelho". Em termos de política exterior, a colaboração de ambos se dirigia sobretudo contra a França, mas também contra a Polônia, reconstituída após uma longa partilha e que impusera uma derrota severa às tropas soviéticas na guerra de 1918. O temor dos poloneses diante da possibilidade de uma nova partilha de seu país não era sem fundamentos, como se viu em 1939.

A consolidação diplomática da cooperação russo-alemã veio em 1922 com o Tratado de Rapallo. Quatro anos mais tarde, políticos social-democratas descontentes com o curso das coisas entregaram informações sobre a colaboração militar secreta ao correspondente em Berlim do *Manchester Guardian*. A publicação dessas informações levou a debates acirrados. Philipp Scheidemann confirmou os fatos diante do Parlamento; seu discurso levou a um voto de desconfiança e à queda do governo. A direita em parte se enfureceu com a irmandade militar com os bolcheviques, em parte viu na divulgação dos fatos um "abismo de traição da pátria". O Partido Comunista preferiu negar tudo e caracterizar os que falavam de uma cooperação entre os dois exércitos como "caluniadores do proletariado russo". As potências ocidentais contiveram-se; provavelmente, seus serviços secretos sabiam havia tempo das atividades ilegais das Forças Armadas alemãs. Por fim, Stresemann declarou que a colaboração era necessária em termos políticos e militares. Ele percebera sua necessidade vital para um Exército alemão que, destituído de forças aérea e blindada, não teria chance em nenhum conflito. A despeito de todos os protestos, as atividades ilegais prosseguiram e, de fato, aumentaram.

Por sua vez, os russos afirmaram que "o Exército alemão representa uma força de combate que, em sua estrutura de comando, é herdeira das tradições do melhor Exército da guerra mundial. Isso, por si só, torna inestimável nossa ligação, tanto mais por representar o único respiradouro, a única janela de que o Exército Vermelho dispõe para a Europa".

Assim, entre 1924 e 1932, vários grupos de altos oficiais soviéticos passaram temporadas na Alemanha. Um exemplo: Mikhaíl Tukhatchévski, o futuro marechal da União Soviética, esteve pelo menos cinco vezes na Alemanha entre 1923 e 1932. Conforme relata Joachim von Stülpnagel, a maioria dos oficiais russos "falava alemão fluentemente e tinha um conhecimento espantoso de história militar. Todos haviam estudado as obras de Clausewitz".

No Arquivo Militar de Moscou encontra-se um relatório de um certo Feldman, comandante do Estado-Maior de Leningrado, a respeito de uma visita às manobras alemãs de que participaram altos escalões do Exército Vermelho: "Em todo canto, de carro, nas manobras, à mesa — e nos lugares de honra — está Tukhatchévski". Seguiam-se detalhes sobre o curso das manobras e sobre o deslocamento de tropas. Os próprios Hindenburg e Von Schleicher tomaram parte num exercício de travessia do rio Oder e na avaliação posterior.

Oficiais do Exército Vermelho acompanham manobras na Alemanha, início dos anos 30. Tukhatchévski está à esquerda de Hindenburg, no centro

Na direção contrária, vários oficiais graúdos do Exército alemão viajaram para a Rússia, entre eles os generais Von Blomberg, Adam, Von Brauchitsch, Paulus, Von Manstein, Keitel e Guderian. E um dos hóspedes mais importantes do Exército Vermelho foi ninguém menos que Kurt von Hammerstein.

UMA ESTRANHA PEREGRINAÇÃO

Em agosto de 1929, Hammerstein partiu em estrito segredo para uma longa viagem de inspeção na União Soviética, onde conduziria negociações e assistiria a manobras conjuntas. O esforço por permanecer incógnito começou já na viagem de navio de Stettin a Leningrado. A bordo estava também Max Hoelz, um conhecido líder operário que em 1920 organizara um levante armado na região de Vogtland; condenado à prisão perpétua com trabalhos forçados, teve que esperar pela anistia para emigrar para a União Soviética. Como escreve Hammerstein, "ele chegou acompanhado de uma centena de correligionários para despedidas com a *Internacional* e vigilância policial". (Muito provavelmente, Hoelz foi assassinado pela GPU em 1933.)

As cartas de Hammerstein à esposa sugerem que ele gostou muito de sua temporada russa:

"Tanto em Petersburgo como aqui [em Moscou] fui recebido no cais e na estação pelos comandantes do departamento operacional do Estado-Maior." O endereço mais importante para ele era a "Central de Moscou", a sede secreta do Exército alemão na rua Vorozóvskaia, que ligava o Ministério da Defesa às bases de manobras e experimentos no interior da Rússia. Dois oficiais alemães encarregavam-se das entregas de material, cuidavam das transferências de dinheiro e conduziam os muitos militares alemães pelas províncias soviéticas.

O planejamento para os três meses que Hammerstein passou na Rússia foi perfeito. "Para as viagens de trem, tenho sempre um vagão com sala, cabines e cozinha, aos cuidados do governo russo. De resto, o comissário do povo para os Transportes está sempre comigo. O vagão é tão bonito que mais tarde, no leste e na Ucrânia, não queríamos nem sair dele. E é claro que servem caviar uma vez por dia, quando não duas."

Passando por Níjni-Nóvgorod, Kazan e Samara, Hammerstein chegou às bases de Tomka, às margens do Volga, e a Sarátov. "A Rússia mais obscura e remota. E, ao mesmo tempo, campos de prova de 500 km^2, de proporções espantosas. Onde quer que chegue, encontro à minha espera um especialista russo enviado de Moscou; de um lado para negociar, de outro para vigiar. Ainda hoje, antes de partir, tive uma das negociações mais difíceis com um sujeito inteligentíssimo de Moscou. Mas acabei por travar amizade, e acho que ainda vou tratar com ele."

A viagem, registrada num álbum de fotos pessoal, levou Hammerstein a Khárkov, Kiev, Sebastópol, Ialta, Odessa, Istambul e de volta à Alemanha.

Por mais inofensiva que a viagem à Rússia pudesse parecer nas cartas do general à família, suas expectativas eram na verdade de longo alcance. Ele julgava "absurdo e perigoso" que justamente a Alemanha quisesse negar à Rússia o reconhecimento que a França e a Inglaterra não queriam lhe conceder. "Por mais que recusemos e combatamos as aspirações revolucionárias, a Alemanha não pode esquecer que Moscou não é apenas a sede da Internacional Comunista, mas também, e em primeiro lugar, a sede do governo russo, o qual ainda hoje constitui um poder político e econômico que toda potência europeia deve levar em conta."

O general Klíment Vorochílov, mais tarde marechal da União Soviética, com quem Hammerstein tratou ao longo dessa viagem, era da mesma opinião. Excertos de um protocolo secreto de negociações datado de 5 de setembro de 1929 valem por livros inteiros sobre o acordo a que se tentava chegar.

"Vorochílov: Estou interessado em saber qual a sua impressão geral dessa viagem.

"Hammerstein: Minha impressão é que resta muito para se fazer por aqui. Mas o trabalho teve início, com muito idealismo.

"Vorochílov: Não quero negar que houve pontos de atrito em nossas relações, mas no todo os resultados foram positivos. Recebo o senhor, general, como um homem de boa vontade em relação ao Exército Vermelho. Por isso não creio que seja a hora de falar de confiança ou desconfiança, e sim de novos meios pelos quais poderíamos incrementar mais ainda nossas relações.

"Hammerstein: Temos a intenção de fazer experimentos com novos blindados no início do ano. Podemos levar dez alunos para conhecer as companhias alemãs que fabricam blindados e depois começar a entregar os veículos.

"Vorochílov: Sei que o Tratado de Versalhes proíbe à Alemanha a produção de blindados. A URSS não está presa a nenhum tratado, e podemos produzir blindados não só para nós, mas também para terceiros. Gostaríamos de estabelecer boas relações também com a indústria alemã, para que num futuro próximo possamos contar com apoio técnico para o nosso Exército.

"Hammerstein: Mas há que considerar que as companhias alemãs conduzem seus trabalhos à revelia do Tratado de Versalhes, de modo que, para dar um exemplo, a Krupp é muito ciosa de que nada disso possa prejudicá-las.

"Vorochílov: Julgamos que a indústria química alemã é insuperável. O senhor tem a intenção de nos familiarizar com as novas armas químicas de que dispõe o Exército alemão?

"Hammerstein: O ritmo de pesquisa e produção dessas armas é de importância central. Nenhum de nós sabe quando uma guerra pode estourar. Temos a intenção de intensificar as pesquisas em Tomka e de expandir a base técnica.

"Vorochílov: Duas palavras mais sobre questões políticas. Temos que partir do fato de que, em termos sociais e políticos, nossos países são diametralmente opostos. Mas me parece inteiramente desnecessário envolver a Terceira Internacional ou o partido em nossas relações tão puramente objetivas. Ninguém precisa adorar os bolcheviques, mas queremos que levem a sério nosso povo, que enfrenta uma luta de vida ou morte por sua existência."

Diante do Politburo, o marechal justificou seu curso de ação como "uso extenso e sistemático de militares e técnicos alemães a fim de elevar a capacidade de combate do Exército Vermelho".

Justamente por isso, a "virada para o Leste" do general não lhe rendeu muitos amigos no Ministério das Relações Exteriores. Hammerstein foi atacado duramente na imprensa nacionalista. Não se deixou perturbar e permaneceu fiel a suas convicções até se despedir do Exército. A Jacob Wuest, adido militar americano em Berlim, declarou no fim de 1932 o que pensava do Exército Vermelho, numa avaliação que se confirmaria dez anos depois: "É uma boa tropa, disciplinada e bem formada, que saberá lutar na defensiva e que contará com o apoio da população russa. Os russos sabem muito bem que não têm como conduzir uma guerra ofensiva, pois lhes falta a infraestrutura necessária. As estradas e ferrovias encontram-se em estado tão ruim que eles só podem lutar no interior de suas próprias fronteiras. Prepararam-se para isso e constituíram duas grandes zonas de defesa, uma em torno de Moscou, a outra em torno de Perm, nos Urais. Caso devam retroceder a tal ponto, sabem que podem se aguentar nessas regiões por um tempo sem fim. Só precisam recuar; feito isso, não há adversário que os vença".

Em 1º de julho de 1933 (!), deu-se o último encontro com oficiais soviéticos. Hammerstein ofereceu-lhes uma recepção no hotel Kaiserhof e afirmou que o Exército alemão "estará sempre disposto a promover esse intercâmbio de comandos". Em junho, foi obrigado a ordenar a dissolução da escola de aviadores em Lipezk, e, em setembro de 1933, todas as instalações militares alemãs na Rússia tinham sido abandonadas.

UMA HISTÓRIA DE VETERANOS

Há que encarar com certo ceticismo as histórias sobre as atividades ilegais das filhas do general, como se vê pelo exemplo do seguinte relato do camarada Hermann Dünow. Esse sujeito trabalhou desde 1923 no Serviço de Inteligência do KPD, até que foi preso em dezembro de 1933 e, dois anos mais tarde, condenado à prisão perpétua com trabalhos forçados. Só foi libertado em 1945, quando se transferiu para a Alemanha Oriental e trabalhou na organização da Volkspolizei.

Em suas memórias, Dünow diz o seguinte a respeito das tentativas de infiltração do aparato militar do KPD: "Tivemos então a oportunidade, por meio de um jovem camarada (estudante na Universidade Humboldt), de conhecer as três filhas do general Von Hammerstein-Eckurt (!), comandante do Exército. Com a ajuda desse camarada, conseguimos influenciá-las politicamente a tal ponto que essas moças acabaram por ingressar na Liga da Juventude Comunista. Convidei-as então para um encontro do partido em Wedding. Por meio delas, tínhamos acesso ao cofre blindado do general Von Hammerstein-Eckurt. Podíamos, com toda a calma, retirar e fotografar documentos sem que ninguém se desse conta. Então, um belo dia, com base nesses materiais, o deputado comunista Kippenberger falou ao Parlamento sobre o 'exército secreto' e assim por diante. Por coincidência, naquela mesma manhã o general destruíra esses documentos, rasgando-os em pedacinhos e jogando-os no cesto de papel. A faxineira jogou-os na lata de lixo, que era recolhida diariamente às onze da manhã. Às duas da tarde, o deputado Kippenberger falou ao Parlamento sobre o 'exército secreto'. Nessa noite, numa conversa com um certo general Stülpnagel, de quem era muito amigo, o general Hammerstein expressou sua admiração pelo talento organizacional dos comunistas. Os comunistas eram uma gente desagradável, disse ele, mas sabiam se organizar. Estava admirado, pois às onze horas vira os lixeiros passando, e às duas o deputado Kippenberger já falava sobre o tema".

Nada nesse episódio rocambolesco é verdade. Deixando de lado o fato de que o autor é incapaz de grafar corretamente o nome do general, a expressão "exército secreto" é no mínimo ambígua. Originalmente, referia-se às unidades paramilitares dos primeiros tempos da República de Weimar, com as quais é claro que Hammerstein não tinha nada a ver. No que diz respeito à Liga da Juventude Comunista, Dünow inventou a abordagem das três filhas do general por um "jovem estudante". Em suas memórias, Dünow afirma que, antes da prisão, comandara o Serviço de Inteligência do KPD. Tampouco isso é verdade. Quem quiser ler sem precaução as reminiscências de um camarada eminente, que o faça por conta própria.

AS AVENTURAS DO SR. VON RANKE

Um sujeito que Helga de fato conheceu por essa época se chamava Hubert von Ranke, neto do grande historiador. Sua vida dilacerada mereceria todo um relato. Aos dezenove anos, ele se juntou ao *Freikorps* de Oberland e participou do ataque a Annaberg; em seguida, trabalhou por vários anos para a Lufthansa e para as empresas que a precederam. Em 1932, foi arregimentado por Hans Kippenberger, chefe do aparato militar do KPD. Seu nome de guerra era "Moritz". A esposa dele, igualmente disposta a colaborar e de quem se dizia que tinha muitas conexões sociais e familiares à disposição, ganhou o nome de guerra de Olga.

O aparato militar fazia questão de que esses simpatizantes mantivessem silêncio sobre sua ligação com o KPD — ou mesmo que a rompessem. Segundo Kippenberger, tais indivíduos estavam encarregados de estabelecer contatos que, de outro modo, não teriam sido possíveis ao partido: "Escritórios do governo, círculos econômicos e industriais, diplomatas, líderes partidários, instalações militares. Para tanto, era necessário criar círculos de relações ou aproveitar os já existentes e introduzir 'gente de nome'. Ao longo dos anos, formara-se para essa tarefa um grupo de camaradas capazes de cuidar com êxito desse ramo do aparato". (Vale lembrar que também Heinrich Blücher, futuro marido de Hannah Arendt, esteve entre os colaboradores de Kippenberger. Reinhard Müller está às voltas com uma pesquisa exaustiva sobre essa atividade, que Blücher omitiu de sua autobiografia *Uma vida mediana*.)

"Quando notávamos que a filiação desses camaradas ao partido ainda não tinha sido percebida (por seu meio social anterior), ordenávamos que tomassem distância do trabalho partidário corriqueiro. Muitas vezes havia grandes obstáculos psicológicos e era necessária uma certa arte para mantê-los na linha. O mais difícil era livrá-los do sentimento de que o partido os via e os usava como agentes."

Em 1933, Ranke foi encarcerado por um curto período. Sua secretária vira alguma literatura marxista sobre a mesa dele e o traíra. Seu pai, um velho militar, veio ter com Himmler em Berlim e conseguiu a libertação do filho. Ranke ainda continuou vivendo clandestinamente em Berlim por algum tempo, mas Kippenberger decidiu que, em vista de um possível processo por alta traição, seria melhor que abandonasse logo a Alemanha e o mandou para Paris, onde ele passou a responder pelo ponto local do Serviço de Inteligência do partido.

Hubert von Ranke, por volta de 1930

Anna Kerff, secretária e companheira de Kippenberger, Lenderoth de solteira, divorciada de um deputado do KPD, usava os nomes de guerra de Lore ou Christina Brunner até que, muito mais tarde, casou-se com um búlgaro, seu companheiro de infortúnio, e adotou o nome de Christine Kjossewa. Essa profusão de nomes de guerra é típica do turbilhão em que ela e seus camaradas viveram. Lore — fiquemos com este — conta a respeito do primeiro exílio de Ranke:

"Quando chegamos, mortos de fome, fomos ao encontro de um de nossos camaradas mais valiosos, o antigo chefe do terminal de chegadas e partidas no aeroporto de Tempelhof, Hans Hubert von Ranke. Ele sabia tudo sobre a reconstrução ilegal da Força Aérea alemã depois da Primeira Guerra. É claro que nos aproximamos dele em Paris. Contou que conhecia um círculo de gente bem situada, antifascista, que volta e meia o convidava para almoçar. Ele falava francês fluentemente. Moritz se dispôs a perguntar à filha do poeta norueguês Björnsen se poderia nos abrigar por alguns dias, e assim vivemos um tempo com ela. Era tudo muito senhorial. Mas ele nos ajudou em muitas coisas mais."

Por meio de Herbert Wehner, Ranke foi um dos primeiros voluntários a partir para a Espanha, em 1936, onde foi destacado para a frente aragonesa e para o Serviço de Inteligência republicano. Em 1938, rompeu com o KPD. No início da guerra, estava de novo em Paris, dessa vez trabalhando para o Serviço de Inteligência francês. Na sequência, fugiu do avanço alemão rumo à África do Norte; mais tarde, reapareceu na França de Vichy e trabalhou para a Resistência como especialista em técnicas de conspiração. Após a libertação, tornou-se oficial do serviço secreto francês. Só voltaria à Alemanha em 1960.

Vale a pena contar aqui essa vida repleta de lances perigosos, porque Ranke foi um dos poucos a saber alguma coisa sobre Leo Roth e Helga von Hammerstein (Grete) no começo dos anos 30.

Leo Roth, por volta de 1934

"Pouco depois de nosso primeiro encontro em Hallesches Tor [1931], Alex (aliás Kippenberger) me convocou novamente para um encontro com Rudi, um de seus colaboradores. Seu nome real era Leo Roth. Rudi veio a se tornar meu contato mais próximo, um amigo mesmo; e assim foi até ser convocado de volta à Rússia. Sua companheira de então, Grete, deve ser uma das poucas sobreviventes daqueles tempos."

Leo tinha "aparência fortemente judaica, andava sempre impecavelmente vestido, usava luvas de couro e marcava encontros em restaurantes vegetarianos, confeitarias ou bares discretos. Só algum tempo depois encontrei Grete, sua companheira, que ele conhecera na liga juvenil. Certa vez, quando passávamos pela Gedächtniskirche, Rudi apontou para a torre e contou que trabalhara na construção do telhado. Ninguém o imaginaria em tal profissão".

UMA DAMA BOÊMIA ENTRA EM CENA

O castelo de Neindorf, perto de Magdeburg, com seu grande parque e sua criação de faisões, era um retiro bem conhecido das irmãs Hammerstein desde a infância; elas gostavam de passar o verão ali, onde havia mais crianças. O dono do lugar, Maximilian von Asseburg-Neindorf, o "tio Max", era um velho amigo do general, que, ainda jovem e recém-casado, fora seu convidado para a caça à lebre.

Na noite de Ano-Novo de 1930, Ruth von Mayenburg conheceu, no castelo de Neindorf, "um senhor mais velho, em trajes de gala, alto e bem-apessoado, exatamente as características que eu gosto em senhores mais velhos, pelos quais sempre tive um fraco".

Ela era filha do diretor de uma mina em Teplitz-Schönau, na Boêmia; não era "comportada" e não suportava o "blá-blá-blá aris-

Ruth von Mayenburg

tocrático". Nos anos 20, foi para Viena, onde eram muitos os pontos de contato entre a vida boêmia e a política de esquerda. É óbvio o paralelo com Helga Hammerstein em Berlim.

Não se falou em nada disso à sua chegada em Neindorf; ao contrário, os anfitriões tinham preparado tudo para um noivado conveniente com um dos filhos da casa. Em suas memórias, ela escreve:

"Os Asseburg tinham me convidado porque estava mais do que acertado que, naquela noite, eu começaria um noivado com Axel [o filho], de modo que nossa relação adquirisse um aspecto 'socialmente correto'. Eu estava ali, ocupada em me arrumar para a festa, com um vestido de noite em tafetá cinza e uma rosa na cintura, prestes a me refugiar na segurança de uma existência da qual mal ouviria o chamado daqueles tempos. Uma ideia melancólica. Diante do espelho, eu me olhava nos olhos, e meu ânimo estava longe de ser festivo.

"Quando ouvi alguém bater na porta, pensei que fosse Axel vindo me chamar à mesa. Mas era meu vizinho de quarto, Kurt *Freiherr* von Hammerstein-Equord, general e comandante do Exército, velho amigo da casa de Asseburg. Entrou meio constrangido (será que ele quer me seduzir?) e foi direto ao ponto. Começou *in medias res*: achava uma pena que eu e Axel nos casássemos. Gostava do rapaz, sentia-se de algum modo responsável por seu destino, e não achava que eu fosse a mulher certa para ele. Pedia-me que refletisse com maturidade e levasse em conta que eu mesma não seria feliz numa atmosfera tão além e tradicionalista. 'A senhorita tem vontade própria. Um espírito vivaz, impetuoso. Gosto da senhorita, perdoe-me se me intrometo em sua vida, mas julguei que era meu dever lhe dizer tudo o que disse.' Então me segurou pelo braço, deu um beijo no meu rosto e saiu.

"E foi assim que não se comemorou noivado nenhum quando a champanhe começou a espocar à meia-noite. Hammerstein piscou para mim em reconhecimento, e mais tarde, quando nos dirigimos a nossos quartos vizinhos, eu o convidei para uma conversa que foi o fundamento de uma amizade muito franca. Falamos de caçadas."

UMA CONVERSA PÓSTUMA COM RUTH VON MAYENBURG (I)

M: É gentileza sua vir me visitar. Como pode ver, meu segundo marido me deixou, estou inteiramente sozinha neste apartamento antiquado. Aceita uma xícara do meu chá de gengibre? Saiba que sou devota desse chá. O melhor remédio contra a depressão. No Naschmarkt há uma banca que sempre tem gengibre fresco. Não se deve usar o pó. Pique, ponha na água quente e tire depois de cinco minutos. Mas agora me diga o que o traz aqui.

E: Sua amizade com Kurt von Hammerstein.

M: Um homem fantástico. Quase me apaixonei por ele. Certa vez, ele me salvou de um casamento que só teria me trazido concórdia, segurança e tédio.

E: A senhora escreveu sobre isso em suas memórias. Li cada linha de seus livros.

M: O senhor é escritor, então sabe como é bom ouvir isso. Mas como foi dar com esse tema?

E: É uma longa história — uma história bem além. A senhora conheceu Hammerstein na casa dos Asseburg.

M: Isso mesmo. Nós dois éramos muito amigos deles. Hammerstein os frequentava ainda na infância. O velho Asseburg era um caçador apaixonado. Ainda nos tempos de escola, os dois iam além da fronteira prussiana para caçar seus primeiros veados. Na verdade, caçavam ilegalmente, pois eram de Mecklenburg. E, no que diz respeito a mim, meu pai também me iniciara muito cedo em todos os segredos da caça, e quem passa por isso não se livra mais da paixão pela coisa.

E: E sobre o que mais a senhora conversou com Hammerstein?

M: Já nem sei. Acho que discutimos o significado da bravura. Ele não parecia muito ansioso por feitos marciais. Dava mais valor à coragem civil. Então falamos da Rússia, talvez porque meu pai quisesse ir caçar por aqueles lados. Eu tinha metido na cabeça que aprenderia russo, sem imaginar que mais tarde esse estudo viria muito a calhar para mim. Hammerstein me encorajou a estudar a língua. Conhecia bem a União Soviética, embora sua simpatia pelo comunismo fosse bastante moderada; não tinha tempo para utopias. Nessa época, eu era da mesma opinião.

Por fim, ele me convidou a visitá-lo, a ele e a sua família, sempre que fosse a Berlim. Achava que me daria bem com seus filhos, eram tão cabeças-duras quanto eu. Quando me desejou boa-noite, passou a mão pelo meu rosto e disse: "Que pena!".

TENTATIVAS DE ÚLTIMA HORA

O chanceler Kurt von Schleicher acreditava que, até 26 de janeiro de 1933, Hindenburg mantivera-se fiel à decisão de não nomear Hitler. Nisso ele se enganava, pois foi nos três dias seguintes que se decidiu o destino da Alemanha.

"A atmosfera em casa era de nervosismo. Meu pai falava longamente com Schleicher, que trabalhava do outro lado do Ministério da Defesa, à margem do rio", escreve Helga von Hammerstein sobre esse momento.

Seu pai empreendeu naquele mesmo dia, 26 de janeiro, uma última tentativa de demover o presidente de convocar Hitler para formar um novo governo. Não é fácil imaginar o que terá sido essa intervenção, pois existem ao menos três versões a seu respeito, não livres de contradição.

O próprio Hammerstein escreve sobre isso:

"Na manhã do dia 26 de janeiro, fui ter com Schleicher e lhe perguntei o que havia de verdade nos rumores sobre a troca de governo. Schleicher respondeu que era certo que, naquele mesmo dia ou no dia seguinte, o presidente lhe daria um voto de desconfiança e que ele renunciaria ao cargo. Fui então falar com o secretário Meissner [chefe de gabinete de Hindenburg], perguntei-lhe o que aconteceria depois da renúncia de Schleicher e lhe disse com todas as letras que os nacional-socialistas jamais tomariam parte num gabinete Papen-Hugenberg. Um tal gabinete teria como adversários os nacional-socialistas, de um lado, e a esquerda, de outro — e, portanto, uma base minúscula. O Exército teria então que entrar em cena em defesa dessa base de 7% contra 93% do povo alemão. Seria uma medida gravíssima; mas ainda seria possível evitá-la?

"Meissner via a situação de forma semelhante, e me instigou a ir de imediato expor minhas preocupações ao presidente. Foi o que fiz. Hindenburg reagia do modo mais sensível a qualquer tentativa de influenciá-lo politicamente, mas na ocasião me disse, decerto para me tranquilizar, que 'não pensava absolutamente em transformar o cabo austríaco em ministro da Defesa ou em chanceler' (palavras literais, pronunciadas em 26 de janeiro de 1933, por volta das onze e meia da manhã, diante de uma testemunha)."

Em seu livro sobre a tomada do poder pelos nazistas, o filho de Meissner posterga essa conversa em dois dias e menciona um quarto participante, que, no entanto, certamente não houve. Ele afirma: "Na noite de 28 de janeiro, o comandante do Exército, general Von Hammerstein, e o comandante da região de Berlim, general Von Stülpnagel, apresentaram-se ao presidente e lhe comunicaram, como representantes das Forças Armadas, que a demissão do chanceler e ministro da Defesa Von Schleicher era 'inadmissível para as Forças Armadas' e devia ser evitada. Hindenburg não se conteve e interrompeu o general Von Hammerstein antes que este pudesse fazer declarações políticas: 'Eu sei muito bem o que é admissível para as Forças Armadas e devo, portanto, recusar a lição de política dos senhores generais'. Que o sr. Von Hammerstein e os demais generais cuidassem do treinamento das tropas sem se meter em política, a qual cabia a ele e ao governo. E com isso os dois generais foram dispensados sem maior cortesia".

"Não foi bem assim", observou, trinta anos mais tarde, o general Von Bussche. "A descortesia consistiu num aperto de mão e num pedido para que não divulgassem suas declarações sobre Hitler." A versão de Bussche para a tal conversa reza o seguinte:

"Para a manhã de sexta-feira, 27 de janeiro de 1933 [mais uma data diferente!], estava prevista a reunião rotineira do chefe do departamento de pessoal do Exército, general Erich von dem Bussche-Ippenburg, com o presidente. O comandante do Exército, general Von Hammerstein, que não costumava comparecer a essas reuniões, acompanhou o chefe do departamento de pessoal a fim de manifestar ao presidente suas preocupações relativas à nomeação de Hitler. Ele sabia que o presidente proibia a presença de não militares nas reuniões de tema militar e queria aproveitar a ocasião para dar sua opinião sem a presença de conselheiros políticos.

"Tão logo os dois generais entraram nos aposentos do presidente, este prorrompeu nestes termos: 'Se os generais não quiserem obedecer, vou demitir todos'. Os dois generais não puderam evitar a impressão de que se preparava uma caça às bruxas voltada contra o comando do Exército. O general Von Hammerstein esclareceu, com um sorriso, que não via motivo para inquietação, uma vez que as Forças Armadas estavam inteiramente à disposição do presidente, em sua condição de comandante em chefe.

"O presidente observou: 'Então tudo está em ordem' e pediu

que passassem à pauta do dia. Cumprida a formalidade, o general Von Hammerstein expressou, com calma e objetividade, sua preocupação com a nomeação de Hitler para a chancelaria. Sabia que o presidente não queria permitir ao chanceler Von Schleicher a dissolução do Parlamento. Fundamentou sua preocupação sobretudo com a índole desenfreada de Hitler e de seu partido, e ainda se disse temeroso de uma cisão nas Forças Armadas, a qual podia degenerar em motim aberto. O presidente declarou literalmente, logo após as primeiras frases do general Von Hammerstein: 'Mas os senhores não me julgam capaz de nomear esse cabo austríaco para a chancelaria'. Os generais tranquilizaram-se com essa declaração cristalina do presidente e julgaram que Hindenburg compreendia e partilhava suas preocupações."

Enganavam-se; não sabiam que Hitler já se acertara com Papen e que Hindenburg não tinha nada contra essa solução. Seja como for, Hammerstein deve ter deixado o palácio presidencial tomado de preocupações.

Na manhã de 29 de janeiro, quando ficou claro que Hindenburg tinha trapaceado com eles, Hammerstein se encontrou com Schleicher no Ministério da Defesa; Ferdinand von Bredow, da Defesa, Eugen Ott, da Inteligência, Erwin Planck e Bussche estavam presentes. Hammerstein disse que já não julgava Hindenburg capaz de tomar decisões. Deviam declarar estado de exceção, aprisionar Hitler e fazer uma aliança com os sociais-democratas. Para tanto, era preciso pôr em alerta a guarnição de Potsdam.

Schleicher recusou-se; a tropa não estava pronta para uma tal operação. Hindenburg era venerado pelo povo como um semideus, razão suficiente para que as Forças Armadas não pudessem fazer nada contra ele.

O plano foi deixado de lado. Segundo Fabian von Schlabrendorff, o próprio Hammerstein teria mais tarde "indagado muitas

*Hitler e Von Hammerstein no enterro de Edwin Bechstein, 1934.
Esta é a única foto em que se vê Hammerstein na companhia de Hitler*

vezes, em conversas com gente de confiança, se não deveriam ter agido com violência contra Hindenburg".

Depois desse encontro, Schleicher foi ter com Hindenburg, declarou dissolvido seu gabinete e sugeriu a nomeação de Hitler.

Restou uma anotação em que Hammerstein registrou o que aconteceu no resto desse dia:

"Em 29 de janeiro, houve em meu escritório uma conversa entre mim e o chanceler Von Schleicher, demissionário mas ainda no comando. Os dois sabíamos que Hitler era a única possibilidade para a chancelaria. Qualquer outra escolha teria levado à greve geral, se não à guerra civil e, com isso, a uma intervenção do Exército contra os dois lados, os nacional-socialistas e a esquerda. Ponderamos se ainda havia meios de evitar uma tal desgraça. O resultado de nossas considerações foi negativo. Não víamos nenhuma possibilidade de exercer alguma influência sobre o presidente. Por fim, eu me decidi, em acordo com Schleicher, a tentar um encontro com Hitler, que se deu no domingo, entre as três e as quatro horas da tarde, na casa de Bechstein. No curso dessa conversa, manifestei minhas preocupações a Hitler."

Tratava-se de saber se Hitler, uma vez nomeado chanceler por Hindenburg, manteria o general Von Schleicher, amigo de Hammerstein, à frente do Ministério da Defesa. Hitler assegurou-lhe que sim, muito embora a essa altura já estivesse assentado que Schleicher seria jogado ao mar e substituído pelo general Von Blomberg.

Essas negociações esclareciam duas coisas: o comando do Exército andava mal informado do curso dos acontecimentos por aqueles dias e não se via à altura de oferecer resistência mais firme à nomeação de Hitler.

Hindenburg, que poucas horas antes ainda hesitava, decidiu-se definitivamente por Hitler na noite daquele mesmo dia. E já na manhã seguinte, às 11h15, ele e seu gabinete foram empossados.

O general Von Hammerstein tinha boas razões para estar farto de seu cargo.

TERCEIRA GLOSA.
SOBRE A CISÃO

O sentido unívoco é um bem dos mais cobiçados, especialmente quando se trata de passar juízo sobre outrem e não sobre si próprio; nesse afã, costumamos facilitar as coisas para nós mesmos.

Sabe-se muito bem que a tomada do poder por Hitler foi saudada com entusiasmo, e não apenas em seu partido. Ninguém era antinazista de nascença, era preciso converter-se em tal, como muitos diriam mais tarde. "Como tudo parecia grandioso", escreveu Gottfried Benn em 1934, "e como tudo parece sórdido hoje. E o fim não está próximo."

Antes de 1933, muitos daqueles que posteriormente seriam vítimas desse regime tinham assumido uma atitude dúbia diante do NSDAP. Foi o caso, por exemplo, de Erwin Planck, que, como secretário e chefe de gabinete de Schleicher, conspirara com Hitler; contudo, logo reconheceu que essa política fora cúmplice do declínio da república. Tornou-se adversário determinado dos nacional--socialistas, envolveu-se no atentado de 20 de julho e foi executado em janeiro de 1944. O mesmo vale para Werner von Alvensleben, que conhecia bem tanto Hammerstein como Schleicher de seus tempos de Estado-Maior em 1918 e que desempenhou um papel mais que duvidoso nos dias anteriores à tomada do poder; mais tarde, porém, uniu-se à Resistência. Foi preso em 1934 e só escapou ao fuzilamento porque seu irmão Ludolf, oficial da SS, intercedeu por ele junto a Himmler. Saiu da prisão em 1945, libertado pelos americanos.

De início, a maioria dos oficiais não tinha como resistir à corrente da "revolução nacional". Entre eles, havia homens como Claus von Stauffenberg (fuzilado em 21 de julho de 1944), Henning von Tresckow (que se suicidou em 21 de julho), o conde Werner von der Schulenburg (executado em 1944), o conde Peter Yorck von Wartenburg (executado em 1944) e Mertz von Quirnheim (fuzilado em 20 de julho). Em 1932, Ludwig Beck (morto em 20 de julho) só não foi exonerado por suas "tendências nacional-socialistas", a pedido do ministro da Defesa Groener, porque Hammerstein interveio. Wilhelm Canaris, envolvido no golpe de Kapp, saudou a ascensão de Hitler ao poder em 1933; foi promovido a comandante da Inteligência Militar, mas logo se voltou contra o regime e foi enforcado nos últimos dias da guerra no campo de concentração de Flossenbürg. O conde Wolf von Helldorf foi um nazista fervoroso que, mesmo antes de 1933, já chegara a comandante na SA. Também ele se uniu posteriormente à Resistência e foi executado em 1944. Quem se dispõe a censurar, por seus erros políticos, pessoas que mais tarde pagaram com a própria vida sofre de uma espécie de arrogância retrospectiva que não é muito diferente de uma *moral insanity*.

De resto, não há quem atribua ao general Von Hammerstein alguma simpatia pelos nacional-socialistas. Não obstante, a atitude dele não era livre de ambivalências e equívocos, e há indícios de suas hesitações.

1930: "Desde as eleições de 14 de setembro, forte movimentação nacionalista e comunista. É preciso deixar claro aos nazistas que toda tentativa de ação ilegal será combatida com os meios mais contundentes".

Setembro de 1930: "Exceto pelo ritmo, Hitler quer a mesma coisa que as Forças Armadas".

Começo de 1932: "Se os nacional-socialistas chegarem ao poder por via legal, deverei conformar-me. De outro modo, terei que disparar".

15 de agosto de 1932: "Posso voltar a dormir tranquilo, agora que sei que, se for o caso, posso ordenar à tropa que dispare contra os nazistas. No Exército impera uma extraordinária cólera contra os nazistas".

Para Hammerstein como para seu amigo Schleicher, uma eventual participação dos nacional-socialistas num governo parecia um "mal menor", em comparação com o perigo de uma guerra civil; repetidas vezes, os dois recaíram no equívoco de pensar que seria possível "amarrar", dividir e "domesticar" Hitler e seu partido por meio da participação destes num gabinete.

Foi apenas em 31 de janeiro de 1933 que essas ilusões se dissiparam. Maria Therese recorda a visita de uma amiga suíça à residência funcional dos Hammerstein. Inez Wille, jornalista, filha de um general do Exército Federal suíço, viera a Berlim para se informar sobre como o comandante do Exército alemão via a situação contemporânea. "Esguia, metida num traje cinza de corte inglês, sentada numa poltrona diante de meu pai, ela perguntou, quase ríspida e com ar gravíssimo: 'O que aconteceu?'. A resposta de meu pai foi precisa e lacônica: 'Pulamos de cabeça no fascismo'. Ele não tinha como consolá-la." A um camarada mais jovem do 3º Regimento da Guarda, Hammerstein disse: "Noventa e oito por cento do povo alemão está completamente embriagado".

A GUERRA INVISÍVEL

Em 1º de fevereiro de 1933, alguns membros do aparato militar do KPD, sob a camuflagem de uma "associação literária", encontraram-se em Berlim nos fundos de um botequim da Taubenstrasse. A reunião foi conduzida por Hans Kippenberger, conhecido como Alex ou ainda Adam, e Wolf, comandante do aparato. Leo Roth, que usava o nome de guerra de Rudi, também estava presente. Hubert von Ranke relata:

"Alex tomou a palavra para comentar a situação política — à maneira de todos os funcionários comunistas, ele era incapaz de discutir assuntos práticos sem antes fazer uma preleção. Em sua análise, afirmou que o fascismo passara de um estágio velado a um estágio aberto. Até aquele momento, o capitalismo fora capaz de cindir o proletariado com o auxílio dos sociais-democratas, evitando assim uma revolução ameaçadora. Em vista do agravamento da situação, da miséria das massas, do desemprego e da inquietação social, o capitalismo recorria agora a seus últimos recursos — correndo o risco de sucumbir diante das forças que ele mesmo chamara em seu socorro. Fascismo significava rearmamento, guerra, aniquilação das organizações operárias, um caminho perigoso, no fim do qual, contudo, esperava indubitavelmente a revolução. Alex prosseguiu: 'A partir de hoje, temos que nos comportar como se estivéssemos na mais completa ilegalidade. Nos próximos tempos, o partido certamente sofrerá pesadas perdas, mas também fortalecerá sua disposição para a luta. A tarefa é clara: descentralização imediata do aparato partidário. As células devem se dissolver em grupos de cinco, dos quais apenas um camarada pode ter contato com o grupo superior — e sempre com apenas um grupo superior. Exclusão imediata dos indignos de confiança, dos fracos, dos medrosos. E, no que diz respeito ao nosso círculo, esta é a última vez que nos reunimos'.

"Mais à frente, ele acrescenta que dali em diante caberia um papel de destaque ao Serviço de Inteligência. Todos os serviços e contatos importantes deveriam ser conspirativamente separados do trabalho partidário mais geral e, na medida do possível, reforçados por meio de contatos paralelos e independentes. Todo material ilegal deveria ser destruído ou guardado em lugares seguros, com pessoas insuspeitas. Era urgente encontrar locais secretos entre simpatizantes. A correspondência deveria ser reduzida a um mínimo; ligações telefônicas deveriam ser feitas em segredo, de cabines públicas e usando-se nomes de guerra seguros. Informações que não pudessem ser decoradas deveriam ser cifradas segundo o sistema indicado na revista *Oktober* e deixadas em lugar seguro. 'Cuidado mesmo quando em família.' A menor informação sobre os movimentos e intenções do adversário, quando transmitida a tempo, pode ser de importância imprevista. Alex concluiu: 'Ainda estamos em meio a uma guerra invisível e devemos ter presente, nas palavras de Liebknecht [na verdade, de Eugen Levinés], que somos apenas mortos em férias. Nossa vida não vale nada. As próximas semanas e os próximos meses decidirão o destino do proletariado alemão e da nossa revolução'.

"Fomos embora em intervalos de cinco minutos. Saí com Rudi. Eu já não tinha mais nada que fazer com os outros. Não devia reconhecê-los. Alguns passos depois, Rudi separou-se de mim também. Estava sozinho, fui para casa, para Olga [sua esposa, Von Obyoni de solteira], contei tudo a ela. Ficamos muito sérios nessa noite, o futuro parecia ainda mais negro; já não conseguíamos acreditar na luz de uma revolução no fim do túnel, como Alex a descrevera."

A esta altura e a título de exceção, vale citar uma obra de ficção. Notável conhecedor do *milieu*, Arthur Koestler descreve, em seu romance *O zero e o infinito*, a situação do KPD após 1933: "O movimento estava derrotado, seus membros eram abatidos como caça e açoitados até a morte. Por todo o país, pequenos grupos de homens tinham sobrevivido à catástrofe e seguiam conspirando. Encontravam-se em porões, bosques, estações, museus e ginásios de esportes. Alteravam sem cessar seus nomes e hábitos. Só conheciam uns aos outros pelo prenome e jamais pediam o endereço alheio. Uns entregavam a vida nas mãos dos outros, mas ninguém confiava em ninguém".

UM JANTAR COM HITLER

Em 3 de fevereiro, Hammerstein sabia que havia fracassado. A perspectiva de um jantar com Hitler, que devia começar às oito horas no salão de sua residência funcional, não deve ter melhorado seu humor. Era uma visita inaugural, no curso da qual o novo chanceler se apresentaria e tentaria ganhar os generais do Exército para o novo regime. O jantar tomou a vez de uma reunião dos vários comandantes militares, previamente planejada para esse dia. O jantar que rematava tais encontros costumava ser oferecido pelo ministro, mas Blomberg acabara de ser nomeado e o predecessor dele, Kurt von Schleicher, ainda morava no que seriam seus aposentos. Por isso o recurso ao apartamento do comandante do Exército.

Contudo, quem costurou o jantar com Hitler foi Blomberg, o mesmo homem que pouco antes tomara o lugar de Schleicher, amigo de Hammerstein. Serviu-se, como pretexto social, do aniversário de sessenta anos do ministro das Relações Exteriores, Von Neurath. O novo chanceler não pode ter deixado de notar que o encontro se daria justamente nos aposentos de um adversário declarado, o que contribuiu para a atmosfera tensa que dominou a noite.

Cortejo de carros, ordenanças e sentinelas em posição de sentido. Após o jantar, Hitler falou por duas horas e meia aos convidados. Impressão geral: de início, medíocre e insignificante. Von dem Bussche, auxiliar do general, relata: "Hammerstein, ainda com alguma 'boa vontade', apresentou o 'senhor chanceler', a falange de generais saudou-o com cortesia distante, Hitler fez vênias desajeitadas para todos os lados e continuou constrangido até que, finda a refeição, chegou a oportunidade de um longo discurso à mesa. A intenção de Hitler — lisonjear os presentes — veio claramente à tona".

Os generais parecem não ter se dado conta de que esse discurso contradizia de modo crasso o discurso de posse de 30 de janeiro. Naquela ocasião, Hitler falara de seu desejo louvável de manter e consolidar a paz, limitar o rearmamento e contribuir para a conciliação política. O general Beck chegou mesmo a declarar que "se esqueceu imediatamente" do conteúdo do discurso de 3 de fevereiro!

Mais tarde, Hitler diria que tivera a impressão de falar para as paredes. Mas, no dia seguinte, o *Völkischer Beobachter* triunfava: "O Exército ombro a ombro com o novo chanceler. As Forças Armadas nunca estiveram tão identificadas com as tarefas do Estado".

LISTA DOS PRESENTES
AO 3 DE FEVEREIRO DE 1933

Jamais saberemos o que aconteceu nesse jantar. Os relatos, as memórias, até mesmo os protocolos divergem. Também as informações sobre os convidados são contraditórias, de modo que nem sequer a lista seguinte pode pretender a certeza absoluta:

Werner von Blomberg, general de infantaria e ministro da Defesa há cinco dias;
Konstantin von Neurath, ministro das Relações Exteriores desde 1932;
Kurt von Hammerstein-Equord, comandante do Exército;
Ernst Raeder, almirante, comandante da Marinha;
Horst von Mellenthin, ajudante de Kurt von Hammerstein;
Ludwig Beck, general, chefe do departamento de tropas;
Curt Liebmann, tenente-general;
Erich von dem Bussche-Ippenburg, tenente-general;
Hans Heinrich Lammers, chefe de gabinete da chancelaria;

Wilhelm Brückner, ajudante de Hitler;
Walter von Reichenau, coronel, chefe de gabinete de Blomberg;
Eugen Ott, coronel, chefe de gabinete do Ministério da Defesa.

Havia senhoras presentes? Em sua condição de anfitriã, a sra. Maria von Hammerstein terá feito as honras da casa e em seguida cuidado de retirar a mesa? O sr. Von Blomberg teria trazido sua filha, como muitos pensam? E isso teria feito alguma diferença? E teriam Marie Luise e Helga, filhas de Hammerstein, escutado o discurso de Hitler atrás de uma cortina? Mais tarde, Leo Roth afirmaria que ambas estiveram presentes ao jantar; uma delas teria tomado nota do discurso, para então entregar o estenograma a um dos auxiliares. "A outra filha tomou notas, mas se recusou a entregá-las, só concordando em fazê-lo duas horas depois. Tivemos acesso a esse discurso. Fizemos três cópias estritamente confidenciais, uma para o BB [uma divisão do aparato militar], outra para o Politburo, ou melhor, para o próprio Th[älmann], a outra para mim."

Difícil acreditar, embora Maria Therese soubesse estenografia; os familiares estavam excluídos de tais eventos. Nenhuma outra testemunha confirma as informações de Roth. Sem dúvida, estamos diante de uma daquelas lendas de que é tão rica a tradição oral. Restaram três registros escritos do discurso, todos muito divergentes; o mais completo desses registros só foi encontrado e publicado em 2000.

MOSCOU À ESPREITA

"Naquela época, o Komintern estava alojado num prédio de esquina, de três ou quatro andares apenas, do outro lado do

Manège", conta Luise Kraushaar, comunista alemã que emigrou em 1934 para a União Soviética e trabalhou na divisão de criptografia do Serviço de Inteligência. "Da minha janela, eu podia ver as torres do Kremlin. A divisão de criptografia ficava num salão onde trabalhavam de 35 a quarenta camaradas, quase sempre mulheres. Trabalhávamos em dois turnos até as duas ou três da manhã. Os telegramas eram trocados em várias línguas: alemão, inglês, francês, às vezes em outras línguas mais. Mas acho que o alemão era o mais usado."

Isso vale também para a seguinte correspondência telegráfica de Berlim, decifrada em 6 de fevereiro, três dias depois do jantar na Bendlerstrasse:

92-98-X2-Y-Z2-31-T   *Estritamente secreto*   6. 2. 33
(HIS)
Ref.: *Programa do fascismo*

Em 3 de fevereiro, nos aposentos funcionais do general Von Blomberg [na verdade, do general Von Hammerstein], Hitler expôs seu programa a um círculo restrito de comandantes das Forças Armadas. Começou a falar em tom comedido, depois em êxtase crescente, gesticulando por cima da mesa. Na opinião dos generais, de modo claro, lógico e convincente quanto aos problemas de política nacional. Quanto à política exterior, pouco claro. Como em seus discursos de agitação, repetiu até dez vezes as passagens relevantes.

Transcrição do protocolo não oficial!

Do mesmo modo que, na vida dos indivíduos, os melhores e mais fortes acabam por se afirmar, assim também acontece na vida dos povos. Ao longo dos séculos, a raça europeia, forte e minoritária, serviu-se de milhões de homens para construir a cultura europeia. Estabeleceu-se um intercâmbio. A Europa provia os bens industriais, os bens culturais, e assim por diante, ao passo que as colônias, as raças inferiores, entravam com seu trabalho, com suas matérias-primas, e assim por diante. Hoje em dia, esse desenvolvimento tomou novo rumo. Se quiséssemos utilizar ao máximo a capacidade da indústria europeia, as colônias já não estariam em condição de providenciar a contrapartida. Além disso, no Extremo Oriente e, em grande medida, no Sudeste europeu, surgiram indústrias capazes de trabalhar com mão de obra mais barata e dispostas a fazer recuar as raças dominantes de outrora.

A essas causas da crise geral vieram se somar os danos da guerra mundial. Por que nenhum dos Estados europeus ganhou forças com a guerra mundial? Porque nenhum deles foi consequente até o fim. Se a Inglaterra, por exemplo, tivesse imposto à Alemanha as seguintes condições: nada de Marinha mercante, comércio exterior ou tratados com outros países — se o tivesse feito, a Inglaterra gozaria de saúde hoje em dia. A Inglaterra só pode recobrar a saúde se, de um ponto de vista cosmopolita, voltar àquela condição de raça dominante que lhe valeu sua grandeza. O mesmo teria valido para a Alemanha em caso de vitória.

E qual é a situação atual, depois da guerra? Em 1918, a Alemanha manteve completa autarquia, ao mesmo tempo que 8 milhões de homens eram excluídos da vida econômica. A fim de fazer frente às reparações de guerra, as exportações aumentaram, as encomendas crescentes fizeram subir a produção, os 8 milhões de homens voltaram ao trabalho. É claro que tais fatos logo fizeram subir as importações. Veio a racionalização, os homens foram se tornando supérfluos, o desemprego ressurgiu.

O terceiro elemento é o envenenamento do mundo pelo bolchevismo. Para o bolchevismo, a pobreza e a miséria são o ideal. O bolchevismo é a visão de mundo daqueles que, desempregados por muito tempo, acostumaram-se à falta de anseios. E é fato que homens de raça inferior têm que ser forçados à cultura. Se não é constantemente forçado a se lavar, um recruta não se lava. Homens assim permaneceriam de bom grado abaixo da cultura. Acrescente-se a isso que homens assim sentem mais solidariedade por homens inferiores de outros povos do que por seus compatriotas. Já vimos uma cultura cair por terra diante do ideal da pobreza. Quando o cristianismo começou a pregar a pobreza voluntária, a Antiguidade veio abaixo.

Como é possível salvar a Alemanha? Como é possível combater o desemprego? Faz catorze anos que vivo como profeta e digo sempre a mesma coisa: todos esses planos econômicos, todos esses créditos à indústria, todas as subvenções estatais são um contrassenso. Só há dois modos de combater o desemprego: (1) pela exportação a todo preço e por todos os meios ou (2) por uma política territorial pensada em termos abrangentes, que suponha uma ampliação do espaço vital do povo alemão. Sugiro este último caminho. Em cinquenta ou sessenta anos, voltaríamos a ter um Estado sadio. Mas a realização de tais planos só pode ser empreendida a sério se criarmos as condições para tanto. A condição é a consolidação do Estado. Devemos voltar às ideias que fundaram o Estado. Não podemos mais ser cosmopolitas. Democracia e pacifismo são inviáveis. Todos sabem que a democracia não tem lugar no Exército. Também na economia ela é prejudicial. Conselhos de fábrica e conselhos de tropa são igualmente absurdos. E por que a democracia seria viável no Estado? Na Alemanha de hoje, 50% do povo quer o Estado nesse nosso sentido e simpatiza com o nacional-socialismo, ao passo que os outros 50% negam o Estado e afirmam que ele não passa de um instrumento de opressão. Uns abominam a alta traição, os outros dizem que a alta traição é nosso dever. E a todos a democracia permite a livre expressão de suas opiniões. Mas, quando alguém, seguindo sua visão de mundo, chega de fato a cometer alta traição, então esse alguém é punido. Isso é contraditório e absurdo. Vem daí nossa tarefa de tomar o poder político, reprimir toda opinião destrutiva e elevar o moral do povo. Toda tentativa de alta traição deve ser punida com a pena de morte. Meu objetivo é a repressão completa do marxismo, por todos os meios necessários.

Por isso, em minha opinião, é inútil ir a Genebra a fim de pedir igualdade de condições para então expandir o Exército. De que nos serve um Exército de soldados infectados? O que vale um serviço militar obrigatório se antes e depois os soldados são expostos a todo tipo de propaganda? O marxismo deve ser exterminado. Então, por obra do trabalho de educação do meu movimento, o Exército terá em seus recrutas um material humano de primeira classe, e assim teremos a garantia de que, depois do serviço, a moral e o nacionalismo não se dissiparão no espírito dos recrutas. Para atingir esse objetivo, almejo a conquista de todo o poder político. Eu me imponho um prazo de seis a oito anos para aniquilar integralmente o marxismo. Então o Exército terá como conduzir uma política exterior ativa, e a ampliação do espaço vital do povo alemão poderá ser alcançada também por via militar. Nosso objetivo provavelmente está no Leste. Contudo, não será possível proceder à germanização dos territórios anexados ou conquistados. Só podemos germanizar o solo. Assim como fizeram a Polônia e a Alemanha depois da guerra, será preciso expulsar milhões de pessoas.

Esse período de transição será perigoso para a Alemanha. Se tiver bons estadistas à sua frente, a França nos atacará. Tentará convencer a Rússia a fazer o mesmo, talvez chegue até a se entender com ela. Por isso é necessária a máxima rapidez. Com meu movimento, criei no Estado democrático um corpo estranho que, por sua estrutura, já é capaz de construir o novo Estado. Meu movimento é uma hierarquia de absoluta disciplina, uma imagem do futuro Estado.

O curso das coisas na Alemanha será diferente do fascismo italiano. Como eles, também derrotaremos o marxismo. Mas nossa relação com o Exército será diferente. Estaremos ao lado do Exército, trabalharemos com e pelo Exército. O glorioso Exército alemão, em que persiste o mesmo espírito dos tempos heroicos da guerra mundial, cumprirá suas tarefas de modo independente.

Por isso lhes peço, senhores generais, que lutem comigo nesse grande combate, que me compreendam e deem apoio, não armado, mas moral. Forjei minhas próprias armas para a luta interior, o Exército só é necessário para confrontos externos. Os senhores jamais conhecerão homem mais disposto que eu a pôr toda a sua energia a serviço da salvação da Alemanha. E, quando me dizem: "A vitória depende do senhor!", eu respondo: pois bem, que minha vida se consuma assim!

UMA CONVERSA PÓSTUMA COM KURT VON HAMMERSTEIN (II)

H: O senhor de novo!
E: Eu mesmo. Preciso falar com o senhor. Sr. Von Hammerstein, como é possível que um discurso tão decisivo tenha chegado em tão poucos dias ao conhecimento da central moscovita? Afinal

de contas, nesse discurso secreto Hitler revelou seus objetivos sem meias palavras: a ditadura na Alemanha e a conquista do "espaço vital" no Leste. Até mesmo o começo da guerra é datado com precisão entre 1939 e 1941. Como foi possível tal fracasso de todas as medidas de segurança?

H: Só fiquei sabendo do fato em agosto de 1935, quando minha filha Marie Luise foi interrogada pela Gestapo.

E: Mas o senhor devia saber que duas de suas filhas tinham relações com comunistas, isto é, com Werner Scholem e com um certo Leo Roth.

H: Não sabia desses dois senhores. Nunca os vi na vida.

E: Suas filhas tinham acesso a seus aposentos funcionais. Tinham também como retirar documentos do seu escritório. Seu filho Kunrat teria visto, ainda menino, as duas irmãs remexendo no cesto de lixo e recolhendo papéis — que, ao menos num caso, teriam sido usados pela oposição para atacar o governo. O senhor não teria agido nessa ocasião. Mas bem mais importante é o fato de que o texto do discurso secreto de Hitler, que seus ajudantes certamente estenografaram, foi sem demora parar em Moscou. Não se deixa um documento desses em cima da mesa, e sim num cofre. Como é possível então que uma de suas filhas, a saber, Helga, tenha conseguido a ata e a tenha passado ao Komintern por intermédio do amante?

H: Não sei dizer.

E: Não seria possível supor, senhor general, que uma coisa dessas só teria acontecido com a sua complacência tácita? O senhor não estaria assim visando um objetivo político? Não seria implausível, tendo-se em conta suas boas relações com os russos. O discurso de Hitler poderia servir de alerta para os dirigentes moscovitas.

H: Absurdo. Não tenho nada a ver com isso. E, quanto a minha relação com minhas filhas, não tenho que prestar contas a ninguém. Nem à Gestapo falei a esse respeito.

Kurt von Hammerstein em 1933, antes de passar para a reserva

E: Em 31 de janeiro de 1934 o senhor passou para a reserva na condição de comandante do Exército.

H: Queria ter saído antes — já não tinha sentido continuar. Fazia tempo que as Forças Armadas não respondiam a mim e a Schleicher. Blomberg queria se livrar de mim. Na verdade, tudo estava decidido já no dia 29 de janeiro. Meu poder era meramente nominal. Eles não ousaram me pôr na rua logo de saída, e eu me adiantei a eles. Meu pedido de dispensa foi um presente de Natal que me dei no fim de 1933. Estava farto do espetáculo.

FATOS CONSUMADOS

Na noite de 27 para 28 de fevereiro, o Parlamento ardeu em chamas. "Se é que não foram eles mesmos que atearam o fogo", disse Hammerstein.

No dia seguinte, Hindenburg declarou o estado de exceção e suspendeu as garantias constitucionais.

Com o decreto, na prática se anulava o direito à livre expressão, inclusive a liberdade de imprensa, de reunião e de organização pública. Daí em diante, deixou de vigorar o direito à privacidade postal, telegráfica e telefônica. Batidas e apreensões policiais sem prévia autorização de um tribunal passaram a ser legais. E logo teve início uma onda de detenções por obra não apenas da polícia, mas também da SA.

Além disso, o decreto de Hindenburg autorizou o governo a intervir nas disposições dos vários estados alemães, pondo fim ao sistema federal e possibilitando a centralização e a uniformização do aparelho de Estado.

Foi esse o verdadeiro golpe de Estado.

O incêndio teve um epílogo jurídico num processo-espetáculo diante do Tribunal Superior de Leipzig em setembro daquele mesmo ano. O relatório da acusação foi considerado segredo de Estado. Os nazistas queriam simular um processo que apresentasse os comunistas como incendiários e golpistas. Assim, ao lado do obscuro Van der Lubbe, foram acusados quatro comunistas, dos quais o mais proeminente era Dimítrov. Ainda hoje se discute se Van der Lubbe, condenado à morte, esteve de fato envolvido no incêndio. Mas os comunistas tiveram de ser libertados por falta de provas. Para esse triunfo da defesa contribuiu o *Livro marrom do incêndio no Parlamento e do terror hitlerista*, publicado em Paris, em julho daquele ano, pelo gênio da *agitprop* comunista, Willi Münzenberg, para o qual houve uma campanha internacional sem precedentes; o livro foi traduzido para dezessete línguas e distribuído aos milhões.

Nesse livro, podia-se ler o essencial do relatório secreto da acusação. O já mencionado Hermann Dünow, homem de confiança do Serviço de Inteligência do KPD, diz saber como isso foi possível: "Constatou-se que o general Von Hammerstein também possuía uma cópia do relatório da acusação. Decidiu-se então furtar esse exemplar da mesa do general. A ação contou com o auxílio de suas filhas. Tínhamos apenas duas horas para ficar com o material, que devia voltar a seu lugar sobre a mesa. Fotografei página após página do relatório em meu apartamento em Berlim, e, enquanto o original voltava para a mesa do general, o camarada Roth dirigia-se ao aeroporto para levar o filme revelado para Paris".

Por sua vez, a colaboradora e amante de Kippenberger teria ouvido dizer que um sujeito mais velho é que levara "o filme para a Holanda, escondido num guarda-chuva". Mas devemos a versão mais divertida desse transporte a Hubert von Ranke, amigo de Helga. Ele escreve o seguinte:

"A célula de Alex [Kippenberger] conseguiu fotografar o relatório secreto de Leipzig, e mais tarde eu soube que foi Grete [isto é, Helga von Hammerstein] quem contrabandeou os 26 filmes de Leica escondidos num saco cheio de cerejas. Quando a polícia passou pela sua cabine, ela continuou comendo tranquilamente as cerejas que escondiam os rolos.

"Com base nesse documento, Willi Münzenberg publicou o assim chamado *Livro marrom*, que contém outros escritos antifascistas e foi distribuído também na Alemanha numa edição em papel-bíblia e capa falsa. Até hoje conservo um exemplar que parece um livro de bolso da editora Reclam e traz o título do *Hermann e Dorothea* de Goethe."

O velho movimento operário levava a cultura a sério, e Schiller não podia faltar: outra edição do *Livro marrom* fingia difundir *Wallenstein* junto ao povo.

Mas, enquanto o trabalho de propaganda fazia barulho no estrangeiro, as coisas iam mal para o KPD, posto na ilegalidade. Um colaborador de Kippenberger conta sobre a noite do incêndio no Parlamento: "Descemos na estação de metrô da Potsdamer Platz e nos misturamos às pessoas que olhavam fascinadas as chamas subindo da cúpula. Ficamos assim por vários minutos, pressentindo o pior, até que nos demos conta de que não estávamos procedendo segundo as regras da conspiração e que faríamos melhor se sumíssemos dali. Kippenberger era sem dúvida um dos mais procurados pelos novos donos do poder".

Esse mesmo homem de confiança observa a respeito da situação em que se viram os camaradas: "O colapso do KPD sob os golpes do terror nazista, agora livre de peias, traduziu-se sobretudo na fragmentação do partido. A passagem das organizações partidárias para a ilegalidade fracassou em toda a linha, sua estrutura foi abalada de cima a baixo, a ação perdeu toda diretriz. Essa situação se manifestou de modo especialmente trágico no isolamento dos cabeças do partido".

O autor dessa constatação chamava-se Franz Feuchtwanger. Sua vida é tão notável quanto a de seus correligionários Hubert von Ranke e Helga von Hammerstein, e bem merece um par de linhas.

BRAUNBUCH II

[über Reichstagsbrand u. Hitler-Terror.]

DIMITROFF
CONTRA GOERING

ENTHÜLLUNGEN ÜBER DIE
WAHREN BRANDSTIFTER

1934
ÉDITIONS DU CARREFOUR
PARIS

O Livro marrom

Nascido em Munique, filho de um advogado judeu bem-posto, teve já no ginásio o primeiro contato com o KPD. Entrou para o partido em 1928 e pouco depois foi levado para o aparato militar por Hans Kippenberger. "Seu quartel-general ficava na Karl-Liebknecht--Haus, num sótão a que só se tinha acesso por uma escada secreta. Na mesa que havia no centro desse cubículo se destacava, feito um objeto ritual, um cartucho de artilharia que Kippenberger apresentara algum tempo antes ao Parlamento como prova do rearmamento ilegal do Exército. Ele não tinha o menor talento para a burocracia, e nisso se distinguia das vacas sagradas de todo tipo que cada vez mais davam as cartas na direção do partido."

Em fins de 1930, Feuchtwanger foi condenado a quinze meses de prisão por "preparação para atos de alta traição"; cumpriu a pena com um grupo de camaradas em Landsberg am Lech, ironicamente no mesmo lugar que antes abrigara Hitler e que então funcionava de modo improvisado como escola superior do partido.

De volta a Berlim e ao aparelho central, vivia do salário modesto de um alto funcionário do partido, cerca de trezentos marcos. Era mais que o dobro da mesada paterna, o que, segundo ele, causava-lhe constrangimento.

Como diz o próprio Feuchtwanger, a atividade ilegal teve final infeliz. "Feitas as contas, já em 1935 o aparato militar deixou de existir. Foi um final inglório e invisível. Eu estava em Praga quando fui informado de que fora desligado do partido por 'atividades antipartidárias'. Fui posto para fora sem maiores explicações." Em 1938, Feuchtwanger emigrou para Paris; foi recolhido a um campo de prisioneiros em 1939 e fugiu em 1940 através da Espanha e de Portugal rumo ao México. Lá, deu as costas a Hitler, Stálin e companhia, e se dedicou até a morte, em 1991, à arqueologia das culturas pré-colombianas.

HINDENBURG MANDA SAUDAÇÕES

Presidência da República   Berlim, 23 de dezembro de 1933

Estimado senhor general,
Por uma disposição datada de hoje e válida a contar de 31 de janeiro de 1934, concedo a Vossa Senhoria o desligamento do serviço junto ao Exército na forma da lei, com promoção à patente de general de Exército e permissão para usar o uniforme do Estado-Maior com as insígnias de general.

Em memória de sua atividade meritória nos diversos postos de comando que Vossa Senhoria ocupou, quero com essa permissão conservar para o futuro seu vínculo com o Exército e com as altas tarefas nacionais deste.

Ainda como prova de meu reconhecimento, farei chegar a Vossa Senhoria minha foto oficial assinada.

Com as saudações de um camarada de armas,
Seu
Von Hindenburg

UMA CONVERSA PÓSTUMA COM KURT
VON HAMMERSTEIN (III)

E: O senhor quer ficar em paz. Posso respeitar isso, se bem que não acredite que o senhor seja preguiçoso.

H: E quem lhe disse que sou?

E: O senhor não sabe? Quase todo mundo que lidou com o senhor diz a mesma coisa.

H: Que descaramento. Só porque eu me entediava com a eterna burocracia. O senhor não faz ideia das pilhas de papelório vazio que chegam à mesa de um comandante militar.

E: Mal posso imaginar. O único jeito é ter um cesto de lixo dos grandes.

H: Pois é. Mas deixemos isso para lá. O senhor é afoito, eu sou preguiçoso. Seus charutos eram excelentes, mas agora não sinto a menor disposição para começar uma conversa e responder a suas perguntas.

E: Só mais alguns minutos, sr. Von Hammerstein, e o senhor se livra de mim para sempre. Em 1º de fevereiro de 1934 houve uma parada de despedida para o senhor como comandante do Exército.

H: Não houve como evitar.

E: Segundo dizem, o senhor não se mostrou absolutamente amargurado na ocasião; dizem que parecia aliviado, até alegre.

H: Pode bem ser.

E: Ao que parece, o senhor rasgou a foto assinada que Hindenburg lhe enviou e a jogou no cesto de lixo.

H: O senhor diz cada coisa!

E: O que o senhor achava mesmo dele?

H: Conhecia Hindenburg desde a Primeira Guerra. Em política, uma nulidade, mas comigo sempre foi muito decente. Foi até padrinho de meu filho Ludwig. Ele me ajudou a conseguir a dispensa e providenciou para que eu não fosse mandado para um campo de concentração. Ele me protegeu enquanto pôde, até sua morte em 1934.

E: O senhor foi até Tannenberg para o enterro.

H: Pois é... que suas cinzas descansem em paz.

E: E depois? Não demorou, e sua filha Marie Luise e, em seguida, também Maria Therese foram interrogadas pela Gestapo. Isso por acaso tinha a ver com as atividades das suas filhas?

H: Havia outros motivos de sobra. Minhas posições eram bem conhecidas do governo de Hitler.

E: Desde o começo o senhor achou que ele não valia nada. Em 1923, quando ele tentou dar um golpe em Munique, o senhor decla-

Parada de despedida de Kurt von Hammerstein, 1934

rou diante de seu batalhão: "Um tal de cabo Hitler acaba de enlouquecer em Munique". E então, pouco antes de sua ascensão ao poder...

H: Sim, na última hora ainda tentei alertar Hindenburg, para demovê-lo de nomear Hitler. Declarei que as Forças Armadas estavam absolutamente sob seu comando supremo. Ao passo que os objetivos de Hitler eram completamente desmesurados. Se as Forças Armadas caíssem sob a influência de Hitler, a cadeia de comando podia se romper. Como sempre, Hindenburg se mostrou suscetível, justamente porque já não sabia o que fazer. Ele não tolerava conselhos políticos. No fim, apenas para me tranquilizar, disse que não nomearia "aquele cabo austríaco" para a chancelaria.

E: E o senhor acreditou nele?

H: Se o senhor quer saber a verdade, eu nunca acreditei em nenhum político. O que o senhor acha que era a Alemanha da época? Política interna em ruínas, negociatas partidárias, crime e estupidez! Fosse por mim, e já em agosto de 1932 eu teria mandado disparar contra os nazistas!

E: Mas o senhor não mandou.

H: Não tinha certeza de que a tropa me acompanharia. De resto, todo mundo fez intrigas às minhas costas, Papen, Blomberg, Reichenau, a turma inteira, até meu amigo e camarada Schleicher. Eu só entendia metade dos seus cálculos e maquinações; aliás, foram todos por água abaixo.

E: O senhor era desde 1929 o comandante do Estado-Maior...

H: ... do departamento de tropas.

E: O nome era só camuflagem. Nesse cargo, o senhor sabia tudo, em detalhes, sobre a colaboração secreta entre as Forças Armadas e o Exército Vermelho.

H: O que o senhor quer dizer com "secreta"? Scheidemann revelou tudo ainda antes de minha nomeação.

E: O que não impediu que as Forças Armadas seguissem em frente. Em 1927-28, o número de oficiais enviados à Rússia chegou

Mikhaíl Nikoláievitch Tukhatchévski, Semiôn Mikháilovitch Budiônni e Klíment Iéfremovitch Vorochílov, 1935

a crescer. Em Kazan, especialistas em blindados recebiam treinamento, e centenas de pilotos alemães fizeram sua formação em Lipezk. Perto de Sarátov, a Alemanha chegou a desenvolver armas químicas com auxílio dos soviéticos. O pai da guerra química, Fritz Haber, ajudou a fundar o Instituto de Guerra Química. Especialistas alemães colaboraram na construção de fábricas de munição em Leningrado, Perm e Sverdlóvski.

H: O senhor está bem informado.

E: Em todos os casos, eram violações do Tratado de Versalhes.

H: E daí? Que podíamos fazer? Um Exército de 100 mil homens — os franceses tinham 800 mil em armas —, sem serviço militar, sem Estado-Maior, sem blindados, sem Força Aérea. Era uma situação insustentável!

E: O senhor mesmo viajou várias vezes à Rússia a partir de 1928 e 1929, participou de manobras e esteve com a liderança do Exército Vermelho.

H: Sempre a serviço.

E: E de que se falava?

H: Já não sei, e, mesmo que soubesse, não contaria ao senhor.

E: Seja como for, suas relações com o general Tukhatchévski são descritas como bastante cordiais.

H: Camaradagem. Como eu, tinha estado no 3º Regimento da Guarda, só que do outro lado. Em Berlim, conversávamos sempre em alemão.

E: E o marechal Vorochílov?

H: Nessa época, ele ainda não era marechal, e sim comissário do povo para a Defesa. Um sujeito correto, ao menos naqueles tempos. Até 1933, sempre me mandava duas latas grandes de caviar na Bendlerstrasse.

E: E há ainda Geórgui Júkov, que mais tarde conquistou Berlim; ele teria estudado na Alemanha durante o seu período como comandante do departamento de tropas, isto é, entre 1929 e 1930.

H: Não consigo me lembrar desse rapaz.

E: Em 1941, no começo da guerra, ele se tornou comandante do Estado-Maior.

H: Então os estudos não foram em vão.

E: Na primavera de 1931, o senhor teria dito diante dos oficiais do comando de Kassel: "A política exterior alemã deve buscar apoio na Rússia enquanto o Ocidente não quiser nos tratar em igualdade de condições".

H: Mas como o senhor pode saber o que eu disse nessas discussões confidenciais?

E: Está tudo protocolado. A burocracia não deixa passar nada.

H: Pois bem. Mas eu acrescentei: "Manter relações com Moscou é como fazer um pacto com Belzebu. Mas não temos opção. O medo não é uma visão de mundo".

E: E até mesmo os seus filhos se apropriaram dessa sua máxima.

H: E nisso não me decepcionaram.

UMA CONVERSA PÓSTUMA COM WERNER SCHOLEM

E: Sr. Scholem, vim ter com o senhor porque seu nome ainda corre na Alemanha.

S: Deve ser algum engano. O senhor deve estar se referindo a meu irmão, Gershom. Era mais inteligente que eu, e emigrou na hora certa. Posso imaginar que foi longe na Palestina.

E: Um grande erudito. Há muitas anedotas sobre ele.

S: Foi por isso que o senhor veio me ver?

E: De modo algum. Vim pela sua própria história.

S: Pena.

E: Como o senhor chegou ao KPD? Seu pai era um empresário bem-sucedido, de orientação mais para nacionalista.

S: Exatamente.

E: Quer dizer que muito cedo o senhor entrou em conflito com seu pai?

S: Digamos que sim. Quando comecei a me interessar pelo sionismo, meu pai me mandou para Hannover. Não queria saber de judaísmo.

E: Na escola, no Gildemeisterchen Institut, o senhor teve um colega de classe chamado Ernst Jünger. Ele conta que a relação entre vocês dois era marcada por uma simpatia irônica.

S: Já então eu não tinha muito em comum com ele. Depois, aos dezoito anos, entrei para o partido social-democrata. Para ele, aquilo era uma associação burguesa, mas para o meu pai o partido representava a proverbial bandeira vermelha. O rompimento total se deu quando me casei com minha namorada, Emmy, sem consultar meu pai. Ela vinha de um meio proletário e tinha um filho ilegítimo. Aos olhos dele, eram dois pecados imperdoáveis. E assim por diante.

E: É verdade que em 1917 o senhor foi levado a julgamento por alta traição?

S: Uma tolice. Quando o partido rachou ao meio, eu me decidi pela esquerda e fui de uniforme a uma manifestação contra a guerra. Alguns meses de prisão, só isso. Nem vale a pena mencionar.

E: E depois de 1918 o senhor se tornou revolucionário profissional, vamos chamar assim. Membro fundador do KPD, redator do *Bandeira Vermelha*, procurado pela polícia em 1921 por sua participação nos levantes de março na Turíngia, alguns meses de prisão, eleição para o Parlamento em 1924, membro do Politburo ao lado de Ruth Fischer e Arkadi Maslow, e assim por diante.

S: Sim, sim, sim. A litania toda. Assim o senhor está me entediando.

E: Seu irmão Gershom, que se tornou sionista, não gostou do que viu. E Walter Benjamin via com muita dureza suas atividades políticas, embora a essa altura ele próprio simpatizasse com os comunistas.

S: Verdade?

E: Ele comentou a impressão de horror que lhe despertavam as atas do Parlamento, quando caíam em suas mãos. "Os alemães", escreveu, "entregaram a tribuna nacional e internacional à escória do país. De um lado, a soldadesca, e, do outro, uns moleques como o 'deputado Scholem', que eu conheço bem. Só mesmo um grande cabalista para se purificar do parentesco com um sujeito desses."

S: Benjamin era inteligente, mas um rato de biblioteca. Quanto ao meu irmão Gershom, desde os dezessete anos ele e eu quase nos matávamos em nossas discussões políticas. Eu devo tê-lo insultado algumas vezes. Era comum entre nós. Mas, quando as coisas apertavam, sempre ajudávamos um ao outro. Mas talvez o senhor não entenda isso.

E: Claro que entendo, também tenho irmãos, sr. Scholem. Mas voltemos a sua carreira política. Quando Stálin finalmente decidiu o rumo que trilharia, o senhor passou para a oposição de extrema esquerda. Como aconteceu com Ruth Fischer e Arkadi Maslow, foi difamado sem mercê e excluído do partido em 1926.

S: Pare com isso!

E: Mas *o senhor* não parou. Quando os nazistas começaram a festejar suas primeiras vitórias, o senhor fez algumas tentativas de aproximação do KPD, não fez?

S: Claro que sim. Todos nós ficamos entre a cruz e a caldeirinha. Karl Korsch — o senhor sabe quem é?

E: O mentor da oposição de esquerda.

S: Ele mesmo. Foi ele quem propôs o mote "De volta ao partido — sem organização nada é possível". Ruth Fischer e Arkadi Maslow o levaram ao pé da letra e preencheram formulários de adesão.

E: Não conseguiam viver fora do partido.

S: Mas eu sim.

Werner Scholem, por volta de 1930

E: Em 1929, o senhor escreveu a seu irmão Gershom: "Ou virá a revolução... ou o império da barbárie".

S: Logo vi que seria o segundo caso. Por isso me preparei para emigrar.

E: Mas já era tarde demais.

S: Fui preso no dia seguinte ao incêndio do Parlamento. Poucas semanas depois teve início o processo por alta traição.

E: Os autos do processo foram preservados. Talvez o senhor se interesse em saber o que está dito lá.

S: Muitas mentiras, suponho.

E: O senhor e sua esposa, Emmy, foram considerados culpados de "empreender a alteração violenta da Constituição alemã, trabalhando para que as Forças Armadas e a polícia se vissem incapacitadas de cumprir sua tarefa de proteger o território alemão contra ataques seja do interior seja do exterior".

S: Que prosa fabulosa!

E: As provas eram muito escassas. Testemunhas teriam visto o senhor num "local de encontros comunistas" que atendia pelo belo nome de Avental Sujo e que seria o lugar de reunião da célula Hansa, supostamente voltada para a fragmentação do Exército.

S: Aquele botequim. A célula Hansa não foi longe. E foi por isso que me prenderam? Isso era só pretexto!

E: Seja como for, o senhor foi preso já na noite do incêndio, para ser solto logo em seguida.

S: Isso mesmo. Os nazistas estavam ébrios com a vitória. Paradas e pogroms, caos e arbitrariedade, medo e rotina, uma confusão indescritível. De modo que foi só no dia 23 de abril que a Gestapo veio esmurrar nossa porta na Klopstockstrasse. Achavam que eu estava no exterior fazia tempo e vieram prender minha esposa. Tentaram convencê-la de que eu estava envolvido no incêndio do Parlamento. Eles a deixariam em paz, bem como às crianças, se Emmy estivesse disposta a colaborar com a Gestapo.

E: O senhor estava no quarto e saiu dali para proteger sua esposa.

S: Nós dois fomos presos. Ela foi libertada em novembro, eu continuei em Moabit. Por sorte, Emmy conseguiu fugir para Londres, via Praga, aliás com ajuda de um oficial da SA que ela conhecia. Coisas assim também aconteciam. E parece que esse sr. Hackebeil se preocupava muito com ela em Londres.

E: Emmy fez de tudo para provar a inocência do senhor. Tenho aqui cópias das cartas que ela mandou de Londres ao juiz de instrução. Ela fala sobretudo da ligação do senhor com Marie Luise von Hammerstein, que trabalhava para o aparato militar do KPD. O senhor sabia que, por conta disso, era suspeito também de espionagem para o Komintern? Dizia-se até que o senhor teria instigado sua amiga Marie Luise a essa atividade.

S: Mas que absurdo é esse? O senhor está querendo me provocar?

E: Pelo contrário. Estou tentando esclarecer a história, até onde isso for possível. O senhor quer saber o que sua esposa escreveu?

S: Se não há outro jeito.

E: "Depois de ser libertada, quis saber por que fora presa e também por que meu marido continuava preso: porque não havia contra nós nada além de uma declaração de Marie Luise, filha do general Kurt von Hammerstein-Equord, segundo a qual ela entrara em contato com o Partido Comunista por intermédio de nós, eu e meu marido. Como não nos diziam nada sobre essa declaração — provavelmente para poupar o general e sua filha —, ao mesmo tempo que queriam nos manter presos, inventaram-se as 'testemunhas' necessárias.

"No que se refere ao caso Hammerstein, quero declarar que nada a esse respeito constitui fundamento para que se mova uma ação contra mim e meu marido. Eu mesma jamais mencionei a filha do barão Von Hammerstein, a fim de não lhe causar constrangimentos. Contudo, sabendo agora que ela foi membro da célula Hansa, venho por meio desta pedir-lhe que a convoque para testemunhar.

"Como complemento, informo ainda o seguinte:

"Meu marido conheceu a srta. Marie Luise von Hammerstein em 1927/28, quando também ela estudava direito em Berlim. Foi dessa mesma forma que a conheci. Já nessa época, ela costumava frequentar assembleias comunistas. Interessava-se pelo assunto havia muito, antes até de nos conhecer. Em algum momento do ano de 1928, manifestou o desejo de se filiar ao KPD. Tentei demovê-la, mas ela não se deixou convencer. O contato pessoal entre a srta. Von Hammerstein e meu marido e eu cessou inteiramente em julho/agosto de 1931".

S: Tudo certo. Muito bem escrito!

E: "Desde então, nunca mais tivemos oportunidade de conviver com ela. A essa altura, meu marido fora excluído do KPD fazia muito tempo, ao passo que eu me restringia a pagar minhas contribuições.

"Meu marido e eu fomos surpreendidos do modo mais desagradável pela publicação dos documentos do general Von Hammerstein. Caso se instaurasse um processo público contra esse furto de documentos, tenho certeza de que logo se veria que não tivemos nada a ver com o caso".

S: Era a única linha de defesa possível. Pena que não serviu para nada.

E: Seja como for, esse processo público nem chegou a ser iniciado. Como o senhor explica isso? Um caso de espionagem assim teria vindo bem a calhar para os nazistas.

S: É simples. Queriam proteger o general Von Hammerstein por motivos políticos. É verdade que ele perdera sustentação nas Forças Armadas, mas ainda havia muitos militares influentes que o apoiavam. A essa altura, Hitler ainda não podia se permitir um conflito com as altas patentes. No começo, os nazistas me mandaram para um campo de concentração como uma espécie de refém; se o general tentasse sair da toca, eles teriam como pressioná-lo. Mais tarde, já não precisaram de pretextos assim. O tribunal teve que me absolver por falta de provas no caso da célula Hansa, mas logo vi que não me libertariam mais. Em 1938, ainda tive uma chance de emigrar para Xangai, mas meu pedido foi recusado sem justificativa. Imagino que o senhor conheça o fim da história.

E: Não pense que o senhor foi esquecido, sr. Scholem. O mundo sabe muito bem o que os nazistas lhe fizeram, até o último dia em Buchenwald, 17 de julho de 1940. O nome do sentinela ss que o matou consta nos autos.

S: É de admirar. Mas o senhor compreenderá se minha satisfação for apenas moderada. De resto, uma vez que se interessa pela minha biografia, o senhor deve saber que muito antes de 1933, como um comunista sem partido, eu interrompi todos os contatos com o aparato moscovita. Até no campo de concentração os brutamontes stalinistas me perseguiam como "renegado e inimigo do partido".

E: Talvez o senhor goste de saber que sua amiga Marie Luise sobreviveu.

S: Eu a alertei a tempo. Mas, teimosa como era, não largou a crença no partido. Não sei o que a Gestapo quis fazer com ela. Pode até ser que ela tenha sido vítima, por assim dizer, de uma confusão com a irmã. Não preciso lhe dizer quem foi a verdadeira vítima.

UM ESPIÃO NATO

Bem mais claro que o caso de Scholem, que inspira dúvidas justificadas, é o caso de Helga, a irmã caçula, pois seu amigo Leo

Roth foi comprovadamente, a partir de 1930, agente do aparato militar ilegal do KPD. No fundo, esse era um serviço de inteligência e espionagem, que cumpria as seguintes tarefas: controle dos membros do partido e vigilância dos funcionários, observação dos sociais-democratas (SPD) e dos nazistas (NSDAP), infiltração nas Forças Armadas e na polícia, espionagem industrial, e ainda falsificação de passaportes, aquisição de armas e organização de esconderijos. Roth era responsável sobretudo pelos "contatos de ponta", isto é, pelos informantes oriundos de círculos governamentais, militares e empresariais, bem como do serviço diplomático e da imprensa.

Ao mesmo tempo, também entregava materiais a jornalistas como Margret Boveri e a jornais estrangeiros, sempre que a direção do partido considerava politicamente oportuno. De maio a outubro de 1931, Roth frequentou, na Escola Militar da Internacional Comunista em Moscou, um curso de formação de quadros para conflitos análogos a uma guerra civil. É claro que não faltou a inevitável doutrinação. Os alunos eram torturados com materialismo histórico e dialético, sem falar na história oficial do partido.

Quando retornou à Alemanha, Roth viveu na ilegalidade. Em 1933, tornou-se um dos funcionários mais importantes do aparato secreto. Usou uma longa sequência de pseudônimos e nomes de guerra: Viktor, Ernst Hess, Rudi, Stefan, Berndt, Friedrich Kotzner, Albert.

As informações levantadas por ele chegavam à central moscovita por intermédio da embaixada soviética em Berlim ou de uma estação móvel de rádio do Komintern instalada num barco.

Herbert Wehner, secretário técnico do Politburo, trabalhou com Roth a partir de 1932. Em sua *Notizen* do ano de 1946, descreveu Roth como um dos organizadores mais capazes que jamais conhecera:

"Ele criava e mantinha conexões num grau que nunca antes

nem depois vi ninguém alcançar. Fora recrutado pelo aparato de Kippenberger quando ele — que pertencera à 'extrema esquerda' da Liga da Juventude Comunista — estivera sob ameaça de expulsão da organização. Sua energia juvenil, seu enorme ímpeto de atividade revolucionária, sua extraordinária percepção de nuances políticas, habilitavam-no para esse trabalho, no qual ascendeu. Tinha orgulho evidente em mostrar que ele, antes quase excluído por suas concepções políticas, agora fazia mais que os 'políticos' profissionais do partido — por conta do trabalho, via melhor que os demais o lado fraco deles.

"A alternativa que Roth elegera para si, em contraste com o papel parasitário desses fanfarrões decadentes, era a de um homem a quem quase nunca mencionavam publicamente, mas que, mediante as conexões que organizara e cultivara, tinha a sensação prazerosa de ser quem 'de fato' podia tudo. Viktor queria servir ao partido e claramente achava que, à sua maneira, fazia o melhor que podia. Não acreditava na capacidade dos 'políticos' que ocupavam a boca de cena. No fundo, feitas as contas, era um homem completamente desiludido com o partido oficial, que via um pântano para onde quer que olhasse e cujo único escape consistia em se elevar acima da triste realidade por meio de proezas em seu domínio particular. Mas com que perspectiva em mira? Achava que em seu 'aparato' estava se cristalizando a elite de revolucionários que, chegada a hora, serviria de núcleo para uma organização militar — ou seja, achava que essa elite constituía 'o verdadeiro partido'. Não queria renunciar a tal possibilidade, que lhe parecia latente; por isso resistiu às repetidas tentativas de transferi-lo para o serviço de algum aparato especificamente russo. Provavelmente sabia mais desses aparatos do que os demais sabíamos e abominava a existência de um agente completamente desenraizado.

"Quando me separei de Viktor, tive a impressão de me despedir de um homem que já não ansiava nem esperava nada mais para si. Desde o fim de 1932, tínhamos nos encontrado muitas vezes nos anos seguintes e trabalhamos juntos em várias ocasiões. Nossas opiniões colidiam de frente, e quase tudo me distanciava de suas concepções mais profundas. Mas para mim ele sempre pareceu uma pessoa decente e um camarada honrado e prestativo, que além disso se destacava por grande coragem pessoal. Eu sabia que ele e sua mulher (uma filha do general Von Hammerstein-Equord que também conheci e que nos ajudou um par de vezes em Berlim, com bastante segurança), estudante na Alemanha, sofriam muito com a incerteza em que ele vivia."

Também Luise Kraushaar, que mais tarde decifraria mensagens de rádio para o Komintern em Moscou, conheceu Leo Roth em seus anos em Berlim. Em suas memórias inéditas surge um nome famoso, que não esperaríamos ver ligado a uma conspiração.

"O primeiro escritório ilegal em que trabalhei, do começo de 1931 até mais ou menos metade de 1933, ficava em Berlim-Friedenau, numa rua tranquila que mal se notava e onde logo perceberíamos um observador que andasse à toa. Eu trabalhava num cômodo de um apartamento maior, no qual moravam a secretária de Albert Einstein e sua irmã. As duas saíam todo dia para o trabalho, e eu quase sempre ficava sozinha. Acho que sabiam do caráter ilegal do meu trabalho. Mas naturalmente não sabiam a natureza e o conteúdo dele.

"Foi provavelmente Leo Roth quem descobriu e 'segurou' esse apartamento. Decerto tinha as chaves, pois volta e meia entrava lá sem mim. Uma ocasião, depois de uma dessas visitas, dei com uma linda maçã em cima da minha máquina de escrever. Junto, algumas palavras: '*Bon appétit*, Viktor'.

"Leo Roth devia ter cerca de 23 anos em 1931. Apesar da seriedade de suas missões, estava sempre alegre, otimista, e era muito amável. Vivia com a filha do general Von Hammerstein-Equord, uma moça bonita, de cabelos cacheados, longos e loiros, que devia ter uns vinte anos. Como ela nos entregava relatórios interessantes sobre conversas na casa de seus pais, frequentemente eu me encontrava sozinha com ela. Sempre ficava feliz de ver os dois."

Os dois causavam menos impressão em Lore, esposa de Kippenberger. Sobre Helga, ela diz: "Era uma moça apagada, pálida e franzina, sem nada que revelasse a origem 'nobre'. Quando a encontrei na Holanda, depois do caso Röhm, perguntei-lhe se não temia por seu pai. Ela respondeu que pouco se importava".

Leo Roth "era bonito, tinha uma boa figura, olhos escuros, cabelos escuros", mas Lore se importunava com suas roupas elegantes e com a liberdade de movimentos com que circulava pela Alemanha, embora fosse judeu. Julgava-o hábil e jeitoso, mas também arrogante. A opinião de outros camaradas que conviveram com Roth no aparato militar do KPD não era muito mais favorável. Como especialista em "contatos de ponta", sua tarefa central consistia em coletar informações sobre o NSDAP, as Forças Armadas, os partidos burgueses e a economia. Entre esses contatos, relata Franz Feuchtwanger em suas memórias, "estavam, por exemplo, as lendárias filhas do general Von Hammerstein.

"Alex [Kippenberger] tratava-o com uma condescendência familiar, às vezes ligeiramente zombeteira; dedicado e zeloso com o chefe, Stefan [Leo Roth] tratava os colegas com arrogância e ares de mistério"; De um lado, tinha fama de "espião nato"; de outro, era considerado egoísta e ardiloso. "Tendência a dar ordens", "trapaceiro", "histórias mal contadas de dinheiro", "arrivista", "metido a dândi", "o impostor político em pessoa", "cheio de si", "desonesto" e "indigno de confiança política" — era o que diziam os camaradas; movia-se de modo ousado, gostava de viver bem, só usava roupa sob medida e chapéus caros, viajava com valises caras e elegantes, muitas vezes tirava longas férias. Teria dito que falava árabe fluentemente e que entendia de fuzis... e assim por diante. E logo teve que pagar caro por andar em "círculos absolutamente burgueses". Tudo isso consta de seu histórico partidário, sempre mantido com minúcia nesse ambiente, mesmo na ilegalidade e no exílio — e justamente então, pois esse tipo de material sempre podia ser utilizado como instrumento de influência ou difamação.

Naturalmente, é preciso encarar tais juízos com toda a prudência do mundo; é de supor que ao menos uma parte deles tenha sido pronunciada sob pressão; mais de um falou nesses termos diante da comissão de inquérito ou diante do tribunal para salvar a própria pele.

DOIS CASAMENTOS MUITO DIFERENTES

As crianças gostavam do apartamento no Bendlerblock, e a despedida foi difícil para os Hammerstein. Em março de 1933, a família celebrou ali uma última grande festa — um mês após a ascensão de Hitler. Cinco dias antes, o Parlamento ardera em chamas, e agora parecia que Marie Luise renunciara a suas aventuras políticas.

Cinco dias após a prisão de seu antigo amado Werner Scholem, ela se casou com Mogens von Harbou, filho de um velho companheiro de Hammerstein, dos tempos de Estado-Maior na Primeira Guerra Mundial. Seu pai, Bodo von Harbou, fora um dos "três majores" que, nos primeiros dias da República de Weimar, tinham exercido tanta influência. Deixara o serviço já em 1919. Entrara para a indústria, e fizera sucesso e dinheiro como administrador.

Há uma fotografia notável dessa festa de casamento na Bendlerstrasse 14. A cena é composta à maneira de uma imagem análoga de 1907, ano em que Kurt von Hammerstein se casara com Maria von Lüttwitz. Agora como então, as senhoras vestem roupas claras, os senhores usam fraque ou uniforme de gala. Exceção feita ao sacerdote militar, com suas condecorações vistosas, quase não se veem convidados que não tenham título de nobreza: onze pessoas do clã Hammerstein, quatro do clã Lüttwitz e oito da família do noivo. E mais uma vez Kurt von Schleicher, ex-chanceler e padrinho da noiva, está entre os convidados, como antes da Primeira Guerra. Agora, ao lado da esposa, Elisabeth, ele é o convidado mais ilustre.

Mas a semelhança com a foto da era guilhermina é enganosa. Um sopro de melancolia paira sobre a cena, como se os presentes adivinhassem que o mundo de suas origens estava à beira da derrocada. Harbou, que então já tinha um diploma de direito, é o único que parece se divertir, ao passo que a noiva, Marie Luise, parece séria e contida, para não dizer sombria. Sua mãe sorri valorosamente, o pai exibe uma fachada estoica e se consola com um charuto. Franz e Kunrat, os irmãos menores, parecem entediados, e Helga, que havia muito vivia na ilegalidade, olha para o chão como se não quisesse ser reconhecida. Na mesma noite do incêndio do Parlamento, ela conseguira um esconderijo seguro para salvar da prisão iminente o futuro ministro da Cultura na Alemanha Oriental, Klaus Gysi. O comportamento conspiratório já estava em seu sangue.

No jantar de casamento, um bloco de gelo com caviar — extravagância rara, que provavelmente se devia ao comissário do povo Vorochílov — imperava no meio da mesma mesa à qual, um ano antes, Hitler se apresentara e expusera aos generais seus planos de guerra.

O casamento que estava se celebrando não nascia sob uma boa estrela. Embora Marie Luise logo tivesse engravidado, o casamento só durou dois anos. Harbou não queria saber de comunismo, ao passo que Marie Luise, mesmo fora do partido, não sabia negar suas simpatias. No começo de 1934, a Gestapo entrou em cena e vasculhou a casa. Marie Luise foi interrogada por vários dias, e voltou à tona a investigação de 1930, encerrada por intervenção do general. O famoso discurso de Hitler em fevereiro de 1933 deve ter sido um dos temas. Perguntaram-lhe se ela comentara com alguém alguma coisa a respeito do assunto. Marie conseguiu sustentar a mentira e foi deixada em paz.

Mas ninguém na família acredita que tenha sido esse o motivo para "aquela terrível história de divórcio". Os motivos teriam sido exclusivamente privados. Após a separação de seus pais, o primeiro neto de Hammerstein ficou com os Harbou, cuja história familiar acabaria por tomar um rumo infeliz: o pai, Bodo, suicidou-se em 1944, e o filho, Mogens, seguiu seus passos dois anos mais tarde.

Em 1937, depois da separação de Harbou, Marie Luise casou-se pela segunda vez, agora com um certo sr. Von Münchhausen, dono de Herrengosserstedt, uma propriedade nas cercanias de Weimar onde ela, seguindo a tradição da nova família, teve três outros filhos. Durante esses anos, Marie Luise permaneceu na sombra em matéria de política.

Assim como Marie Luise, sua irmã mais velha, Maria Therese seguiu novos caminhos após o fim da República de Weimar. Já no ginásio da Nürnberger Strasse ela fizera muitos amigos judeus. Em 1933, apaixonou-se por um jovem estudante de medicina, Werner Noble, conhecido como Naphta e filho de rabino; engravidou, mas não quis ter a criança; a Alemanha daqueles tempos, disse, não era lugar para se ter um filho. Logo depois, seu amado teve que fugir para Praga, onde ela ainda o viu uma vez; mas, em tais circunstâncias, não havia como pensar em casamento. Naphta então emigrou para os Estados Unidos, via Estrasburgo. Os dois voltaram a se ver depois da guerra.

Em outubro de 1933, Maria Therese foi de moto ao Müggelsee para uma festa na casa de Klaus Mehnert, jovem redator e especialista em Rússia. Lá conheceu Joachim Paasche, estudante de direito que, por sua vez, impressionou-se com sua "força primitiva, digna de uma amazona". "Não quero depender emocionalmente dela", ele teria dito. "Ela é única, e provavelmente vou me magoar a fundo se a perder. É melhor então nem iniciar uma relação com ela."

Pouco depois, deu-se um episódio que, mesmo muito mais tarde, renderia consequências notáveis. Em janeiro de 1934, Ferdinand von Bredow, chefe da Inteligência Militar, ofereceu a Maria Therese um emprego de secretária do general Kühlental, adido militar da embaixada alemã em Paris. Maria Therese partiu para lá.

"Mas, ao acordar no hotel na manhã seguinte, recebi uma ligação de Berlim com instruções para retornar imediatamente. Um novo regulamento estabelecia que todos os candidatos a postos no exterior tinham que ser aprovados previamente pela Gestapo. Quando cheguei ao Anhalter Bahnhof, esperavam-me minha mãe e Joachim Paasche, que ainda no táxi me pediu em casamento. No dia seguinte, fui convocada a uma seção do Ministério da Defesa, no mesmo prédio em que morávamos. [Tratava-se da seção de Inteligência Militar no Bendlerblock.] Pela primeira vez em minha vida me vi à mercê de uma atmosfera de ódio cego."

Embora apenas um de seus avôs fosse judeu, Joachim Paasche foi excluído do curso de direito em virtude das leis de arianização. Sentia-se ameaçado e se preocupava com Maria Therese. Só mais tarde ele diria: "Foi a melhor coisa que poderia acontecer", pois sua verdadeira paixão era a cultura japonesa; inscreveu-se no Instituto Asiático, aprendeu a língua japonesa e se aprofundou no estudo do budismo.

Joachim e Maria Therese decidiram se casar. A ironia está em que, por meio dessa decisão, um tinha esperança de proteger o outro dos perigos a que estavam expostos. No cartório, Maria Therese recusou-se à obrigatória saudação hitlerista, a qual, entretanto, Paasche, temeroso de imitar a atitude da noiva, fez a contragosto. Na festa de casamento, que se deu em março de 1934, portanto depois da dispensa de Hammerstein e "no âmbito mais íntimo", tudo foi muito modesto. O festejo aconteceu num salão de emigrantes russos na Keithstrasse. Para evitar qualquer alarde, tanto o pai como as irmãs da noiva ficaram longe da comemoração. Klaus Mehnert foi uma das testemunhas. A mãe da noiva levou a comida de casa: nada de caviar, dessa vez, mas "uma tigela de gelatina de trutas", que o noivo interpretou como bom presságio. Quando lhe perguntaram o que queria como presente de casamento, Maria Therese respondeu: "Uma mala bem grande".

O jurista Carl Schmitt, que a conhecia por frequentar o círculo em torno de Schleicher, tentara demovê-la desse casamento. O pai de Paasche, Hans, fora um oficial da Marinha que, na Primeira Guerra, tornara-se pacifista, vegetariano e feminista. Em maio de 1920, um bando de sessenta milicianos do *Freikorps* cercou Waldfrieden, sua propriedade em Neumark, e o afogou no lago próximo. Trouxeram o cadáver dele de volta para a casa, e Joachim e seus irmãos os ouviram cantar "*Hakenkreuz am Stahlhelm, schwarz-rotes Band,/ die Brigade Ehrhardt werden wir gennant*" [Cruz gamada no capacete de aço, faixa vermelha e negra,/ Nós somos a Brigada Ehrhardt]. (Os assassinos jamais foram levados a julgamento.)

É claro que Maria Therese não deu ouvidos aos conselhos de Schmitt e sempre venerou o sogro.

Muito antes de se casar, Maria Therese conhecera, por intermédio de sua colega de escola Wera Lewin, emissários vindos da Palestina a fim de conquistar jovens judeus para a causa sionista e prepará-los para o trabalho físico mais árduo. "Isso me deu a ideia de interromper os estudos e trabalhar como aprendiz de um jardineiro. Depois trabalhei por algum tempo num instituto de pesquisa agrícola. Sentava-me com um microscópio no meio de um campo de batatas e contava cromossomos." Seu pai não gostou da iniciativa e insistiu para que a filha não "virasse camponesa".

Fala seu filho Gottfried: "Não sei dizer o que tanto atraía minha mãe e sua irmã Helga nos judeus. Talvez as duas ficassem fascinadas com a sociedade alternativa e muito intelectualizada que encontraram entre eles. A maioria de seus amigos e professores eram judeus. E a segurança aristocrática dos Von Hammerstein instigou-as a jamais correr atrás de um bom partido".

Depois de 1933, o pai das duas usou de sua influência para proteger pessoas em perigo contra os ataques da Gestapo. Gottfried Paasche conta que Hammerstein se valia de relatórios do serviço secreto para saber quem poderia ser detido e recorria a seus filhos como mensageiros para alertar os ameaçados. "No café da manhã, ele costumava citar nomes, e os filhos, que se moviam bem nos círculos acadêmicos e boêmios, já sabiam o que tinham de fazer." Com sua moto, Maria Therese levou algumas dessas pessoas a Praga. Certa ocasião, ela alertou o famoso arquiteto Bruno Taut, que os nazistas consideravam um "bolchevique cultural". Ele deixou a Alemanha na mesma noite, morou primeiro na Suíça, e em seguida trabalhou no Japão e na Turquia.

O jovem casal decidiu emigrar. Aguardava-os uma vida aventurosa no exílio. Maria Therese não tinha muito interesse pelas ideias comunistas de suas irmãs. Interessava-se pelo sionismo, e resolveu emigrar com o marido para a Palestina. Em outubro de 1934, entraram para o *kibutz* Givat Brenner, a meio caminho entre Tel Aviv e a cidade portuária de Ashdod. A chegada da filha de um general alemão causou grande sensação no ambiente sionista. Maria Therese gostou da vida de pioneira; por ela, teria ficado ali. Mas seu marido não tinha gosto pela agricultura; também temia os conflitos entre os judeus, os árabes e o governo do Mandato Inglês. No *kibutz* já havia torres de guarda para defesa contra invasores árabes. Os amigos recomendaram que os Paasche voltassem para casa; achavam que eles podiam ser mais úteis à causa na Alemanha. Um equívoco fatal, é claro. Poucos meses depois, uma epidemia de

Eugen Ott, por volta de 1933

Maria Therese com Joan e Gottfried, 1940

tifo soou a hora decisiva, e os dois retornaram para Berlim. A despedida da amiga Wera Lewin, que emigrara para Jerusalém, foi especialmente difícil para Maria Therese; as duas só voltariam a se encontrar em 1971.

Logo em seguida, Maria Therese, que estava grávida, foi interrogada pela Gestapo. "Não conseguia entender, em nosso círculo mais próximo, aquelas pessoas mais prudentes que estavam sempre tentando se adaptar, sem assumir o menor risco", afirma ela. "Não queria que meu filho nascesse na Alemanha nazista." O casal fugiu no fim de 1935 rumo ao Japão. Ao se despedir, Maria Therese pensava poder voltar dali a dois anos; jamais veria seu pai outra vez.

Hammerstein deu a seu genro um cartão de visita endereçado a seu amigo Eugen Ott, cuja carreira política tivera um fim abrupto com a ascensão de Hitler ao poder. Os dois se conheciam desde os tempos de Estado-Maior na Primeira Guerra. Como homem de confiança de Schleicher, Ott chegara a trabalhar em 1932 nos planos para um golpe de Estado que nunca aconteceu. "Salvei Ott", disse Hammerstein, "e o transferi para bem longe, para Tóquio, como adido militar."

Em Tóquio, o major-general estendeu sua mão protetora sobre os Paasche, sobretudo a partir de 1938, quando foi nomeado embaixador. A proteção era mais que necessária, afinal de contas o Japão estava vinculado à Alemanha nacional-socialista. "Dois anos depois, nós bem teríamos deixado o país, se isso ainda fosse possível. Tínhamos a sensação de que jamais entenderíamos os japoneses, e vice-versa", escreve Maria Therese. Os japoneses viam todos os estrangeiros com muita desconfiança, e a colônia alemã, que majoritariamente tendia para Hitler, não queria se relacionar com os Paasche. A família vivia em grande pobreza. Maria Therese tinha quatro filhos para cuidar. "Tinha que lavar, cozinhar e limpar feito uma escrava." Muito embora tivesse apreço por vários aspectos da cultura japonesa, ela teria preferido abandonar o país. "Pelas crianças, preferia ir para os Estados Unidos. Elas passavam necessidade, estávamos na miséria, e eu queria lhes oferecer outra vida." Mas não havia como pensar em nada disso antes de a guerra terminar.

No que se refere a Eugen Ott, nomeado embaixador em 1937, sabemos por Ruth von Mayenburg, que o conhecia da casa de Hammerstein, que ele se tornou informante involuntário do dr. Richard Sorge. Este mestre da espionagem trabalhava, assim como Ruth von Mayenburg, para o Quarto Departamento do Estado-Maior do Exército Vermelho. Sedutor cativante e espião escolado, logo se fez íntimo do embaixador alemão; a família deste o chamava de Tio Richard, e ele tinha acesso à residência e aos aposentos do embaixador. Sorge chegou inclusive a começar um caso com Helma, a esposa de Ott. Hoje se sabe o tipo de informação decisiva que ele forneceu a seus mandatários moscovitas, e não apenas sobre o rearmamento alemão, mas também sobre o iminente ataque à União Soviética. Certa vez, durante uma festa de aniversário em casa de Ott, o casal Paasche sentou-se ao lado de Sorge, que causou impressão a ambos.

Ruth von Mayenburg não é a única a pensar que faltava a Ott a necessária prudência no trato com serviços secretos. Em Berlim também se pensava a mesma coisa; em 1942, ele foi destituído e passou o resto da guerra por conta própria em Pequim.

Com seu auxílio, os Paasche sobreviveram aos anos de guerra no Japão. Só puderam deixar o país em 1948.

ESTILO DE VIDA À PRUSSIANA

Uma vez fora das Forças Armadas, Hammerstein retirou-se com a família para Dahlem, para uma colônia de funcionários que na época ainda era cercada de campos de milho: Breisacherstrasse

19, esquina com a Hüninger Strasse. (A casa existe até hoje, e na década de 80 ali se inaugurou uma placa comemorativa para o general.) Uma propriedade rural em Steinhorst bei Celle, pertencente a um primo, a saber, Wilhelm von Hammerstein-Loxten, convertera-se ao longo dos anos 20 em ponto de encontro familiar para ele e para seus filhos. Daí em diante, a propriedade passou a servir de refúgio em razão das impertinências do regime.

Um estilo de vida econômico era a regra. O dinheiro era sempre curto.

"No século passado", escreveu Helga, "um grão-senhor que não queria mais se envolver com o mundo se recolhia a sua propriedade no campo e ali tinha sua fonte de renda. Papus era um grão-senhor, mas sem dinheiro. Em 1933, tive que falar com ele sobre o financiamento dos meus estudos. 'Neste exato momento', ele disse, 'eu posso lhe pagar os estudos, mas, quando não estiver mais no cargo, já não vai haver como.' Depois que ele foi dispensado, tive que começar a trabalhar, e me dei bem. A aposentadoria não era polpuda, e ele tinha de renunciar a muitas coisas. Ofereceram-lhe várias posições na indústria; mas, onde quer que fosse, ele teria de fazer concessões políticas, e isso ele não queria. Assim, de certa forma ele ficou preso dentro de casa, em meio ao alarido da família numerosa e da desordem genial de Ama [a mãe]. Deve ter sido difícil para ele. E é claro que sempre havia conflitos. Lembro que demos um passeio quando eu contava 22 ou 23 anos, e nesse passeio tentei lhe dar lições a respeito de Ama. Ele ficou terrivelmente amargurado, e eu fiquei pasma de ver que não conseguira nada. Fez-se claro para mim que Papus estava numa situação horrorosa, a qual, entretanto, ele geralmente dominava de modo muito generoso e sereno. Nessa época, os convites para caçadas eram sua única chance de sair de casa. Ele não podia se permitir outras viagens."

Na casa dos Hammerstein encontravam-se figuras da Resistência, como Ludwig Beck e Carl Goerdeler. Martin Niemöller morou por perto até sua prisão em 1937, quando então Hellmut Gollwitzer o sucedeu à frente da congregação evangélica de Dahlem, onde se confirmaram as três crianças mais jovens, Ludwig, Franz e Hildur. Eram todos mais ou menos iniciados nas discussões políticas; e todos sabiam que nada do que se falava em casa podia vazar para a rua.

O MASSACRE

No curso de um ano, de janeiro de 1933 ao começo de 1934, a SA, originalmente um exército privado do NSDAP, inchara-se até chegar a 4 milhões de membros. O bávaro Ernst Röhm, seu comandante, ex-capitão e amigo íntimo de Hitler, proclamava a necessidade de uma "segunda revolução" e queria submergir as Forças Armadas, numericamente muito inferiores, sob uma "onda marrom"; o generalato deveria ser excluído e substituído por quadros da SA.

Röhm sentia-se traído por Hitler. Em seus *Diálogos com Hitler*, Hermann Rauschning registrou as tiradas exaltadas que ele se permitia: "Adolf é um pilantra, está nos traindo. Agora só anda com reacionários. Não quer saber dos velhos camaradas e vai atrás daqueles generais prussianos. Agora são seus confidentes... Adolf sabe muito bem o que eu quero. Já cansei de dizer. Nada de uma segunda versão do Exército imperial. Isto é ou não é uma revolução? Se não é, estamos acabados. Precisamos criar uma coisa nova... E agora querem que eu ande com esse rebanho de veteranos velhotes... Eu sou o Scharnhorst do novo Exército".

Röhm organizou grandes marchas de suas tropas e as equipou com armamento pesado de infantaria. A tensão entre as Forças Armadas e a SA tornou-se mais frequente; houve mesmo ataques a oficiais. O ministro da Defesa alertou: o Exército defenderia o monopólio da força e Hitler podia contar com uma guerra civil caso não refreasse Röhm. Hindenburg proclamaria o estado de exceção e entregaria o executivo aos cuidados das Forças Armadas. Na prática, seria a deposição de Hitler. Havia ainda rumores de que Röhm conspirava com o general Von Schleicher, que jamais engolira a perda do poder. É claro que não havia uma gota de verdade em tudo isso.

Na noite de 30 de junho, Hitler ordenou que Röhm e toda a liderança da SA fossem assassinados por unidades da SS. O número exato de vítimas é desconhecido até hoje; mas em três dias teriam morrido pelo menos duzentas pessoas.

No exterior, as reações foram de horror. O massacre também abriu os olhos de muitos alemães, mas não os do dr. Carl Schmitt, conselheiro jurídico do novo Reich; um ensaio seu, publicado no *Jornal dos Juristas Alemães*, tinha por título "O Führer protege o direito". Ele escrevia: "Na verdade, o ato do Führer constitui a jurisdição. Ele não se submete à justiça, ele mesmo constitui a mais alta justiça".

UM ACERTO DE CONTAS DE OUTRA ESPÉCIE

Mas Hitler e Himmler valeram-se do assim chamado "golpe contra Röhm" também para acertar velhas pendências. Na mesma noite de 30 de junho, os dois ordenaram que o último chanceler da República de Weimar, Kurt von Schleicher, e sua mulher, Elisabeth, fossem assassinados por um comando da SS; dois dias depois, foi a vez do antigo vice-chanceler e comandante da Inteligência, o major-general Ferdinand von Bredow, morto em Lichterfelde por homens do regimento pessoal de Hitler. Papen foi poupado por um pedido expresso de Hindenburg e transferido para o Ministério das Relações Exteriores. Erwin Planck, por sua vez, ficou sabendo mais tarde que simplesmente "tinham se esquecido dele".

Após a ascensão de Hitler, o casal Schleicher tinha deixado a capital. Em fevereiro de 1934, já em Tóquio, Eugen Ott tentara convencê-los a fugir para o Japão. Schleicher recusou-se; não queria emigrar voluntariamente. Retirou-se para sua *villa* às margens do lago de Griebnitz, presente de Otto Wolff, um amigo da indústria pesada; a casa era vizinha à de Konrad Adenauer. "Schleicher", conta Ludwig von Hammerstein, "continuou a nos visitar com frequência depois da ascensão de Hitler, e nós o visitávamos em Babelsberg. Ele contava piadas sobre Hitler e não deixava de dizer o que pensava. Continuava também a tratar com os embaixadores, sobretudo com François-Poncet." E também segundo o relatório de um agente comunista infiltrado no Ministério da Defesa, Schleicher e especialmente sua esposa teriam continuado a falar de forma muito imprudente sobre o novo regime durante reuniões sociais em Babelsberg; os dois teriam sido alertados com frequência, mas em vão. Suspeitava-se, ademais, que um criado recém--contratado fosse na verdade um informante nazista.

A empregada Marie Güntel relata assim o que aconteceu em Babelsberg em 30 de junho: "Estavam na sala o general, sentado à escrivaninha, e a sra. Von Schleicher, sentada com um trabalho de costura na poltrona ao lado. Nesse momento, a campainha do jardim começou a bater bem alto, sem parar. Apareceram cinco homens e um deles perguntou quem era o general. Esse homem devia ter uns trinta anos e vestia um terno escuro. Os outros pareciam muito mais jovens e usavam ternos mais claros. Primeiro eu disse que o senhor general não estava em casa e, depois, que tinha saído para passear. Então o homem de terno escuro me empurrou e disse num tom grosseiro que eu não devia mentir, e sim dizer logo onde estava o general. Os cinco homens mantinham uma das mãos atrás das costas, e poucos segundos depois vi que todos já estavam de arma em punho. Quando vi que não podia mais evitar que entrassem, eu disse: 'Vou ver'.

"Antes que eu pudesse dizer qualquer coisa, ouvi atrás de mim uma voz: 'O senhor é o general?'. O senhor general se virou, ainda sentado à escrivaninha, e disse: 'Sou eu'. Nesse instante, eles dispararam três tiros, quase ao mesmo tempo. Posso dizer com certeza que, além de se virar para trás, o senhor general não fez nenhum outro movimento, não tentou meter a mão no bolso, não estendeu a mão para a mesa ou em qualquer outra direção. Não esboçou nenhuma reação. Eu estava no meio da sala. Na hora dos disparos, a sra. Von Schleicher estava sentada tão tranquilamente quanto o marido. Enquanto eu corria da sala, gritando de pavor, ouvi um grito da sra. Von Schleicher e outros tiros mais."

Marie Güntel deu suas declarações diante de um notário, dois dias mais tarde. Conforme ela mesma disse, não conseguia superar a morte de seu patrão. Suicidou-se em julho de 1935, às margens do Heiligen See, em Potsdam.

No primeiro momento, a nova liderança das Forças Armadas não viu com maus olhos o rompimento da legalidade, pois considerava Röhm e seu bando como uma concorrência plebeia. Mas é digno de nota que a maioria dos generais não levantou nenhuma objeção ao assassinato do ex-ministro da Defesa. Tornaram-se assim cúmplices do massacre. Não perceberam que a SS, a verdadeira vitoriosa nesses dias de junho, era um rival muito mais perigoso. Erwin Planck disse então a Werner von Fritsch, sucessor de Hammerstein no comando do Exército: "Se ficar assistindo sem fazer nada, o senhor terá o mesmo destino".

No mesmo relatório de um agente comunista citado mais acima, pode-se ler: "Diz-se no Ministério da Defesa que a hora propícia para uma intervenção das Forças Armadas ficou para trás. Na segunda-feira, 2 de julho, teria sido possível declarar o estado de exceção. Naquele mesmo dia ou, no mais tardar, na terça-feira, os ministros Neurath, Blomberg, Papen e Seldte *deviam* ter oferecido resistência. *Não podiam* ter aceitado os acontecimentos, mas temiam tanto por suas vidas que se curvaram. Na burguesia, impera uma sensação de impotência, de espera fatalista, todo mundo sussurra, temendo se expor, todo mundo sente 'que ainda vem coisa pela frente'".

Nos mercados, todos temem o endividamento crescente e a crise de matérias-primas. Que acontecerá se as empresas, mesmo não tendo encomendas, não puderem demitir ninguém? "Será a hora da morte e da violência." Traçam-se paralelos com a Rússia: o nacional-socialismo está se tornando um bolchevismo alemão. Que acontecerá então com as Forças Armadas? Uma saída seria a guerra, mas esta representaria o fim da Alemanha. Vêm daí as rugas de preocupação do grande capital.

O agente anônimo tem algo a dizer também sobre o papel de Kurt von Hammerstein. No centro do oficialato berlinense, o general teria sido protegido por velhos camaradas de ministério, uma vez que sua detenção era considerada iminente.

O que há de certo é que, em julho de 1934, círculos militares oposicionistas enviaram ao presidente um escrito em que sugeriam substituir o governo de Hitler por um diretório liderado por Hindenburg. Também nesse documento aparece o nome de Kurt von Hammerstein como possível ministro da Defesa.

No outono de 1934, publicou-se ainda, supostamente em Leipzig e sob o título falso de *Gramática da língua inglesa*, o assim chamado *Livro azul*. O livro continha, em formato menor e papel especial, também um *Livro branco sobre os assassinatos de 30 de junho*. O editor, anônimo, era o KPD, agora na ilegalidade. O original saíra pouco antes em Paris, pela editora de Münzenberg.

Para Hammerstein, o assassinato do velho amigo — a quem ele sempre fora leal, apesar de todas as diferenças políticas — e de seu colaborador Ferdinand von Bredow foi mais do que podia suportar.

"Esses sujeitos me transformaram, de velho soldado que eu era, em antimilitarista." Ele foi o único general a comparecer — contra uma ordem explícita de seu superior nominal, Werner von Blomberg — ao enterro de Schleicher no Parkfriedhof, em Berlim-Lichterfelde, acompanhado da mulher e da filha Maria Therese, afilhada de Schleicher e muito afeiçoada a ele. Sob o terror reinante, esse era um gesto mais que arriscado. Outro a comparecer foi Erwin Planck, com quem Hammerstein se manteria ligado até a sua morte.

Mas as poucas pessoas presentes ao enterro esperaram em vão pelo esquife. Para apagar todos os vestígios do assassinato, a Gestapo cremara os corpos. E as urnas com as cinzas dos mortos só foram entregues a quem de direito depois do pseudoenterro.

À MARGEM (I)

Depois de passar à reserva, Hammerstein parece ter vivido em completo retiro e se absteve de qualquer atitude política em público. Jacob Wuest, adido militar americano, informa a Washington em abril de 1934, pouco antes do assassinato de Schleicher, que o general se mudara com toda a família para uma casa modesta em Dahlem.

"Contudo, ele mantém uma vida muito ativa, talvez até mais que antes, nas Forças Armadas, onde era conhecido por não suar a camisa. Continua próximo de Schleicher e Von Alvensleben, que antes ditava o jogo na política alemã. Assim como Schleicher, Hammerstein cultiva certa inclinação pela Rússia, que ele conhece bem; tinha boas relações com Chintschuk, o embaixador soviético em Berlim, que também acaba de perder seu posto.

"Os encontros na casa de Hammerstein reúnem círculos diversos. Agora, por exemplo, planeja-se um encontro de industriais e especialistas a fim de 'discutir a situação política'. Há três dias, houve um encontro reservado com três generais ingleses, dos quais apenas um falava alemão, e em meados de abril o adido militar alemão em Paris, general Von Kühlenthal, fez uma visita discreta a Hammerstein.

"Nas últimas semanas, tive o privilégio de vê-los, a ele e a sua família, em diversas ocasiões informais: um passeio de carro, um piquenique, um passeio ao lago, um convite para o chá e um jantar com a família.

"Nas condições reinantes na Alemanha, parece-me que o general Von Hammerstein está entrando num jogo arriscado, para não dizer perigoso, que penso estar relacionado à possibilidade de uma crise política oriunda da situação instável do país."

UMA CONVERSA PÓSTUMA COM RUTH VON MAYENBURG (II)

E: Incomodo?

M: De jeito nenhum. O senhor me diverte com esse seu afã. E parece que o senhor gostou do meu chá.

E: Muito, mas não é o chá que me traz aqui. Digamos que esteja intrigado com seu amigo Hammerstein. Depois que ele deixou o serviço, a senhora nunca mais o viu. Por então, creio que a senhora já era uma comunista convicta.

M: Claro.

E: Seja como for, uma opção nada costumeira para uma pessoa de família nobre.

M: Não fui a única. Basta pensar nas duas filhas do general! De resto, acho que para nós é mais fácil do que para a burguesia travar contato com o proletariado. Eu morava em Viena. Foi lá que conheci meu marido Ernst Fischer; nós nos casamos em 1932. Talvez o senhor não saiba, mas dois anos depois houve um levante operário.

Ruth von Mayenburg em retrato de Rudolf Hausner, 1951

E: Claro. Dollfuss, os trabalhadores contra a defesa civil, o Exército e a polícia.

M: Foram 1600 mortos e feridos. Participei do levante, junto com Ernst.

E: Um ato arriscado.

M: É verdade. Nosso amigo Elias Canetti nos abrigou depois da repressão ao levante.

E: A senhora era filiada ao Partido Comunista Austríaco.

M: É claro!

E: E a sua família, o que disse de tudo isso?

M: Ah, a família! É claro que temiam por mim. Achavam que eu estava na mira. Tivemos que fugir para o exterior. Fui com meu marido para Praga e depois para Moscou.

E: A senhora usava os nomes de guerra de Lena e Ruth Wieden, e trabalhava como agente e mensageira para o Komintern.

M: Ah, não. Eu tomei um caminho bem mais excitante. Eu pertencia ao Quarto Departamento do Estado-Maior do Exército Vermelho.

E: Quer dizer, à espionagem.

M: Esse termo feio não existia em nosso vocabulário. Eu me via como embaixadora ou ainda como exploradora. Como um braço do Exército Vermelho, onde aliás cheguei a major.

E: Mas, minha senhora, como a senhora pôde conciliar isso com seu estilo de vida? Bons hotéis, champanhe no café da manhã, vagões-dormitórios, caçadas, cassinos, bons endereços na zona oeste de Berlim, aquele belo vestido amarelo de primavera... Ora uma festa na embaixada da Hungria, ora um passeio a bordo de um cabriolé Steyr ou de uma limusine Tatra; e então o anel com o brasão da família...

M: ... e a cápsula de cianeto sob a placa de ouro. Ora!

E: E ao mesmo tempo os botequins proletários, os quartos enfumaçados nos fundos de apartamentos de fachada.

M (*rindo*): Essa vida dupla era necessária, mas também me

divertia muito. O senhor não imagina o quanto essa vida mundana de que o senhor está zombando me ajudava no meu trabalho. Eu tinha acesso a círculos em que os camaradas jamais penetrariam. E esses ares de grande dama eram uma camuflagem e tanto! Os nazistas e os seus aduladores eram uma gentinha de quinta categoria, cheia de complexos de inferioridade.

E: E, na sua condição de major do Serviço de Inteligência, a senhora voltou a procurar Hammerstein.

M: Já na minha primeira visita a Berlim.

E: A senhora achava mesmo que ele estaria disposto a manter relações com o Exército Vermelho?

M: Por que não? Não teria sido novidade para ele. Costumava me contar histórias de suas expedições soviéticas. Não tinha nada contra os russos. O problema é que agora esses contatos podiam lhe custar a cabeça. Aliás, é um milagre que Hammerstein, sendo general, tenha sobrevivido à matança de 30 de junho. Quando as primeiras notícias chegaram a Moscou, logo pensei nele. Fiquei muito preocupada com ele, pode acreditar.

E: A senhora o chamava de Hako?

M: Um nome sem nada de mais, que eu usava mesmo em público, quando o tratava por "senhor".

E: Trinta e cinco anos depois, em seu livro *Sangue azul e bandeira vermelha*, a senhora registrou minuciosamente as conversas que teve com ele. Admiro a sua memória!

M: Na época eu ainda conseguia. Hoje em dia, já não me restou grande coisa. Não sei de onde isso vinha, mas eu era capaz de reproduzir conversas inteiras, observações soltas, uma alusão que me parecesse importante — e então eu achava tudo importante — com a fidelidade de uma gravação. Leia o livro! O senhor vai ficar admirado com as coisas que eu era capaz de fazer.

UMA CONVERSA PÓSTUMA COM LEO ROTH

R: Não posso nem lhe oferecer uma cadeira. Se quiser, o senhor pode sentar na cama. Mas então...?

E: Sempre quis lhe perguntar algo: o senhor viu a coisa chegando?

R: O quê?

E: Os expurgos stalinistas. O senhor conhecia o partido e o aparato militar por dentro.

R: Deixe o "senhor" de lado. Pode me chamar apenas de Viktor. Nós não éramos de melindres, nem na Alemanha nem em Moscou. Quem se juntava aos comunistas sabia que não sairia ileso, que haveria erros e haveria vítimas. Eu mesmo fui excluído em 1926. Esquerdismo, trotskismo, e assim por diante. E todos nós sabíamos que muita gente tinha morrido desde 1917. Em outubro, na Guerra Civil, em Kronstadt, na campanha contra os kulaks, nos primeiros processos contra os sabotadores... O senhor sabe, ou talvez não saiba, o que acontece quando as coisas se mexem.

E: O senhor nunca se sentiu ameaçado por seus próprios camaradas?

R: Havia outros inimigos de sobra.

E: Eu me admiro de ver que o senhor não fazia ideia. Seu chefe, Hans Kippenberger, percebeu o rumo das coisas já em 1934. Seu colega Franz Feuchtwanger — o senhor se lembra dele? — achou--o "mais abatido que nunca". "A emigração não lhe fazia bem", escreveu ele, "mas sobretudo ele se amargurava com a atitude dos cabeças do partido, entre os quais Ulbricht se destacava mais e mais como homem forte. Não por acaso ele considerava o aparato militar como um obstáculo que só seria possível vencer a golpes de difamação política e estrangulação financeira."

R: Pois é, Alex sabia das coisas. E é claro, estava certo. Mas acreditava na causa, como eu.

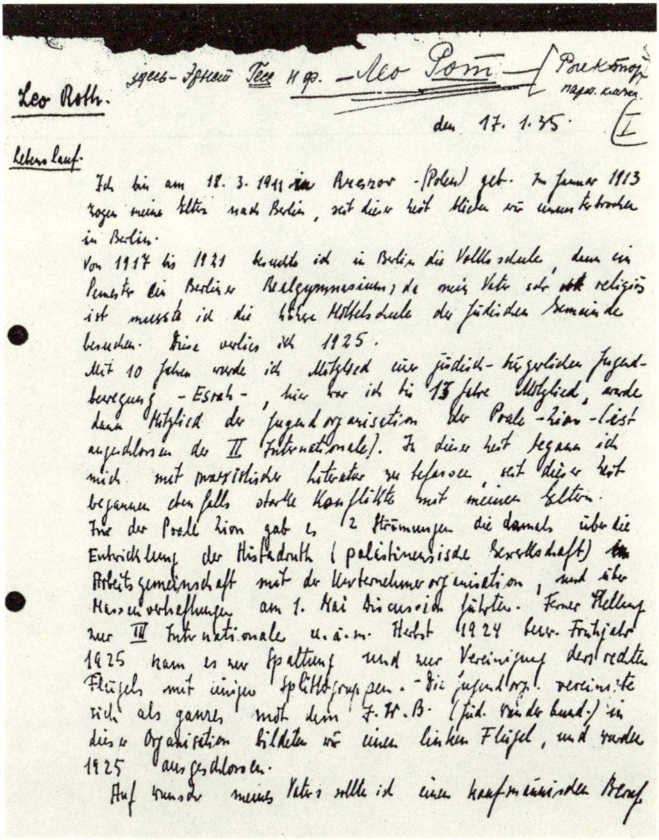

Leo Roth. [illegible] — Лео Рот

den 17. 1. 35.

Lebenslauf.

Ich bin am 18. 3. 1911 in Rzeszow -(Polen) geb. Im Januar 1913 zogen meine Eltern nach Berlin, seit dieser Zeit blieben wir ununterbrochen in Berlin.

Von 1917 bis 1921 besuchte ich in Berlin die Volksschule, dann ein Semester ein Berliner Realgymnasium; da mein Vater sehr religiös ist musste ich die höhere Mittelschule der jüdischen Gemeinde besuchen. Diese verließ ich 1925.

Mit 10 Jahren wurde ich Mitglied einer jüdisch-bürgerlichen Jugendbewegung -Esra-, hier war ich bis 13 Jahre Mitglied, wurde dann Mitglied der Jugendorganisation der Poale-Zion-Linke (angeschlossen der II Internationale). In dieser Zeit begann ich mich mit marxistischer Literatur zu befassen, seit dieser Zeit begannen ebenfalls starke Konflikte mit meinen Eltern.

In der Poale Zion gab es 2 Strömungen die damals über die Entwicklung der Histadruth (palästinensische Gewerkschaft) Arbeitsgemeinschaft mit der Unternehmerorganisation, und über Massenveranstaltungen am 1. Mai Discussionen führten. Ferner Stellung zur III Internationale u.ä.m. Herbst 1924 bzw. Frühjahr 1925 kam es zur Spaltung und zur Vereinigung des rechten Flügels mit einigen Splittergruppen. - Die Jugendorg. vereinigte sich als ganzes mit dem J.W.B. (jüd. Wanderbund) in dieser Organisation bildeten wir einen linken Flügel, und wurden 1925 ausgeschlossen.

Auf Wunsch meines Vaters sollte ich einen kaufmännischen Beruf

Leo Roth, currículo manuscrito, 1935

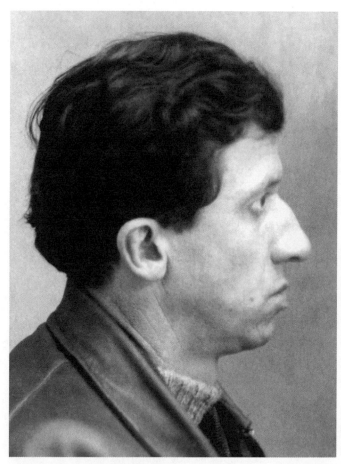

Hans Kippenberger, por volta de 1934

E: Herbert Wehner conta que o senhor esteve com ele em 1935, quando o senhor se preparava para viajar para Praga.

R: Ah, Wehner. Ele sempre achava que sabia de tudo. O senhor o conheceu?

E: Não.

R: Pena. Eu adoraria saber o que foi feito dele. Mas aposto que salvou o pescoço.

E: Isso mesmo. Ele afirma que, pouco antes de partir para a União Soviética, o senhor teria confiado alguma coisa a ele.

R: Ah, é? Muito me admira.

E: O senhor teria, a serviço do aparato militar, feito contatos com os adidos militares da Inglaterra, da França e da Tchecoslováquia. E também teria estado com André François-Poncet, o embaixador francês em Berlim, que desempenhava um papel importante.

R: É claro. Fazia parte do negócio. Sem minhas ligações com as embaixadas e os jornalistas estrangeiros, eu não valeria de nada ao partido. Era assim que conseguia informações sobre o incêndio do Parlamento, sobre a acusação a Dimítrov, sobre os planos do Estado-Maior alemão e sobre o programa de rearmamento.

E: Wehner afirma que, em maio de 1936, o senhor teria pedido conselho a ele sobre o que seria melhor fazer: falar sobre esses contatos ou calar a respeito. E ele teria percebido que a sua situação pessoal podia se complicar por conta disso. Ao menos foi o que ele escreveu.

R: Ah, quer dizer então que ele se preocupava comigo! Que atenção da parte dele! E o que ele diz que me aconselhou a fazer?

E: A deixar o serviço. Ele achava que o senhor devia se explicar com os camaradas Pieck e Ulbricht, mas também com o Komintern.

R: É bem a cara dele.

E: A essa altura, o ambiente não começou a ficar pesado?

R: No meu trabalho, o ambiente quase sempre era pesado.

E: Mas o senhor sabia o seu Lênin de cor.

R: Eu sei aonde o senhor quer chegar. Mas diante da encruzilhada, preferi ser um idiota útil do que um idiota inútil. Ninguém é comunista à toa. Não tenho mais o que dizer. E agora, por favor, o senhor me perdoe, mas estou cansado, muito cansado.

SONDAGENS

Ruth von Mayenburg, já a serviço dos soviéticos, interrompeu a partir de 1935 toda ligação com o partido e sobretudo com os círculos de emigrantes alemães — entre os quais se suspeitava que havia informantes da Gestapo — e voltou à Alemanha com documentos falsificados.

"Minha primeira visita em Berlim foi ao general Kurt von Hammerstein-Equord. O general reformado mostrou-se um tanto espantado de rever a jovem que conhecera anos antes. 'Ela quer alguma coisa de mim?', eu lia em cada olhar dele. Eu sabia o que queria. Mas antes de mais nada ele precisava ter clareza sobre minha posição política, assim como eu precisava saber se sua oposição a Hitler tinha certos limites que ele não estava pronto a ultrapassar. Eu lhe disse: 'Na Áustria, fomos às barricadas contra Dollfuss. Eu estive lá. E aqui na Alemanha, por que nem as Forças Armadas tentaram alguma coisa contra esse sujeitinho?'.

"'Teria sido a guerra civil.'

"'E daí?'

"'Sou contra guerras civis. Dar um golpe? Não, não! Mas a senhora me parece disposta a tudo.'

"As opiniões de Hammerstein sobre a ditadura nazista, sobre seus mandos e desmandos, sobre a desgraça iminente para a Alemanha e a Europa caso 'esses sujeitos não matem uns aos outros, o que seria mais que desejável' — sobre tudo isso ele se expressou sem reservas, com observações de uma brevidade lacônica. Mas será — eu comecei a me perguntar (e a Gestapo certamente se perguntava também) — que a cabeça mais importante das velhas Forças Armadas trabalhava em algum plano político e militar contra o regime? Estará ligado a alguém? Ou será que se dá por satisfeito com o papel de resignado, que só se envolve nos acontecimentos como um observador hostil e, de resto, se dedica à caça?

"A essa primeira visita seguiram-se — inicialmente espaçadas, entre uma e outra viagem pela Alemanha, mas depois com mais frequência — outras à casa em Dahlem, não muito longe da igreja evangélica do pastor Niemöller. Quando voltava do exterior, logo ia ter com ele. Eu o estudei com cuidado.

"'O que o senhor acha da lenda da 'punhalada pelas costas' na guerra, sr. Von Hammerstein?'

"'Bobagem.'

"'Há quem ache que não. Aliás, milhões de pessoas acham que não.'

"'Os milhões não pensam, os milhões são levados na conversa.'

"'E a paz vergonhosa de Versalhes? O melhor cavalo do estábulo nazista?'

"'Um cavalo manco.'

"'Mas que puxou bem.'

"'Rumo ao estrume.'

"Quando se tratava dos nazistas, ele não tinha meias palavras. De resto, ele se deixava estar à vontade e em silêncio com sua inteligência — 'como numa rede', eu brincava. Não havia acontecimento que o tirasse do prumo. Sua capacidade de caracterizar pessoas com poucas palavras, de ir ao nó da questão reduzia conversas riquíssimas a um mínimo de tempo. Era preciso ficar à espreita como um lince para não deixar escapar a importância de uma observação feita de passagem."

No verão de 1935, "tentei fazer uma ideia mais clara e ponderada das pessoas com quem tinha estado nos últimos tempos e com quem tinha falado. Havia, por exemplo, as duas filhas de Hako, Esi [Maria Therese] e Helga Hammerstein-Equord. Helga trabalhava no Kaiser-Wilhelm-Institut, numa espécie de serviço secreto. Querem produzir açúcar a partir de madeira, seria uma descoberta importante em tempos de guerra. Há japoneses trabalhando por lá. Helga é muito amiga de um deles. Já fui pegá-la duas ou três vezes no instituto. Esi também está aprendendo japonês? Estive com Helga, Esi, dois japoneses e um alemão no Esplanade e depois numa residência obscura. Falaram metade da noite sobre questões políticas — são todos antinazistas. Todos? Os japoneses não terão sido um tanto reservados? As moças supostamente são comunistas. Ainda têm algum contato no partido? A residência e o alemão me faziam pensar que sim. Mas Esi desfez minhas suspeitas. E a casa dos Hammerstein? Com certeza há algum informante, sempre houve alguma brecha ali".

Os encontros se repetiram. Uma vez, conta Mayenburg, "viajamos no mesmo trem, Hammerstein, o velho amante de charutos, no compartimento de não fumantes, e eu no de fumantes. Hammerstein tinha olhos sensíveis e inflamações nas pálpebras, que eriçavam as pestanas. Trocávamos de lugar, fingíamos que não nos conhecíamos, entramos e saímos de vários hotéis da estação de águas em que estávamos. Creio que isso foi em Bad Homburg. Uma atmosfera despolitizada, sem cheiro de estrume.

"'Fique de olho, veja se estou sendo seguido. Vou me encontrar com uma pessoa, não seria bom que eles soubessem.' Foi a única vez em que notei algum comportamento conspiratório da parte dele. Na época, eu pensava que ele tinha ligações com os ingleses. Hammerstein, que continuava a ter acesso a informação interna, não se deixava enganar pelas manobras diversionistas dos líderes nazistas, não acreditava nem na 'disposição para a paz' nem nas declarações de 'não intervenção e igualdade de condições entre os países'. Mais de uma vez ele expressou seu desacordo com a política de tolerância do governo britânico. Hammerstein dizia a respeito: 'Os *gentlemen* que acordem antes que seja tarde'. Parecia-me evidente que ele tinha como fazer chegar suas advertências ao Foreign Office. Estava mais que na hora de lhe dizer onde estavam seus amigos de verdade.

"Como e quando — sobre isso eu ainda precisava pensar. Bem como sobre o contato com Moscou. Mas mesmo em Berlim eu tinha ocasião de falar a sós com Hammerstein, fora do círculo familiar ou sem a presença de convidados. Apesar dos protestos da esposa, que não gostava de vê-lo sozinho, à noite, andando pela rua e temia que houvesse bandidos da ss à espreita, ele jamais deixou de me acompanhar até que eu pegasse o último metrô ou ônibus. Com o revólver no bolso do casaco, ele escarnecia: 'Morto ao fugir — comigo não vai ser assim!'. Nessas caminhadas pelo terreno escuro e deserto, dos fundos do jardim até a via férrea, tínhamos conversas discretas mas, feitas as contas, muito francas."

UMA CONVERSA PÓSTUMA COM HELGA VON HAMMERSTEIN (I)

E: Sra. Von Hammerstein...
H: Meu nome é Helga Rossow.
E: Perdoe, é que se trata de uma época anterior ao seu casamento. A senhora não temia que suas ações pusessem em risco seus pais e seus irmãos?
H: Não vejo por que lhe responder. Só gostaria que o senhor me deixasse em paz. Isso tudo já passou há tanto tempo.
E: Por isso mesmo. O esquecimento é uma virtude. Mas, de resto, eu admiro a bravura e a determinação com que a senhora se portava.

H: Pouco importa. Se o senhor quer mesmo saber: eu não via nenhuma razão para zelar pelo meu pai. Para mim, a hesitação dele quando Hitler já batia à porta era simplesmente insuportável. Meus irmãos devem me censurar até hoje pelo modo como agi. O senhor diz que ele sempre cuidou de mim, que me protegeu o tempo todo. É verdade. Mas isso é da sua conta? O senhor não sabe do que está falando.

E: Mas gostaria de entender.

H: O senhor não faz ideia. Não digo isso para criticá-lo. Não é culpa sua que o senhor tenha nascido em tempos mais confortáveis. Talvez eu devesse até felicitá-lo por não ter vivido nada de especial. Mas não se alegre antes da hora! Quem sabe o que está reservado para o senhor e para os seus. Então vamos ver se o senhor consegue sair ileso.

E: Mais uma razão para estudar a sua história. Embora eu não ache que a senhora deva servir de exemplo para nós.

H: Vocês vão cometer seus próprios erros.

E: Não resta dúvida.

H: Muito bem. Mas por que o senhor não me diz de uma vez aonde quer chegar?

E: Seu encontro com Leo Roth não foi obra do acaso. Ele foi destacado para se aproximar da senhora e conseguir acesso aos papéis de seu pai. Tenho aqui um documento de Moscou em que se registra isso. A data é 16 de dezembro de 1936.

H: Nessa época, Leo estava sendo processado.

E: Isso mesmo. Processo número 6222. A senhora quer ouvir o que está nos autos do juiz de instrução? Trata-se do depoimento de um certo Gustav Burg.

H: Esse era do partido. Na verdade, chamava-se Gustav König. Ele conhecia Leo. Provavelmente eles fizeram pressão. Ele queria salvar a própria pele, como a maioria.

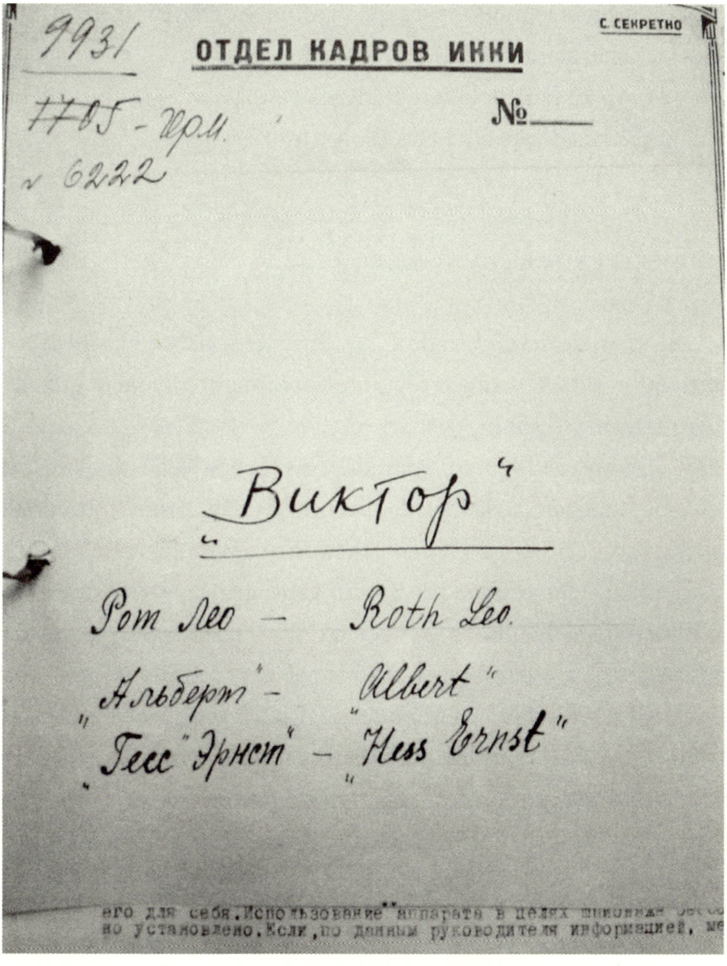
9931

С. СЕКРЕТНО

ОТДЕЛ КАДРОВ ИККИ

~~1705~~-Юрм.

№

6222

„Виктор"

Рот Лео — Roth Leo.

„Альберт" — „Albert"

„Гесс" Эрнст" — „Hess Ernst"

его для себя. Использование "аппарата в целях шпионажа

но установлено. Если, по данным руководителя информацией, ме

Leo Roth, auto do juiz de instrução, Moscou, 1936/37

E: Se era essa a intenção, não lhe serviu de nada. Foi condenado à morte em 1937.

H: E o senhor leu esse depoimento? Mas como?

E: Depois de 1989, os arquivos de Moscou ficaram abertos por alguns anos, pelo menos para quem sabia se entender com os funcionários de plantão.

H: Ah, é? Difícil de acreditar. Mas se é assim — o que esse tal de Burg tem a dizer sobre Leo e sobre mim?

SOBRE O PROCESSO NÚMERO 6222

Em 16 de dezembro de 1936, Burg, ex-colaborador do aparato militar do KPD, deu o seguinte depoimento diante do juiz de instrução moscovita:

"No ano de 1929, o camarada Hess [Leo Roth], então no Serviço de Inteligência da Liga da Juventude Comunista, relatou que travara contato com a filha do general Von Hammerstein. A moça estudava na Universidade de Berlim, chamava-se Marie Luise e era a filha mais velha. Ele me sugeriu que nos aproveitássemos da moça para o nosso trabalho, eu concordei e transmiti ao camarada Leo algumas tarefas que ele poderia entregar à filha do general.

"Alguns dias depois, o camarada Leo voltou com várias informações; se não me engano, essas informações diziam respeito à situação política de então, objeto de conversas entre Hammerstein e seu sogro, o general Von Lüttwitz. As informações eram muito interessantes.

"Por intermédio do camarada Leo, entreguei à filha do general a tarefa de vasculhar a escrivaninha do pai. A moça nos disse que havia muitos papéis na mesa dele. Não sabia nos dizer grande coisa sobre seu conteúdo, mas sugeriu que nós mesmos fôssemos à sua casa da Hardenbergstrasse, junto à estação do Zoo, no dia seguinte, quando seus pais não estariam.

"O camarada Leo e eu fomos, seguindo todas as medidas de segurança, à casa dos Hammerstein, onde só encontramos a filha. Vimos vários papéis antigos e levamos alguns conosco para fotografar; tínhamos dois dias, pois o pai partira numa viagem de inspeção. Fotografamos todo o material; dei uma cópia ao camarada Alex [Kippenberger], outra ao camarada Thälmann e mais uma ao camarada Seelmann.

"Hammerstein foi então promovido a comandante das Forças Armadas. Quando retomamos o trabalho, notamos que a moça agora trazia informações parcas e desinteressantes, como se não quisesse mais cooperar conosco; o camarada Leo falou com ela a respeito, e ela nos disse que precisava se dedicar aos estudos e que devíamos procurar a irmã mais jovem, que tinha tempo e queria colaborar. Havia outra irmã, mas essa não era confiável [Maria Therese]. O camarada Leo começou então a trabalhar com a irmã mais jovem [Helga]. Já não recordo o nome dela. Essa nos trazia informações interessantes, pois por esse tempo o general Hammerstein viajara para a União Soviética.

"Pouco antes dessa viagem à URSS, fizemos um molde da fechadura do cofre, para que pudéssemos, na ocasião oportuna, investigar se havia documentos no cofre também. Pedimos ao Serviço de Inteligência em Berlim que nos enviasse um bom chaveiro, capaz de fazer um bom molde e produzir uma segunda chave.

"Certo dia, o camarada Leo veio a mim e me contou que a filha mais nova havia quebrado a chave na fechadura. Discutimos a situação e decidimos tentar, por todos os meios, retirar a chave emperrada na fechadura. Hammerstein não estava em Berlim. Assim, uma noite, o camarada Adolf entrou na casa junto com a filha mais jovem, aproveitando-se de uma ausência da mãe. O camarada Adolf teve que trabalhar muito para retirar a chave quebrada.

"Algum tempo depois, Hammerstein voltou. No dia seguinte, quis abrir o cofre, mas a chave original já não funcionava, entrava só até a metade na fechadura. Hammerstein fez um escândalo e informou o acontecido ao Serviço de Inteligência do Ministério da Defesa, que logo mandou dois funcionários.

"Mais tarde, a filha mais jovem nos contou o seguinte: tinham perguntado a todos os membros da família se algum deles havia estado perto do cofre; todos negaram.

"Resolvemos então interromper o trabalho, para evitar que a filha se tornasse alvo de suspeita."

UMA CONVERSA PÓSTUMA COM HELGA VON HAMMERSTEIN (II)

E: Que me diz, Helga? Perdoe a insistência.
H: Sobre o quê?
E: Sobre essas fontes moscovitas de 1936/37.
H: Com certeza todo mundo calou a boca, Leo também.
E: Todos? Não creio. Seja como for, uma coisa se depreende desses documentos: a senhora foi instrumentalizada. Primeiro, Leo Roth tentou se "aproveitar" de sua irmã Marie Luise, como está dito literalmente. Ele só se voltou para a senhora quando sua irmã se recusou.
H: Eu já era uma comunista convicta quando conheci Leo, e nunca fiz nada de que devesse me arrepender.
E: A senhora começou a viver com Roth em 1930, e juntos vocês passaram à ilegalidade, em 1931.
H: O senhor não espera que eu lhe dê um depoimento sobre minha vida amorosa.
E: Em Moscou ele sempre se referia à senhora como esposa.

H: Nunca nos importamos com formalidades jurídicas. Leo era meu marido e ponto final.

E: A senhora trabalhou então com o nome de guerra de Grete Pelgert para a divisão de contatos especiais do aparato militar do KPD. O chefe do aparato era Hans Kippenberger.

H: O senhor está bem informado. Quem sabe até o senhor não trabalha para alguém?

E: Temo que a senhora esteja exagerando o interesse dos serviços secretos de hoje por essas velhas histórias.

H: Então por que o senhor está me espionando?

E: Escute, a história de sua família me interessa porque diz muito sobre como teria sido possível fazer frente a Hitler sem capitular diante dele. Se quer chamar isso de espionagem, está cometendo uma injustiça. Falei com seus irmão Franz e Hildur. Também eles se perguntam como foi possível que a senhora trabalhasse para o Komintern, por quanto tempo a senhora permaneceu fiel a suas convicções comunistas e quando a senhora rompeu com o partido.

H: O que a minha família tem a ver com isso? Ela que me deixe em paz. Já sofri o que tinha que sofrer. E agora suma daqui de uma vez! Não quero mais falar sobre isso.

UM ANIVERSÁRIO E SUAS CONSEQUÊNCIAS

Em 26 de setembro de 1936, Kurt von Hammerstein completou 58 anos de idade. Ruth von Mayenburg esteve presente à comemoração.

"Levei algumas dúzias de caranguejos vermelhos, pescados havia pouco [no rio Havel]. Os caranguejos trouxeram alguma elegância ao jantar genuinamente prussiano dos Hammerstein: costeletas à moda de Kassel, bolinhos de batata cozida e molho doce de ameixas. Eu me sinto mal só de lembrar. Muita gente desconhecida. Muita louça nas pias.

"Hako me puxou para seu lado, sem interromper a conversa intensa, em tom de voz um tanto alto, que conduzia com um dos convidados. Fazia tempo que não o via tão animado. O convidado, um alto oficial da ativa [Eugen Ott] vestido à paisana, parecia ter voltado de uma longa temporada no Japão. Era o adido militar alemão em Tóquio. Parecia inquieto diante da análise da situação mundial e da conjuntura alemã, vistas da perspectiva de um opositor de Hitler. O convidado, por sua vez, falava exaltadamente do trabalho de inteligência contra o bolchevismo mundial e dos interesses comuns da Alemanha e do Japão: 'Estamos trabalhando para uma aliança estreita entre nós e os japoneses...'. E Hako: 'Um pacto contra os russos?'. Depois de me dar uma rápida olhadela, o convidado desapareceu; preferia continuar a conversa a sós, sem mim.

"Foi então que chegaram aos meus ouvidos as palavras *artilharia pesada*. Hako falou em tom tão perplexo que mandei meus escrúpulos para o diabo. 'O senhor deve estar enganado. Nós não temos artilharia *pesada*!' 'Pois sim, pois sim...' O convidado meteu a mão no bolso interno do paletó e leu num cartão o nome de um lugar em Schleswig-Holstein, um rincão que ele não conseguira encontrar no mapa. Hako repetiu o nome, pensou um instante e disse: 'Não conheço. Deve ser uma instalação muito nova...'. Parecia realmente espantado."

O agente de ligação de Mayenburg com o Exército Vermelho também se espantou.

"Quatro semanas mais tarde, o agente me procurou com ar cerimonioso e me entregou um envelope fechado. Dentro — para minha surpresa, quase susto — havia algumas linhas lisonjeiras do punho do marechal Vorochílov."

Hammerstein também compartilhava com Mayenburg sua visão da situação: "Hammerstein considerava delirante a ideia de um golpe desferido por parte das Forças Armadas. O general Von Schleicher e ele mesmo teriam deixado passar o momento oportuno, quando a crise anterior à nomeação de Hitler chegara a seu ponto alto. Ele se perguntava com frequência se não deviam ter agido naquele momento. Mas ele subestimara Hitler, ao passo que Schleicher o superestimara. Ele, de sua parte, tinha se empenhado por manter as Forças Armadas fora das lutas políticas, fora do jogo de intrigas partidárias.

"Nesse contexto, ele me contou alguns detalhes trepidantes dos dias em torno ao 30 de janeiro de 1933, sobre o comportamento de Hindenburg e de seu filho Oscar, sobre Franz von Papen e outras pessoas mais, a que ele se referia coletivamente como 'patifes' e 'vigaristas'. Eu lhe dizia que registrasse tudo aquilo por escrito e me ofereci para levar um relato de tamanha importância histórica, política mesmo, para fora do país. 'Para você publicar, caso seja vantajoso para você — não, não!' É claro que protestei. Hako deu uma palmadinha na minha mão: 'Fique tranquila, moça. Se alguma vez eu escrever isso, pode ficar segura de que não vai se perder!'. [Hammerstein providenciou para que seu relato dos últimos dias antes da tomada do poder por Hitler, escrito em 1935, chegasse a um cofre-forte inglês; depois da guerra, seu filho Kunrat localizou-o e o publicou.]

"'Mas, caso haja uma nova crise como a de 30 de junho de 1934 e caso as Forças Armadas se vejam envolvidas na situação', acrescentava Hammerstein, 'então seria perfeitamente possível que certas figuras do generalato se pronunciassem a favor da tomada do poder pelos militares e mesmo chegassem a empreendê-la.' Bem mais provável, contudo, seria que os poucos generais capazes de raciocínio político preferissem passar para a reserva a ter que responder pela 'pocilga'. 'Acredite em mim', dizia Hammerstein ao pé da letra, 'se o rebanho alemão escolheu um Führer desses, o rebanho que se livre dele.' Para Hammerstein, era preciso que os alemães passassem por essa experiência amarga; de outro modo, jamais aprenderiam a lição. 'Você está fugindo, você está se refugiando na posição de aristocrata!', eu lhe dizia sem meias palavras. Hammerstein sorria: 'É a única posição inteligente que um *gentleman* pode assumir hoje em dia. Não sou nenhum 'herói', você me toma por quem não sou. Quando chega a hora, eu sustento minha posição. Mas não vou sair empurrando a roda da história, como vocês!'. E então ele disse uma coisa que me desarmou por completo: 'Sou preguiçoso demais para isso!'.

"A explicação seguinte sobre a preguiça como traço de caráter positivo, que conduz o homem ao desenvolvimento de sua razão e à ação refletida, culminou no seguinte oráculo: 'Temos tempo para pensar. A diligência é um estorvo.'"

OUTRO TIPO DE AGENTE

Sobre os movimentos de Leo Roth depois da ascensão de Hitler, sabe-se o seguinte.

Em 1933, esteve várias vezes em Paris, onde entregou a Münzenberg a peça de acusação relativa ao incêndio do Parlamento.

Em dezembro do mesmo ano, foi de carro à Suíça, fugindo do ataque da Gestapo ao aparato militar em Berlim. Na noite de Natal, encontrou-se com Wehner em Spindlermühle, na fronteira tcheca.

Em janeiro de 1934, retornou a Berlim, vivendo até maio num apartamento clandestino.

Na sequência, viajou para Moscou, onde trabalhou como instrutor na escola político-militar do Komintern. O partido ordenou que ele não voltasse à Alemanha, onde corria perigo demais.

De junho a agosto de 1934, foi enviado a Paris numa missão de "planejamento". Esta consistia em ideias mirabolantes para insurreições em Saarland e na Alemanha nazista.

Em setembro, entrou em contato com colaboradores seus em Genebra, Viena, Praga e Zurique.

No fim de setembro, foi enviado a Saarbrücken, para comandar os trabalhos de agitação do partido às vésperas do referendo sobre Saarland. Uma vez em Saarbrücken, conseguiu documentos de jornalista para Herbert Wehner e providenciou alojamento para o camarada. Com apoio de comunistas franceses, começou a criar grupos armados, que entretanto jamais entrariam em ação.

Com a vitória dos partidários da anexação de Saarland, fugiu para Amsterdam no fim de janeiro de 1935, onde trabalhou por um ano como diretor de Inteligência e instrutor responsável pelo oeste da Alemanha.

O trabalho conspiratório exigia muitas viagens com documentos falsos. Esteve ilegalmente em Düsseldorf e seguiu para Paris e Praga, onde se encontrou com Pieck e Ulbricht.

No final de julho, junto com Helga von Hammerstein, voltou a Amsterdam, onde residia num "bairro residencial elegante"; Herbert Wehner alojou-se no mesmo lugar por algum tempo.

Em outubro de 1935, teve suas primeiras desavenças com a direção do partido. Na assim chamada Conferência de Bruxelas, o Politburo decidiu expulsar Hans Kippenberger, Leo Roth e outros. Era o começo do fim do aparato militar secreto, que mais tarde, na esteira dos expurgos de Moscou, seria inteiramente liquidado.

Herbert Wehner foi encarregado de comunicar ao camarada Viktor que sua função fora abolida e que ele devia voltar a Moscou. Antes de seguir para a Rússia, Roth permitiu-se uma temporada de inverno de doze dias no Tirol, na companhia de Helga, a quem o partido também ofereceu um passaporte falso. Antes da partida, na estação de Zurique, os dois decidiram que Helga tentaria emigrar para a União Soviética, onde Leo Roth contava ficar. Roth chegou a Moscou em janeiro de 1936.

Enquanto esperava notícias dele, Helga von Hammerstein

viajou para Praga, onde mais uma vez entregou documentos do Ministério da Defesa a um funcionário do KPD, provavelmente Herbert Wehner.

UM INFILTRADO NO BENDLERBLOCK

Em junho de 1936, Leo Roth teve que decepcionar seus superiores:

Ref. Exercícios do Estado-Maior, 1936
No início de abril, recebi uma carta que informava que Von Hammerstein teria posição de *liderança* nos exercícios anuais do Estado-Maior.
A uma consulta de minha parte, recebi em 23 de abril a informação de que V. H. participaria dos exercícios do Estado-Maior e talvez mesmo os comandasse.
No começo de maio (6.5), recebi a notícia de que V. H. *não comandaria* os exercícios e de que havia polêmica em torno à questão.
Em 6 de junho, recebi uma carta [de Helga]:
"Finalmente tenho notícia sobre as perspectivas dessa viagem! Creio entender as suas razões e por isso vou deixar a viagem de lado *por ora*. (Eu me refiro à minha carta de recusa, com base na reunião *aqui*.) Mas por favor me escreva *em detalhe* e me diga se acha que estou certa. Não sei ao certo se posso me responsabilizar por isso."

As fórmulas herméticas explicam-se pelo longo treinamento conspiratório da autora da carta. "Perspectivas de viagem" refere-se provavelmente a documentos secretos sobre os tais exercícios do Estado-Maior. Helga tinha escrúpulos em transmiti-los. Mas é

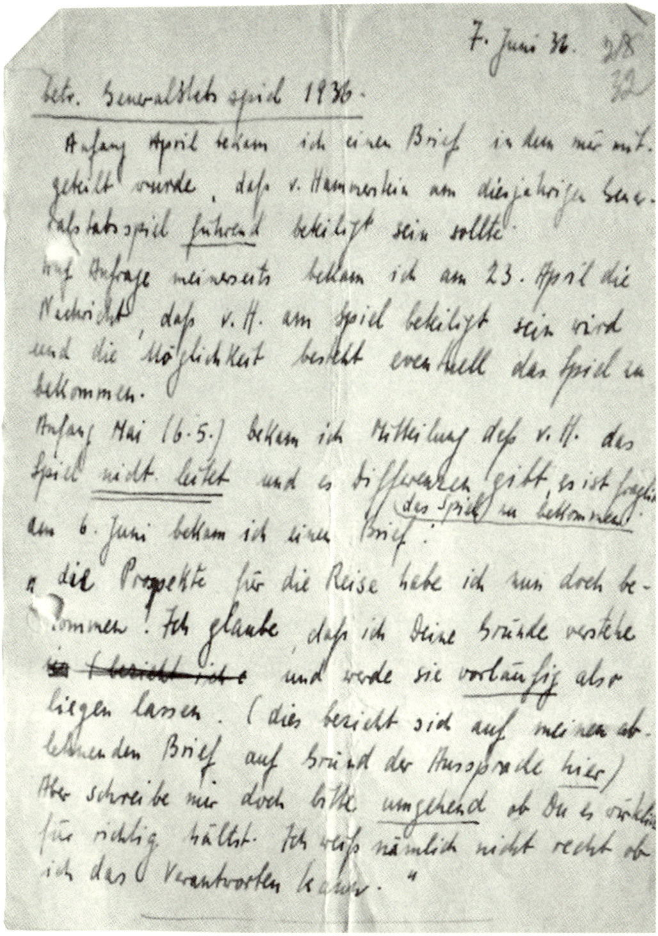

7. Juni 36. 28 32

Betr. Generalstabsspiel 1936.

Anfang April bekam ich einen Brief in dem mir mitgeteilt wurde, daß v. Hammerstein am diesjährigen Generalstabsspiel führend beteiligt sein sollte.
Auf Anfrage meinerseits bekam ich am 23. April die Nachricht, daß v. H. am Spiel beteiligt sein wird und die Möglichkeit besteht eventuell das Spiel zu bekommen.
Anfang Mai (6.5.) bekam ich Mitteilung daß v. H. das Spiel nicht leitet und es Differenzen gibt, es ist fraglich das Spiel zu bekommen.
Am 6. Juni bekam ich einen Brief:
„Die Prospekte für die Reise habe ich nun doch bekommen! Ich glaube, daß ich Deine Gründe verstehe und werde sie vorläufig also liegen lassen. (dies bezieht sich auf meinen ablehnenden Brief auf Grund der Aussprache hier) Aber schreibe mir doch bitte umgehend ob Du es wirklich für richtig hältst. Ich weiß nämlich nicht recht ob ich das verantworten kann."

Leo Roth, carta manuscrita, 7/6/1936

também muito possível que ela mesma fizesse as vezes de correio. Se é esse o caso, este foi o último serviço que ela prestou ao partido.

Os "exercícios" de que fala Roth consistiam numa viagem anual dos generais comandantes das Forças Armadas que acontecia anualmente no mês de maio. Nessa ocasião, os generais traçavam os planos do Exército para o caso de uma mobilização geral e faziam um exercício de guerra. É evidente que toda informação precisa sobre esses trabalhos era do mais alto interesse para o lado soviético.

De todo modo, a essa altura a liderança moscovita já não se apoiava exclusivamente na colaboração de Helga von Hammerstein e dispunha de outras fontes. O mesmo agente infiltrado no Ministério da Defesa que, já em 1934, informara sobre a morte de Schleicher e mandava relatórios minuciosos sobre o ânimo do Exército apresentou em julho de 1936 uma análise espantosamente fundamentada dos exercícios de guerra daquele ano. Como todos os seus relatórios, também esse foi parar na "Secretaria Centro-Europeia", um escritório adjunto ao comitê central do Komintern e dirigido por Palmiro Togliatti sob o nome de guerra de Ercoli. Seu relator, Kurt Funk, era um velho conhecido: Herbert Wehner. É provável que também a divisão estrangeira da NKVD e o Quarto Departamento do Estado-Maior do Exército Vermelho tivessem acesso a esses relatórios.

Esse desconhecido certamente tinha acesso não apenas a todos os documentos do setor operacional, mas também às discussões políticas subjacentes. É de se supor, portanto, que tivesse bons contatos no ministério e, quem sabe, também com o Serviço de Inteligência do almirante Canaris.

O planejamento estratégico estipulava um ataque à Tchecoslováquia sem prévia declaração de guerra, de modo a que se chegasse em poucos dias à capitulação do inimigo; na sequência, no oeste, seriam desferidos ataques em pinça contra o Exército francês. O dossiê alentado contém não apenas o posicionamento detalhado das tropas até o nível de batalhão, mas também uma lista de todos os participantes do exercício, entre os quais figura, surpreendentemente, o de Kurt von Hammerstein, ainda que a essa altura ele já tivesse deixado seu cargo. Não é muito claro de que modo Hammerstein pôde ser admitido a esses jogos de guerra secretos; Fritsch, seu sucessor como comandante do Exército, e Blomberg, ministro da Defesa de Hitler, viam-no com desconfiança. É possível que lealdades antigas, com as quais qualquer diretor tem que lidar, tenham desempenhado algum papel. Ou talvez se quisesse apenas contar com a experiência do general. Seja como for, sua influência era suficiente para que ele tivesse acesso aos planos do novo regime. Mas é duvidoso que Helga fosse a única a copiar esses planos e, por meio de intermediários, enviá-los a Moscou.

O relatório do agente contém ainda informação sobre o ritmo do rearmamento, sobre o fluxo de matérias-primas e sobre a logística das operações. Também as implicações relativas à política externa são discutidas em detalhe. Por fim, o agente acrescenta informações sobre as rivalidades entre o Exército e a Força Aérea e sobre a corrupção na indústria de armamentos.

Para concluir, o agente infiltrado comenta a atitude política do alto oficialato em relação aos nazistas. Ele escreve: "Quase não se encontra oficial jovem que não veja em Hitler um Führer e não aceite o nacional-socialismo como visão de mundo. O Exército é cada vez menos um fator político independente. A velha corriola de Schleicher foi destruída". Sobre o alto oficialato, diz-se o seguinte: "Eles resmungam e criticam; para os nacional-socialistas, são 'reacionários'. Mas não se nota nenhuma corrente política *ativa* entre os oficiais em posição de mando. São também inteiramente passivos diante do regime. Ninguém fala do que seria possível pôr no lugar dos nazistas ou de Hitler. Dada a psicologia do oficial alemão, uma atitude de insubordinação ao comandante em chefe me parece muito improvável. Nesses círculos, simplesmente não se fala do que poderia vir depois de Hitler. Todos tentam não pensar tão à frente, de vez que tudo logo se torna inimaginável".

Tais informações vão muito além do que Helga von Hammerstein podia retirar do cofre paterno. Mesmo assim, o serviço secreto soviético voltaria a indagar a seu respeito, já em 1941. A consulta foi dirigida a Dimítrov, que a repassou a Ulbricht. Eis a resposta deste último:

> *Confidencial!*
> 12. 5. 41/2Ex/Bi
>
> *Ref. consulta sobre a filha do general Von Hammerstein*
> Uma filha do general Hammerstein, cujo prenome desconheço, era a mulher de Viktor, do Serviço de Inteligência do KPD na época de Kippenberger. Viktor foi excluído; viajou para a União Soviética, onde foi levado à prisão. Viktor tinha ligações com o serviço secreto inglês. Pelo fim de 1936 ou início de 1937, sua mulher pediu uma reunião com o chefe do nosso Serviço de Inteligência. Essa reunião, com o camarada Nuding, teve lugar na fronteira tcheca. Até onde consigo recordar, ela se declarou disposta a manter a ligação conosco, mesmo depois da exclusão do marido. Perguntou ainda sobre uma eventual emigração para a União Soviética. Recusamos a proposta e instruímos o chefe do serviço a interromper toda ligação com ela. Desde então, não se soube mais nada a seu respeito.
>
> Ulbricht

O serviço secreto não se deu por vencido com essas informações tão escassas. No mesmo ano de 1941, consultou Herbert Wehner, na Suécia, sobre a possibilidade de recrutá-la para uma certa "Capela Vermelha". Podiam ter poupado este último esforço.

MAIS UMA VIDA DUPLA

Como se chamava o agente infiltrado que andava tão bem informado do que acontecia na Bendlerstrasse entre 1933 e 1936? A pergunta continua sem resposta. Muita coisa sugere que se tratava de um homem que muito depois da Segunda Guerra, no ano de 1990, morreu em Dresden na condição de Artista do Povo.

Como a de muitos de seus camaradas, sua vida foi ambígua, febril, dilacerada pelos turbilhões da história. Gerd Kaden, nascido em Berlim em 1891, era filho de um oficial da Saxônia que mais tarde chegaria a tenente-general da Wehrmacht. Também ele ingressou no Exército, aos quinze anos, para então se formar no Colégio Militar e ser enviado ao front na Primeira Guerra Mundial. Mas a vida militar não era de seu gosto, como tampouco eram as atitudes de sua "família conservadora e devota"; em 1918, decidiu dedicar-se à pintura. Nos anos 20, optou pelo nome artístico de Caden, talvez para tomar distância da família, e fez muito sucesso como cenógrafo. Em suas notas autobiográficas, menciona os dois grandes teatros de revista de Berlim, o Admiralpalast e o Grosses Schauspielhaus: "O Admiralpalast estreou no verão de 1925 o primeiro grande espetáculo negro, *Chocolate Kiddies*, com uma trupe negra de Nova York", e no mesmo ano o Schauspielhaus produziu um espetáculo de variedades "que fez época com uma programação inédita naqueles tempos, toda ao estilo da Broadway".

Mas esse foi apenas o primeiro passo rumo a outra vida que logo assumiu traços mais aventurescos e radicais. Caden foi por acaso a uma apresentação do Megafone Vermelho, uma trupe esquerdista de *agitprop*, e ficou tão impressionado que acabou por se aprofundar nos escritos de Marx, Engels, Mehring e Stálin; em novembro de 1930, tornou-se membro do KPD.

Um ano mais tarde, Hans Kippenberger trouxe-o para o serviço ilegal do partido. Daí em diante, passou a usar o nome de guerra de Cello ou Schellow. "Nós nos víamos raramente", conta ele, "uma vez que meu contato se dava em termos estritamente confidenciais, sempre por intermédio do camarada Leo Roth. Ele era o colaborador mais próximo de Alex. Quando o conheci, ele foi muito frio, distante, mas só até o momento em que soube que minha namorada era judia. Logo nos tornamos bons amigos. Ele era pontual como ninguém, muito prudente, muito esperto, muito bem informado. O mesmo valia para Rudi, que adorava me contar que era muito amigo da filha do general Von Hammerstein."

A tarefa de Caden consistia em se infiltrar em círculos nacionalistas, sobretudo entre os Capacetes de Aço e as Forças Armadas. Cumpriu-a com bravura. No verão de 1930, infiltrou-se como sublocatário na casa do então tenente-coronel e mais tarde general Rinck von Baldenstein, na Pariser Strasse. O dono da casa "perguntou-me se eu era o filho do general Kaden, de Dresden, ao que respondi que sim. Com isso logo travamos relação, para não dizer parentesco. Aceitavam minha vida de pintor com um sorriso nos lábios; uma tolice, mas o que fazer...". Esse papel veio a se revelar oportuno, uma vez que, nos círculos pelos quais transitava, "era chique mostrar algum interesse por arte e ter, entre os amigos e conhecidos, alguns artistas, sobretudo aqueles que usavam gravata, limpavam as unhas e tinham boas maneiras".

De resto, a sra. Von Rinck (Von der Dekken de solteira) conhecia Caden desde os tempos de Escola Militar. "Essa senhora", escreve Caden, "facilitou meu trabalho (não sei se de forma consciente ou inconsciente) do modo mais extraordinário. Minhas relações sociais com a família Von Rinck constituíram uma camuflagem excelente para o meu trabalho no período de 1931 a junho de 1938.

"O tenente-general Von Rinck trabalhava no departamento de pessoal do Ministério da Defesa e tinha acesso a muita informação privilegiada sobre as Forças Armadas. Sua casa era hospitaleira, e ele era velho colega de Escola de Guerra do general Von

Hammerstein, do sr. Von Papen e do major Pabst." [Esse Waldemar Pabst, líder miliciano que em 1919 mandou matar Karl Liebknecht e Rosa Luxemburgo e, um ano depois, participou do golpe de Kapp, saiu-se ileso de tudo e morreu em Düsseldorf em 1970 como próspero comerciante de armas.]

Mas isso não é tudo: Caden declarou-se pronto a se tornar membro dos Capacetes de Aço. "Tive que erguer a mão e fazer uma espécie de 'juramento' de que seria sempre leal aos Capacetes de Aço e de que sempre combateria furiosamente os 'comunas'." Na sequência, ingressou na Sociedade para o Estudo do Fascismo, liderada pelo próprio Pabst. A sociedade reunia-se no hotel Kaiserhof e servia de ponto de encontro para gente influente da economia e das Forças Armadas, para professores e banqueiros que simpatizavam com Hitler. Caden conquistou mais uma fonte quando o general Von Cochenhausen o admitiu a sua Sociedade Alemã de Economia e Ciências da Defesa, um círculo a que pertenciam altos oficiais e grandes industriais e que tinha acesso aos planos do Ministério da Defesa.

Por sete anos, Caden manteve precariamente essa vida dupla, para não dizer tripla. É uma proeza espantosa, que atesta seu talento, sua perseverança e seu sangue frio. De um lado, levava adiante sua carreira de pintor e escultor, frequentando os ambientes artísticos e teatrais de Berlim. Na casa do sr. Von Rinck, vivia "quase como membro da família" e se aproximava dos convidados. Como antigo militar, sabia adotar o tom próprio de um clube de oficiais e conquistava assim a confiança dos senhores da "roda". "Nesses encontros, uma taça de vinho e um charuto podiam render conversas reveladoras, que se estendiam até as primeiras horas do dia. Cheguei a uma visão bem clara das contradições entre o então comandante do Exército (general Von Fritsch) e o poder crescente da SS (Himmler). Como membro da Sociedade de Ciências da Defesa, tive permissão de testemunhar testes de campo da artilharia, exercícios com as novas baterias antiaéreas e com os bombardeios de mergulho."

E, por fim, Caden movia-se com grande desenvoltura no aparato militar do KPD. Nas noites seguintes ao incêndio do Parlamento, abrigou Kippenberger em seu ateliê e voltou a fazê-lo no outono seguinte, quando foi publicada uma ordem de prisão contra seu superior e Kippenberger teve que fugir. No ano de 1935, seu "agente de ligação" foi Helga von Hammerstein, "que então se engajara com muito empenho e coragem na luta antifascista".

Em certa ocasião, Leo Roth observa que Caden deve ter "ficado de fora", isto é, deve ter perdido parte de suas conexões no ano de 1936 — e também isso é um indício de que Caden era o agente infiltrado no Ministério da Defesa. Mesmo assim, ele seguiu com sua vida tripla até o começo de 1938, quando notou os primeiros inícios de suspeita num de seus informantes e julgou que chegara a hora de emigrar discretamente. Pôde fazê-lo por via legal, pois viajava com frequência, por conta de exposições, a Bruxelas e Paris, e tinha um passaporte válido.

Viveu na França até o começo da guerra, primeiro em Paris e depois em Sanary-sur-Mer, onde também Franz Werfel e a família Mann estiveram por algum tempo. Em 1939 e 1940, foi internado, como cidadão de país inimigo, no campo de Les Milles. Em 1942, conseguiu um visto de trânsito inglês e tomou um navio para Cuba, país que lhe franqueou a entrada. Nem ali viveu apenas como pintor; fundou o Comitê Antifascista de Cuba e militava no grupo Freies Deutschland. Em 1948, voltou à Alemanha e ingressou imediatamente no SED.

É uma pena que o velho conspirador tenha novamente oferecido seus serviços em 1954, desta feita ao Ministério de Segurança do Estado da Alemanha Oriental. No "memorando de admissão" pode-se ler o seguinte: "O candidato não demonstrou hesitação e assinou o termo de juramento. O candidato recebeu uma senha, tomou conhecimento dos encontros de controle e foi instruído em detalhe a respeito do silêncio compulsório".

DO HISTÓRICO PARTIDÁRIO DE LEO

> *Ao Departamento de Quadros Partidários*
> *Assunto: Viagem da mulher do camarada Viktor*
> 20 de abril de 1936

Viktor entrou com requerimento de permissão de viagem para sua mulher, já que nos próximos meses será deslocado para trabalhar na União Soviética.

A este respeito:

A mulher é a filha mais jovem [na verdade, a terceira] do general Von Hammerstein — o mais próximo colaborador de Hitler [!].

Ingressou em 1929, com outro nome, na Liga da Juventude Comunista, depois de passar pela Liga dos Estudantes Socialistas e pela Organização dos Estudantes, estando ativamente engajada durante todo esse período.

Em 1930 [na verdade, 1928], conheceu o camarada Viktor, que a utilizou, com a aprovação do aparato militar, em outros trabalhos de natureza secreta. Ela cumpriu meticulosamente todas as tarefas e foi retratada pelos camaradas com quem trabalhou (e não apenas por Viktor) como pessoa digna de confiança e dedicada ao partido.

Seu pedido de viagem deve ser aprovado por vários motivos.

O "Caso Hammerstein" foi abafado, provavelmente pelo próprio Hitler, pois se tratava de alguém muito próximo [!], embora a Gestapo já tivesse reunido material suficiente para suspeitar das filhas de Hammerstein. A Gestapo provavelmente só não sabia qual das três filhas estava envolvida no caso — e por isso mesmo ela corre grande perigo.

Não é apropriado deixar na Alemanha pessoas com conhecimento do "caso". No momento, ela mora em Berlim com os pais e trabalha como química no Instituto Kaiser-Wilhelm, mas continua sob ameaça.

A viagem com outros documentos é viável, pois ela possui um passaporte posto a sua disposição pelo partido, com o qual pode ir e voltar do exterior.

Não tem nenhum conhecido em Moscou. Mesmo assim, seria melhor enviá-la, acompanhada, a alguma cidade da província, para evitar que eventualmente possa se encontrar com agentes da Gestapo ou funcionários da embaixada. Ela só é conhecida, na Alemanha, por um círculo restrito das Forças Armadas.

Mertens

(O camarada Pieck concorda com a aprovação da viagem.)

SEM HELGA

Em Moscou, Roth morou primeiramente no hotel Soiúznaia. Em seu pedido de permissão de viagem para Helga, afirmava estar casado com ela desde 1930. A reposta demorou a chegar. Ele viajou então para uma casa de repouso em Suuksu, na Crimeia. Em julho, o representante alemão no Komintern escreveu ao diretor da indústria metalúrgica Nati, em Moscou: "Por decisão do Comitê Central do Partido Alemão, deve-se encontrar um trabalho para o camarada [Roth] numa empresa soviética". Não era um bom sinal. O tarimbado agente de informações interpretou essa ordem, corretamente, como um rebaixamento.

Em setembro, a liderança do partido decidiu que a entrada de Roth no PCUS "não parecia apropriada". A essa mesma altura, Leo escreve que "Helga ainda permanece na Alemanha". Sua autorização de viagem para a União Soviética não havia sido, portanto, concedida. Foi uma sorte. À maneira do que aconteceu com o namorado, ela não teria sobrevivido ao exílio em Moscou.

Roth não tinha como saber as razões que levaram à recusa de seu pedido. Na verdade, seu destino já havia sido determinado em junho de 1936. Nessa data, chegou às mãos de Dimítrov e de outros quadros do Komintern a seguinte denúncia:

> Sigilo extremo, 5 cópias
> Me / Lüch   8 de junho de 1936
>
> Estimados camaradas!
> É indispensável tomar uma decisão definitiva a respeito da seguinte questão:
> Viktor [Leo Roth] manteve contato permanente, de meados de 1933 até o fim de 1935, com as embaixadas inglesa e francesa; somos levados a crer que entregava regularmente, nos dois locais, material de suma importância, sendo pago para tal. Além disso, ele mantém relações com o serviço secreto [!].
> É fundamental solucionar esta questão, que entretanto também envolve saber o que fazer do camarada daqui em diante.

Essa notificação levava a assinatura de Grete Wilde, codinome "Edna Mertens", desde 1935 encarregada de inspecionar o aparato militar do KPD para "revelar" e "expor" aqueles em cujos atos encontrasse algo que pudesse ser usado no processo de expurgo. Essa

Grete Wilde, aliás, Mertens, delatora; Moscou, por volta de 1934

denúncia deu início ao inquérito que culminou na detenção e julgamento de Leo Roth.

O namorado judeu de Grete, Nathan Steinberger, que vivia desde 1932 em Moscou, tinha apenas dezesseis anos quando se tornou membro da Liga da Juventude Comunista em Berlim. Foi assim que conheceu as três filhas de Hammerstein: primeiro Maria Therese, depois Marie Luise e finalmente Helga. Só em 1929, quando se tornou membro do KPD, soube da espionagem que faziam para o Komintern. Em 1936 seu nome apareceu numa lista do Departamento de Quadros Partidários sobre "elementos trotskistas e inimigos no âmbito dos emigrados do KPD" que foi passada à NKVD. Em maio de 1937, Steinberger foi preso, expulso do KPD e condenado a cinco anos de detenção, mais tarde convertida em "banimento perpétuo". "No decorrer do interrogatório fui questionado sobre outras pessoas, das quais pouco ou nada conhecia. Mas um nome, para meu espanto, nunca apareceu: Leo Roth, com quem de fato estava pessoalmente ligado desde a infância. Roth fora preso alguns meses antes de mim, e era de se supor que perguntariam algo sobre minhas relações com ele. Leo foi preso no dia 4 de novembro de 1936 e fuzilado em Liubiánka em 20 de novembro. Eu me perguntava, naquele momento, como meu juiz de instrução, diante do ocorrido, avaliaria meu vínculo com Leo Roth. Pois ele era conhecido tanto do NKVD quanto da central do KPD. Sabia-se também que a correspondência de Leo, quando ele foi chamado a Moscou, era entregue em meu endereço. Eram muitos os péssimos exemplos de confusão entre relações pessoais e relações criminosas. Se, no meu caso, o inquérito não seguiu esse caminho, isso se deve, a meu ver, às seguintes razões: Roth agia como intermediário entre o aparato militar do KPD e altos oficiais das Forças Armadas. Sua companheira era a filha de um dos mais graduados oficiais das Forças Armadas, o general Von Hammerstein. Um caso tão delicado não podia ser comunicado a um juiz de instrução."

NO EMARANHADO DOS DESVIOS

Todos os partidos comunistas, ao longo de sua história, esmeraram-se em descobrir e punir erros reais ou fictícios de seus membros. Segue uma lista de possíveis desvios, na qual se vê que, pelas meras leis da lógica, ninguém poderia estar imune a acusações de suspeitas ideológicas:

Aventureirismo
Alcaguetagem
Anarquismo (pequeno-
    -burguês)
Antibolchevismo
Artesanatice
Associacionismo
Blanquismo
Bonapartismo
Brandlerismo
Capitulantismo
Centrismo
Circularismo
Conciliadorismo
Contrarrevolucionarismo
Cosmopolitismo
Culto à personalidade
Derrotismo
Direitismo
Diversionismo

Economicismo
Esquerdismo
Extremismo
Falta de confiança
Falta de princípios
Formalismo
Fracionismo
Golpismo
Grupismo
Igualitarismo
Individualismo (burguês)
Infiltração (inimiga)
Ingressismo
Inimizade de classe
Inimizade do povo
Liberalismo (indolente)
Liquidacionismo
Menchevismo
Nocividade ao partido
Nocividade ao povo

Oportunismo de direita
Oportunismo de esquerda
Provocação
Renegacionismo
Revisionismo
Sabotagem
Sectarismo

Sionismo
Social-democratismo
Social-fascismo
Social-patriotismo
Trotskismo
Trotskismo de direita
Vanguardismo

UMA MENSAGEM DE MOSCOU

No final do outono de 1936, Ruth von Mayenburg foi transferida de seu posto no Quarto Departamento do Estado-Maior do Exército Vermelho para Paris, onde recebeu uma ordem em código convocando-a para ir a Moscou. Trocando diariamente o passaporte, viajou pelo Expresso do Oriente de Viena a Istambul, onde teve que esperar dias a fio no hotel Pera Palace, porque não tinha nenhum ponto de encontro nem permissão para entrar em contato com a embaixada soviética. Uma noite, finalmente, foi conduzida a um navio cargueiro que zarpava para Odessa. De lá, tomou o trem para Moscou.

Na chegada, não encontrou na estação o marido, Ernst Fischer, membro do Politburo do Partido Comunista da Áustria no exílio. O oficial à paisana que a esperava esclareceu: "Não é culpa nossa... Ele tem outra mulher, que está até esperando um filho dele".

"Foi um choque", conta Mayenburg em suas memórias. Ela tentou entender o que estava acontecendo de fato, e pela primeira vez ficou claro que o clima político em Moscou tinha mudado definitivamente:

"Sempre quiseram me separar de Ernst. O aparato militar devia ser meu único vínculo. A época dos grandes processos políticos e perseguições tinha começado. A resistência aos quadros de liderança do Exército Vermelho crescia na GPU. Uma coisa terrível! [...]

"Ao que tudo indica, meus relatórios eram suficientemente reveladores para que Vorochílov, o Comissário do Povo para a Defesa, quisesse falar pessoalmente comigo. A reunião, muito fechada, teve lugar num apartamento particular, típico de um alto funcionário, num edifício do outro lado do rio Moscou.

"No centro da conversa estava Hammerstein. Vorochílov falou dele com enorme consideração, até mesmo com entusiasmo. Contou histórias de manobras militares e pediu informações sobre a situação do general, até sobre sua situação financeira. Discutiram ainda a vaga possibilidade de, após o desfecho fatal, com milhões de mortos e a Europa arrasada, a situação caminhar finalmente para uma revolta dos generais — que de fato aconteceria em 20 de julho de 1944. A Hammerstein seria atribuído um papel de liderança. Depois de regressar ao trabalho clandestino na Alemanha de Hitler, eu deveria transmitir, por meio de meu contato sigiloso, as saudações pessoais de Vorochílov a Hammerstein, e sondar suas intenções. Outra alternativa também foi levantada: convidar Hammerstein e toda a sua família a emigrar para a União Soviética. 'Aqui ele também pode ir à luta', pensou Vorochílov. Supor que um oficial prussiano da estatura de Hammerstein poderia, apesar de toda a sua repulsa ao regime nazista, abandonar a pátria, buscar uma situação segura e mesmo assumir um posto de comando no Exército Vermelho parecia-me, para falar claramente, um tanto idiota. 'Ele preferiria ser derrubado pelos nazistas a agir dessa forma.' 'Mas o general não é um grande inimigo de Hitler, como você afirmou?' Uma lógica que eu não conseguia entender. Por fim, a sugestão foi deixada de lado."

Restou a tentativa de atrair Hammerstein para uma revolta daqueles generais da Wehrmacht que estivessem dispostos a marchar contra Hitler. Com essa tarefa, Mayenburg, acompanhada de Lion Feuchtwanger, naquela época muito celebrado na União Soviética, viajou de Moscou a Praga, atravessando a Polônia, e seguiu depois para Berlim.

A INQUISIÇÃO

No dia 1º de setembro de 1936, Dimítrov assinou um memorando secreto do Departamento de Quadros Partidários, "Sobre trotskistas e outros elementos inimigos" do KPD no exílio. Mais de 1100 membros e funcionários do KPD foram vítimas dos expurgos stalinistas, milhares de outros foram condenados a décadas na prisão.

Em 4 de novembro de 1936, Leo Roth foi preso. Seu chefe anterior, Hans Kippenberger, também caiu na "armadilha de Moscou" (a expressão é de Reinhard Müller). Lore, sua companheira, relata que ele "chegou uma noite em casa [o hotel Lux] totalmente transtornado e disse que os relacionamentos que Rudi [Leo Roth] mantinha haviam sido simplesmente tachados de 'rede de espionagem', e que aparentemente estariam pensando numa completa aniquilação de todos os envolvidos". Kippenberger foi enviado primeiro a uma fábrica de Moscou, que produzia equipamentos gráficos e impressoras. "Ele não aguentava mais ficar sentado ali, sem fazer nada. Depois de um mês, tornou-se operário padrão, ganhando trezentos rublos. Estava magro e abatido, e dizia: 'É difícil limar ferro, o dia inteiro, com as próprias mãos.'" Ele e a mulher foram detidos um dia depois de Roth.

Até mesmo a denunciante Mertens, codinome de Grete Wilde, logo apareceu numa lista de camaradas com "desvios trotskistas e direitistas"; foi presa um ano depois de sua vítima, Leo Roth. Sua recompensa: oito anos de prisão. Walter Ulbricht, Wilhelm

Pieck, Franz Dahlem, Paul Merker e Herbert Wehner pertencem ao pequeno grupo que sobreviveu ileso ao Terror.

O caso Kippenberger pode servir de exemplo para mostrar como a inquisição procedia. Em 1935, ele já havia sido destituído por Herbert Wehner, um conhecedor daquele meio, que relatou o seguinte sobre o sistema de espionagem interna do partido: "O monitoramento, exercido pelos funcionários uns sobre os outros, era o sucedâneo da democracia asfixiada nas organizações do partido. Com a ajuda desse monitoramento, o chamado setor de informações (que se sentia a alma da organização) reunia material que servia, em parte, para a formação e aprimoramento de um arquivo, mas também para contínua informação dos dirigentes mais graduados nos distritos e no Politburo".

Nos arquivos russos conservou-se uma verdadeira enxurrada de protocolos de interrogatório sobre seu caso: uma leitura tortuosa. Quem quiser entender a paranoia planejada que presidia a esses procedimentos não pode deixar de folhear alguns desses textos. A prosa é desgastada, com repetições abundantes, nas quais as abreviações são inevitáveis; além disso, a tradutora russa não dominava completamente a gramática alemã. Por este motivo, pouparemos o leitor, a seguir, de uma reprodução diplomática exata desses textos.

Em 25 de março de 1937, após dezesseis meses de interrogatórios e inúmeras sessões de tortura, Kippenberger declarou para os autos: "Em 1934-35, durante o regime de Schleicher, a direção do partido tomou conhecimento de que o Serviço de Inteligência das Forças Armadas estava bem informado sobre as resoluções e intenções do partido, que isso era obra de agentes muito próximos da direção. Fui designado para a investigação desses fatos. Minhas suspeitas recaíram imediatamente sobre Werner Hirsch, que tinha parentes maternos nos círculos da aristocracia e das Forças Armadas".

Em 1933, esse Hirsch, antigo redator chefe da *Rote Fahne*, autor dos discursos de Thälmann e *ghost-writer* de Pieck, fora preso em Berlim, torturado e enviado a um campo de concentração. Liberado um ano depois, conseguiu escapar para Moscou, via Praga. Antes mesmo de sua chegada, iniciou-se uma investigação a seu respeito. Herbert Wehner, Grete Wilde e Kippenberger o incriminaram. Por sua vez, Hirsch acusou Kippenberger de "espião das Forças Armadas". Como disse Hannah Arendt, gerou-se em Moscou uma "atmosfera, consciente ou inconsciente, em que todo mundo espionava todo mundo, qualquer pessoa podia revelar-se um agente e todos se sentiam constantemente ameaçados".

"Em meados de fevereiro de 1933", continua Kippenberger, "recebi o protocolo do discurso que Hitler proferiu aos generais das Forças Armadas. Alguns dias depois, meu ajudante Hess [Leo Roth] comunicou-me que o Serviço de Inteligência das Forças Armadas havia tomado conhecimento de que o partido estava em posse desse discurso. Minha suspeita recaiu novamente sobre Werner Hirsch."

Em consequência disso, houve uma acareação entre Kippenberger e Hirsch.

"Questão dirigida a Werner Hirsch: O senhor confirma essa declaração de Kippenberger?

"Resposta: Não, eu a nego categoricamente. Kippenberger contou-me os detalhes da retirada dos documentos da casa do general Hammerstein. Falou da colaboração das filhas do general com o Serviço de Informações do partido.

"Questão dirigida a Kippenberger: Por que o senhor passou a perturbar conscientemente o inquérito? Com que objetivos?

"Resposta: Não posso responder a essa pergunta.

"A acareação foi interrompida."

O interrogatório prosseguiu em 25 de abril. As declarações de Kippenberger admitem uma só conclusão: nesse meio-tempo, ele

Hans Kippenberger; Moscou, 1936

foi torturado. Não ousava mais contradizer nada e confessou tudo o que os juízes do inquérito queriam ouvir, como se estivesse seguindo um roteiro detalhado.

"Questão: O senhor admite que respondeu incorretamente a todas as perguntas e questões feitas durante o interrogatório?

"Resposta: Meu comportamento pode ser explicado pelo fato de que, desde 1929, trabalho para o Serviço de Inteligência das Forças Armadas. Estive em contato direto com [Ferdinand] von Bredow, diretor do Serviço de Inteligência das Forças Armadas e homem de confiança do general Schleicher. Informações sobre a existência de um importante agente infiltrado nos círculos mais próximos da direção do partido foram ventiladas pela primeira vez em 1931. Essa notícia me deixou intranquilo, pois vi que meu trabalho em favor do Serviço de Inteligência das Forças Armadas podia ser descoberto, caso eu não transferisse as suspeitas para outra pessoa. Aos poucos, levantei contra Werner Hirsch uma série de incriminações conscientemente mentirosas, mas dificilmente verificáveis.

"Questão: Por que razão o senhor trabalhou para o Serviço de Inteligência das Forças Armadas alemãs?

"Resposta: Dediquei-me a esse trabalho por causa de minhas convicções nacionalistas.

"Questão: O prisioneiro Hess alega que, com a sua aprovação, entrou em contato com a Inteligência inglesa durante o verão de 1933, cumprindo uma tarefa que lhe foi diretamente confiada. O senhor confirma isso?

"Resposta: Sim, Hess entrou em contato com a Inteligência inglesa seguindo minhas instruções.

"Questão: Com que objetivo o senhor utilizou o Serviço de Inteligência do partido, que o senhor dirigia, para fins de espionagem militar em favor dos ingleses?

"Resposta: Fui incumbido disso pelo diretor do Serviço de

Inteligência, Bredow. Ele me explicou que fazia parte daquele círculo de oficiais das Forças Armadas que considerava inadmissível o regime de Hitler e via a salvação da Alemanha no estabelecimento de uma ditadura militar. Assim, disse Bredow, os fins justificariam os meios.

"O interrogatório foi interrompido.

"Li e confirmo a veracidade deste protocolo.

"Hans Kippenberger."

Werner Hirsch, que havia sido preso muito antes da acareação, morreu em 1941, em decorrência dos vários anos de prisão no cárcere de Butyrski, em Moscou. Hans Kippenberger foi condenado à morte e fuzilado em 3 de outubro de 1937. Cinco semanas depois, no dia 10 de novembro, seu antigo amigo e camarada Leo Roth seguiu o mesmo caminho, no porão de execuções de Liubiánka.

Tampouco Lore, a companheira de Kippenberger, foi poupada. Ela foi intimada pelo juiz do processo, que lhe apresentou um longo protocolo do inquérito. Nele, Kippenberger descrevia como entrara em contato com Ferdinand von Bredow, o chefe do Serviço de Inteligência de Hammerstein. Estava almoçando no restaurante do Parlamento, certo dia no verão de 1932, quando um garçom se aproximou e disse que o sr. Von Bredow gostaria de falar com ele. Foi até a mesa de Bredow, que lhe perguntou por que, sendo também um veterano da Primeira Guerra, sempre dava declarações depreciativas sobre as Forças Armadas. Seria mais razoável que eles se encontrassem de vez em quando, para trocar ideias sobre o assunto.

Em suas memórias, Lore comenta esse depoimento: "Na época, fiquei muito chocada com essa 'confissão' e furiosa com Kippenberger por ele ter revelado isso no interrogatório. Naqueles tempos, algo assim era mais que suficiente para colocar um camarada na parede. E Kippenberger poderia facilmente ter se calado sobre essa relação".

Em outro interrogatório, o juiz da investigação lhe perguntou por que ela havia se voltado contra Leo Roth.

"Respondi que o achava imaturo do ponto de vista político, mas não o considerava um traidor. Então o juiz disse: 'Como Kippenberger pôde recrutar um homem como esse para um cargo de confiança? A senhora sabe quem era esse Rudi? Um vendedorzinho de uma loja suja de judeus. Feito um estudante, ele levantou o dedo e falou: eu sei o que estou fazendo! Ele vasculhava tudo, e isso depõe contra Kippenberger'. Perguntei-lhe por que falava dessa forma sobre a origem judaica de Rudi, já que ele mesmo era judeu, e pedi que me mostrasse um caso claro de traição, para que eu pudesse acreditar que Kippenberger era de fato um traidor. Ele se calou, aparentemente não havia nada a dizer. Eu disse ainda: 'Mesmo assim o senhor deixará que ele seja fuzilado?'. 'Não, ele não será fuzilado', respondeu. Falou isso com pena de mim, pois perguntou em seguida: 'A senhora sempre o amou?'. Assenti com a cabeça. De repente, fui tomada por um cansaço tal que me debrucei sobre a mesa.

"Alguns dias depois, fui levada a um quartinho, onde um funcionário me entregou um pedaço de papel com a frase 'Assine isso!'. Na mesma folha, estava escrito: 'Christina Brunner foi condenada por atividades contrarrevolucionárias a oito anos de prisão para trabalho e reeducação'. Foi assim: intimação, inquérito e condenação. Fiquei dias atordoada. Como isso era possível?"

Anna Kerff, também chamada de Lore ou Christina Brunner, foi libertada apenas em 1946. Viajou para a Alemanha Oriental e depois emigrou para a Bulgária. Escreveu suas memórias em 1972.

A TERCEIRA FILHA NA REDE DE ESPIONAGEM

Leo Roth foi conduzido, no dia 23 de fevereiro, mais de três meses após sua detenção, ao juiz de instrução. Nesse interrogatório, não apenas acusou duramente seu chefe Kippenberger, mas também falou sobre sua relação com as filhas de Hammerstein:

Protocolo de interrogatório do acusado HESS, Ernst

Já via há muito tempo os erros de Kippenberger, eu o considerava incapaz de dirigir o setor de informações do partido, mas não informei isso ao Komintern, para não causar seu aniquilamento político e pessoal. Mas agora vou falar tudo o que sei.

1) No final de 1931 ou início de 1932, um comandante do Exército Vermelho, que trabalhava oficialmente como motorista do adido militar na representação diplomática da União Soviética em Berlim, perguntou a Maria Therese von Hammerstein, uma das filhas do general e informante de nosso Serviço de Inteligência, sobre informações que ela havia nos passado a respeito das Forças Armadas. Ele apenas insinuou alguma coisa, mas sem dizer nada de explícito.

Depois dessa conversa, o Ministério do Exército exigiu que a embaixada em Berlim convocasse o tal comandante. Kippenberger sabia desse encontro com Maria Therese. Minha mulher, Helga von Hammerstein, contou-me mais tarde que o diretor de Inteligência das Forças Armadas, major-general Von Bredow, havia informado seu pai do incidente. Perguntei a Kippenberger como a Inteligência Militar tomara conhecimento do caso, e ele me respondeu que eles provavelmente tinham um agente infiltrado na embaixada soviética.

2) Em janeiro de 1931 e em fevereiro de 1932, Maria Therese trabalhou no escritório de Rolland. Desde 1914, Rolland era considerado um dos mais importantes agentes do Serviço de Informação alemão e da Inteligência Militar. Ele trabalhava ao lado do general Von Bredow e mantinha como camuflagem

um escritório na Lützowplatz onde supostamente funcionava a representação de uma firma espanhola que comercializava laranjas. Ouvi de minha mulher que Rolland também realizava, nessa época, espionagem contra a União Soviética.

No início de 1932, minha esposa Helga, sabendo que eu trabalhava para o Serviço de Inteligência, entregou-me um material do escritório de Rolland. Ela o havia conseguido com sua irmã Maria Therese, que trabalhava lá como secretária. Duas semanas depois, recebi de Kippenberger o mesmo material, mas ele havia sido deturpado e seu conteúdo não dizia nada de relevante. Kippenberger não sabia que eu tivera acesso, através de minha mulher, aos textos originais.

3) Em fevereiro de 1933 [na verdade, em janeiro de 1934] o general Reichenau ofereceu a Maria Therese um posto de secretária do adido militar em Paris. Nessa época, Maria Therese estava ligada, ainda que não completamente, a nosso Serviço de Inteligência. Comuniquei o caso a Kippenberger, que estava em Paris, e o aconselhei a estreitar laços com ela. Ela viajou para Paris, mas recebeu no mesmo dia um telegrama com a ordem de voltar imediatamente a Berlim. Sua convocação foi obra, como soubemos depois, do Serviço de Inteligência militar, uma ordem pessoal do próprio Canaris. Apenas eu e Kippenberger sabíamos da intenção de utilizar Maria Therese em Paris para nossos objetivos.

Bredow também se encontrava, nessa época, em Paris. Sabíamos ainda que o adido militar alemão, general Kühlenthal, amigo íntimo de Bredow, estava completamente a par das atividades dos líderes comunistas alemães na França, seus contatos e suas viagens secretas.

O interrogatório foi interrompido.

Li e confirmo a veracidade deste protocolo.

Ernst Hess

еэ-3.

| 27 | ВХОД. № 48/с
10 · V 19 41 г. | СОВ.СЕКРЕТНО.
ЛИЧНО. |

И К К И

тов.ДИМИТРОВУ

По имеющимся у нас данным ГАММЕРШТЕЙН Мария-Тереза, дочь германского генерала ГАММЕРШТЕЙНА-ЭКУОРД Курта, якобы в прошлом стояла очень близко к коммунистической партии Германии.

В 1933 году ГАММЕРШТЕЙН Мария-Тереза выехала в Париж на работу в немецкое посольство.

Просим сообщить известна ли Вам ГАММЕРШТЕЙН Мария-Тереза и не располагаете ли Вы данными, указывающими ее местонахождение в настоящее время и характеризующими ее.

(Ф И Т И Н)

" " мая 1941 года.-
№ 2/1/4529.

Solicitação de informações sobre Maria Therese von Hammerstein a G. Dimítrov, 1941

Essas declarações de Leo Roth levantam um bom número de questões, sobretudo a respeito de seus motivos. É altamente improvável que Maria Therese tenha alguma vez trabalhado intencionalmente para os comunistas. Contra isso, há não apenas o fato de que ela era considerada, pelos companheiros de sua irmã, como "pessoa não confiável", mas também sobretudo por sua antipatia, muitas vezes testemunhada, contra todas as doutrinas materialistas. Suas atribuições no chamado "Büro Rolland" não iam, provavelmente, muito além de mero trabalho de secretária. É possível que Maria Therese tenha conversado com suas irmãs Marie Luise e Helga sobre questões das Forças Armadas, sendo por isso utilizada como fonte. Também é plausível que Roth tenha buscado desviar para as irmãs as suspeitas que recaíam sobre sua mulher, já que elas já haviam emigrado e estavam fora do alcance tanto dos alemães como dos russos. Em maio de 1941, o serviço secreto soviético ainda perguntava a Dimítrov, secretário geral do Komintern, se havia novidades sobre o paradeiro das duas. Isso também sugere que, em Moscou, nunca se soube ao certo distinguir as filhas do general. Mesmo a burocracia stalinista não era infalível.

QUARTA GLOSA.
A GANGORRA RUSSA

Embora não haja passado muito tempo, de fato poucas décadas, desde que ela se estabilizou, "nós", os alemães, quase já esquecemos a sensação de vertigem causada pela gangorra russa ao longo de muitas gerações. Isso, por si só, é digno de nota!
Pois a oscilante relação com o nosso vizinho no Leste, ora próximo, ora distante, foi sempre promissora e funesta para ambos. O começo dessa relação obsessiva pode ser primeiro localizado na

época da Revolução Francesa. O germe de uma aliança militar foi selado já em 1793 por meio de um acordo secreto russo-prussiano voltado contra a Polônia, "a fim de combater o espírito de rebelião e a perigosa novidade". Mas aí veio o "Arqui-Inimigo" do Oeste, que era visto nesses termos pelas velhas monarquias e, com a ocupação napoleônica, também pela maioria dos alemães. Foi a contragosto que os alemães se juntaram a Napoleão em sua marcha contra os russos. À devastadora derrota napoleônica seguiu-se o retorno da lábil aliança. Um tenente-coronel chamado Clausewitz, que servia à Rússia, e um major-general prussiano chamado Yorck firmaram em Tauroggen uma primeira trégua entre os dois países. As consequências não se fizeram esperar: Napoleão é vencido, a Prússia é salva, vêm as guerras de libertação, a Batalha dos Povos em Leipzig, o Congresso de Viena, a "Sagrada Aliança" com os czares, a Polônia dividida, a tranquilidade geral.

Isso tudo aconteceu ainda como decorrência de uma clássica política de gabinete. Mas o povo em geral não queria mais subordinar-se a ela. Os poloneses, sobretudo, destacavam-se como uma ameaça à paz, mas também na Europa Ocidental surgiam percalços para os que reinavam resguardados pela graça divina. Apesar de todas as insurreições e revoluções, a aliança russo-prussiana durou quase oitenta anos. Ela repousava, de Metternich a Bismarck, sobre um cálculo político racional. O seu equilíbrio era considerado como diretriz da política externa.

Por baixo da superfície de poder político, contudo, havia muito que vicejavam outras e profundas ambivalências, rivalidades, esperanças e ressentimentos. As camadas cultas liam Tolstói e Dostoiévski, enquanto Rilke peregrinava até a Rússia. A terceira Roma era vista por muitos alemães como panaceia contra as contestações de um Ocidente frio, capitalista e desprovido de alma, no que entrava também algum laivo de antissemitismo. Mas também para a esquerda a Rússia servia como projeção de suas utopias; a esquerda simpatizava com os populistas russos e com a revolução de 1905.

Quando o governo alemão abandonou em 1890 o tratado de segurança mútua negociado por Bismarck, a gangorra se pôs novamente em movimento. Em 1914, a Rússia transformou-se mais uma vez em inimigo perigoso, e nos cartões-postais militares lia-se: "A cada tiro, um russo!". O homem inferior do Leste não foi inventado em primeira instância pelo nacional-socialismo.

Já em 1915, virou-se uma nova página. O governo imperial apoiava os bolcheviques com quantias milionárias e com o objetivo de enfraquecer seus inimigos militares, e tornou possível, a partir de uma sugestão do Estado-Maior, a viagem de Lênin para São Petersburgo. Ele retribuiu, levando o governo da União Soviética, em 1917, a discutir um cessar-fogo com a Alemanha. Menos de três meses depois chegava ao fim a aparente concórdia. O Exército alemão atacou as forças soviéticas e as acuou até a Crimeia, o Cáucaso e a Finlândia. Na sequência, Lênin viu-se coagido a fechar um acordo de paz em separado com a Alemanha.

A derrota do Império Alemão e o Tratado de Versalhes criaram uma nova situação. As duas potências, Alemanha e Rússia, viam-se, ainda que por motivos diversos, isoladas em sua política externa. Ao menos taticamente, há um interesse comum que une estados postos à margem. Um novo tratado foi assinado em 1922, em Rapallo. Também nele tinha lugar uma inclinação antipolonesa. Os alemães não tinham deixado de lado suas pretensões territoriais aos espaços perdidos em Versalhes, e os poloneses, por sua vez, reagiam com uma mistura de medo e amargura a cada tentativa de aproximação entre os seus dois vizinhos.

Motivos de ordem ideológica impediram igualmente que a gangorra se imobilizasse. Em *Considerações de um apolítico*, a inclinação antioriental encontrou sua clássica formulação, e três anos mais tarde alguém publicou um grosso livro com o título *O espí-*

rito como adversário da alma. A "cultura" alemã foi contraposta à "civilização" anglo-saxã e francesa — um confronto no qual a famosa alma russa era bem-vinda ao terreno da disputa, e como aliada. Oswald Spengler viu no universo russo "a promessa do surgimento de uma cultura no mesmo momento em que as sombras do ocaso do Ocidente se tornavam mais e mais longas", e defendia uma aliança com a União Soviética.

Para a esquerda alemã, que se encantava menos com as especulações histórico-filosóficas do que com a ditadura do proletariado, a estrela da revolução havia se erguido no Leste. Sem o exemplo do golpe de outubro, os espartaquistas e o KPD não teriam visto na república de Weimar uma perspectiva de futuro. "Não mexam com a Rússia Soviética" — esse era um mote com o qual concordava toda a esquerda. Um papel especialmente estranho coube, na década de 20, aos "esquerdistas da direita". Ainda que quisessem agir sem ligação com Moscou, esses nacional-bolcheviques compartilhavam o ódio do KPD à civilização ocidental. Ernst Niekisch, seu mais importante ideólogo, escreveu em 1926: "Ser ocidental significa: trapacear com a palavra *liberdade*, praticar crimes em nome da crença na humanidade e aniquilar os povos, conclamando-os à reconciliação".

O "espírito alemão", por sua vez, não sabia muito bem onde se meter naqueles anos. Arrastado de cá para lá entre o fascínio e o medo, a desconfiança e a esperança, cambaleava entre Leste e Oeste, esquerda e direita. Enquanto uns desenhavam o diabo bolchevique na parede, outros viam na União Soviética a salvação. Artistas, gente de teatro, escritores, encantavam-se não só pela vanguarda russa, como ainda acreditavam num novo Novo Mundo no Leste. Mesmo os nazistas não ficaram imunes à sedução russa. Goebbels escreveu em seu diário, em 1924: "Rússia, quando acordarás? O Velho Mundo espera ansioso por teu gesto libertador! Rússia, esperança de um mundo moribundo! *Ex oriente lux!* No espírito, no

Estado, nos negócios e na grande política. Homens russos, mandai os judeus ao inferno e estendei vossa mão à Alemanha".

Alguns dias após a tomada do poder, Hitler anunciou planos de intenção sensivelmente mais séria e em direção contrária. O marxismo devia ser eliminado, e os alemães deviam conseguir espaço vital no Leste por meio da sujeição dos eslavos; o ataque e a guerra seriam apenas questão de tempo.

A mudança de rumo não demorou a chegar: em 1939 veio o pacto Hitler-Stálin e a nova divisão da Polônia. A gangorra oscilava cada vez mais freneticamente, cada vez mais sem sentido; dois anos mais tarde o Exército alemão fez um ataque surpresa à União Soviética, e a guerra de extermínio no Leste reduziu "os russos" novamente a homens inferiores.

"Na relação entre russos e alemães", diz o historiador Karl Schlögel, "a guerra é a mais importante experiência compartilhada — uma espécie de capital negativo comum." Isso valia, pelo menos, para os militares dos dois lados. "Mas há ainda um dado a mais, que empresta ao infortúnio generalizado, trazido pela guerra, um viés macabro e trágico. É o fato de que, na guerra, confrontavam-se grupos de liderança que se conheciam bem e que agora praticavam o que, antes da guerra, tinham ensinado uns aos outros em manobras comuns."

E certamente a guerra levada a cabo por Hitler contra a União Soviética selou o destino dessa experiência. Na barbárie da guerra de extermínio foi a pique a velha classe de militares que haviam protagonizado a colaboração russo-alemã.

Com a vitória do Exército Vermelho e a expulsão dos alemães de todo o Leste da Europa Central, a velha e neurótica ambivalência, agora mais carregada, assumiu pela primeira vez uma feição territorial e estatal, encarnada na divisão da Alemanha e na Guerra Fria. O bem e o mal tinham agora fronteiras claramente definidas. A gangorra foi por assim dizer legalmente aparafusada, embora as velhas paixões continuassem a viver na imobilidade. A nova política alemã para o Leste significou um primeiro freio aplicado à gangorra, mas foi apenas em 1989 que o "longo caminho alemão em direção ao Ocidente" chegou a um ponto irreversível. E os esforços quiméricos que propunham pôr em questão este resultado, feitos por um governo alemão na época da segunda guerra no Iraque, não puderam mudar esse quadro. "A aliança Paris-Berlim-Moscou" não era mais que uma lembrança fantasmagórica do delírio secular de que os alemães haviam enfim se libertado. Eles se conformaram com a perda dos territórios na Silésia e na Prússia oriental, e mesmo que abrir mão da velha oposição tenha sido difícil para os poloneses, eles terão, com o tempo, de se virar sem um arqui-inimigo no Oeste.

Claro está que uma recapitulação tão rapidamente esboçada não tem nada a oferecer a quem é mais ou menos versado em história. Mas talvez possa ser útil aos que querem entender Hammerstein e seus contemporâneos.

O MARECHAL MANDA SEUS CUMPRIMENTOS

"Eu tive êxito em cumprir a importante incumbência, que carregava há semanas como um fardo, sem dela conseguir me desvencilhar, não na Alemanha fascista, mas na Itália fascista. Em Berlim não houve ocasião para que eu pudesse falar com Hammerstein. Tomei como bom augúrio que uma conversa decisiva tivesse sido marcada para acontecer na região sul do Tirol, onde tinham vivido meus antepassados. Hammerstein viajara para Bozen-Meran. Para descansar, como ele disse, o que não me convenceu.

"Num passeio pela florida região deixei com leveza, e como que por acaso, à semelhança de um lenço, cair a bomba: 'O marechal Vorochílov o cumprimenta cordialmente. E é um major do

Exército Vermelho que tem a honra de lhe trazer pessoalmente os cumprimentos do Comissário do Povo para a Defesa'.

"Por alguns minutos caminhamos sem que o silêncio fosse quebrado. O rosto do oficial prussiano, visto de lado, não acusava nenhum movimento. Tudo naquele rosto me era familiar: a clara e larga fronte, nivelada nas têmporas em ângulo reto; a estreita boca, recuada em relação a um queixo curto e energicamente proeminente; o pequeno e bem-proporcionado nariz entre as faces coradas; e depois o estranho tumor frente à orelha esquerda, que avançava em direção ao pescoço. Não tendo visto o general por algum tempo, parecia-me que a protuberância estava cada vez maior. Quando, no entanto, eu o importunava, pedindo que afinal examinasse a 'coisa', ele se tornava impaciente. 'Deixe pra lá! Não há perigo — inchaço glandular.' [Em 1943, Hammerstein faleceu do tumor cancerígeno que o seu médico, Ferdinand Sauerbruch, diagnosticou como inoperável; o médico homeopata em quem Hammerstein confiara fora mandado para a prisão pelos nazistas.]

"Foi Hammerstein quem primeiro quebrou o silêncio: 'Você esteve lá?'.

"'Sim.'

"'Os russos acham que eu poderia fazer alguma coisa?'

"'Sim.'

"'Você irá para lá de novo?'

"'Sim.'

"'O que converso agora com você não pode ser encaminhado pela embaixada em Berlim?'

"'Não.'

"Hammerstein tinha reservado alguns robustos conselhos para os russos: eles deveriam apostar tudo em melhorar a relação com os ingleses — o pacto com os franceses não os ajudaria em nada; a formação dos quadros baixo e médio do Exército Vermelho recompensaria todos os esforços. 'Tudo deve ser colocado sobre rodas' — sem o máximo de transporte motorizado, nem mesmo Clausewitz seria de ajuda.

"De resto, ele decepcionaria os seus velhos amigos (Hako leu mais que decepção em meu rosto). 'Que mais posso lhe dizer? Transmita a eles: Hammerstein-Equord retribui os cumprimentos do marechal Vorochílov. Eu não penso de maneira diferente de quando nos dávamos bem e trabalhávamos juntos. Eu não tomaria parte numa guerra contra eles.'

"Eu o esperei falar mais alguma coisa, pois a pausa no seu raciocínio indicava que ele prosseguiria. 'Diga a eles — não, isso é tudo. Mais eu não posso prometer.'

"Na despedida, ele me abraçou e perguntou: 'Você voltará a Berlim?'. Eu senti seu coração bater, a mão fez uma carícia desajeitada nos meus cabelos. A sua voz então me tirou do abismo de tristeza em que tudo à volta havia mergulhado — o barulho da estação, as pessoas apressadas, até mesmo aquele homem tão perto de mim. Acompanhado de algumas batidas fortes de seu coração, um alerta: 'Tenha cuidado com Tukhatchévski!'"

O EXÉRCITO DECAPITADO

Para essa frase estranha, há apenas uma explicação: Hammerstein, que sempre tivera boas relações, deve ter sabido de boatos que corriam no outono de 1936 no círculo da contraespionagem alemã e que diziam respeito a Mikhaíl Tukhatchévski, o marechal do Exército Vermelho.

Tukhatchévski vinha de uma família de nobres russos. Na Primeira Guerra Mundial lutara contra os alemães como tenente; foi capturado e passou alguns meses em 1916 num campo em Ingolstadt (lá conheceu Charles de Gaulle, com cuja ajuda conseguiu fugir para a França). Passando por Londres, chegou a São

Petersburgo, juntou-se ao Exército Vermelho e tomou parte na guerra contra a Polônia como general no front. Já naquela época teve um desacordo com Stálin, a quem culpou pela derrota na guerra contra a Polônia.

Sua carreira teve então uma ascensão pronunciada. Tornou-se substituto de Vorochílov, Comissário do Povo para a Defesa. Desde o início, defendeu a modernização do Exército e promoveu a preparação da guerra aérea e o desenvolvimento dos blindados. Para alcançar esses objetivos, iniciou contatos com a liderança das Forças Armadas alemãs. Nessa ocasião, conheceu Hammerstein, com quem conversava em alemão e a quem acompanhou em muitas manobras.

Não se sabe até onde ia sua crença no comunismo. O primeiro (e ilegal) general da Força Aérea da República de Weimar, o major-general Hilmar von Mittelberger, que o conheceu em 1928, expressou-se assim: "De modo geral, sabemos que ele somente se tornou comunista pelas oportunidades que se abriam. Também lhe era creditada a coragem pessoal de se arriscar a abandonar o comunismo, caso isso lhe parecesse apropriado em vista do curso dos acontecimentos", opinião sobre a qual pairam, no entanto, certas dúvidas. Certo é apenas que ele se manteve em cooperação com os alemães até o último momento, certamente por tempo demais. Ainda em outubro de 1933 ele declarava: "As Forças Armadas alemãs foram o mestre do Exército Vermelho. Não se esqueçam, é a política que nos separa, não nossos sentimentos, os sentimentos de amizade que tem o Exército Vermelho pelas Forças Armadas alemãs".

No final do outono de 1936, produziu-se uma grande e elaborada intriga de espionagem contra Tukhatchévski. Círculos ambíguos de emigrantes em Paris espalharam o boato de que um grupo de conspiradores no Exército Vermelho planejava um golpe. O objetivo desse grupo seria um atentado contra Stálin e uma ditadura militar. O SD alemão, sob o comando de Heydrich, levou

O jovem soldado Tukhatchévski

adiante essas afirmações inventadas e apresentou documentos falsos que pareciam comprová-las. Heydrich usou para tanto textos provenientes dos trabalhos de colaboração com as Forças Armadas que continham a assinatura original de Tukhatchévski. Entre esses papéis, havia também cartas de Hammerstein, datadas da década de 20, tratando de assuntos puramente rotineiros. Apenas a assinatura foi usada na falsificação. Esse material foi então encaminhado ao presidente Beneš, em Praga, por intermédio de um agente tcheco em Berlim. Hammerstein deve ter sido informado desses papéis e deve tê-los tomado por autênticos; ele intuía o que estava por vir, e queria avisar Ruth von Mayenburg das consequências e do risco que corria.

A brilhante provocação de Heydrich se mostraria efetiva. Beneš, que tomou por verdadeiros os documentos, entregou-os no dia 7 de maio de 1937 ao enviado soviético em Praga, que os levou imediatamente a Stálin. O Politburo depreendeu dos papéis falsificados que os pretensos conspiradores planejavam um trabalho conjunto com a Alemanha de Hitler. Pouco tempo depois aconteceram em Moscou as primeiras prisões. Em 26 de maio chegou a vez de Tukhatchévski. O processo perante o tribunal militar terminou com a sentença de morte contra o marechal e aqueles que foram acusados juntamente com ele; foram fuzilados no dia 11 de junho, em Liubiánka.

No expurgo subsequente, caíram três dos cinco marechais e treze dos quinze generais acusados. Nada menos que 6 mil oficiais da patente de coronel para cima foram presos e 1500 deles executados. No total, calcula-se que 30 mil quadros do Exército Vermelho tenham sido assassinados. Aliás, os juízes de Tukhatchévski tampouco sobreviveram ao processo; foram executados também.

À eclosão da Segunda Guerra, o Exército Vermelho ainda não se recuperara dessa "decapitação".

Mikhaíl Tukhatchévski pouco antes de sua execução, 1937

HELGA OU A SOLIDÃO

A morte de Leo Roth deve ter sido um duro golpe para Helga von Hammerstein. Ela nunca se pronunciou sobre essa época. Depois de 1945, também se recusou terminantemente a rever Herbert Wehner, com o qual se encontrara pela última vez em Praga, no ano de 1936. E quando Nathan Steinberger, o amigo de Leo Roth, quis informá-la sobre a morte de Leo, ela se recusou a ouvi-lo. "Nós não sabíamos de nada disso", dizem os irmãos de Helga. Seu pai, de quem não se poderia dizer o mesmo, protegeu-a enquanto viveu, omitindo e calando a sua paixão russa.

Ela nunca permaneceu desocupada. Logo depois da interrupção dos estudos escolares, estudou química numa escola privada e trabalhou por meio ano num laboratório. Vendo que dessa maneira não chegaria a uma boa qualificação, frequentou como ouvinte um curso técnico e procurou uma escola em Neukölln, um bairro proletário, para terminar o ensino médio; assim, já em 1934 e 1935 pôde prestar os exames finais. Trabalhou então, como conta Ruth von Mayenburg, por um ano no Instituto Kaiser-Wilhelm de Química e depois, até 1938, na indústria. Em 1939, formou-se com o trabalho *Contribuições ao estudo das resinas artificiais na produção de fios de viscose* no Instituto de Química da Universidade Técnica de Berlim.

Só então ela começou um novo relacionamento; por meio de um amigo comum, o pintor berlinense Oskar Huth, conheceu um rapaz que era duas cabeças mais alto que ela e que a agradou. Politicamente, estavam de acordo. Antes de 1933, tinham frequentado o mesmo ambiente de militantes de esquerda, e, cada qual a seu modo, ambos tinham se afastado do comunismo, o mais tardar em 1936. Ligavam-se mais fortemente a uma antroposofia de laivos socialistas. A oposição ao nacional-socialismo era algo de subentendido.

Helga von Hammerstein, por volta de 1932/33

Walter Rossow vinha de uma família pequeno-burguesa e estudara jardinagem. Casaram-se em 1939, pouco antes da guerra. Por ocasião do Quatorze Juillet desse ano, Helga anunciou que faria uma visita a Hubert von Ranke em Paris. "Fui com ela à grande parada militar e conversamos seriamente sobre política, combinando, também, que nos manteríamos em contato, viesse o que viesse. O pai dela, o general Kurt von Hammerstein-Equord, fora afastado da sua alta posição logo depois da ascensão nacional--socialista; ele e seus colegas generais passaram a vigiar o que sucedia, e foi com total desconfiança que ele acompanhou os planos de Hitler para a guerra. Esses eram aspectos que mexiam com todos. Quando Grete [Helga] se despediu de mim, intuímos que ficaríamos longo tempo sem nos ver, se é que sobreviveríamos à época que estava por vir."

O marido de Helga foi considerado inapto para a guerra por conta de um problema no pulmão, e assim escapou da convocação. Isso permitiu que, durante a Segunda Guerra, ele se dedicasse a uma horta biodinâmica em Stahnsdorf, no sudoeste de Berlim. Essa horta foi um oásis do qual dependeu a sua sobrevivência e que se mostrou uma benção para toda a família Hammerstein e seu círculo de amigos. Os Rossow podiam abastecê-los de frutas e verduras.

QUINTA GLOSA.
SOBRE O ESCÂNDALO DA SIMULTANEIDADE

"Uma das experiências mais chocantes e ao mesmo tempo importantes na tentativa de conhecer por dentro uma época que nos é — a nós, que nascemos depois — estranha consiste na simultaneidade do não simultâneo, naquela convivência lado a lado de terror e normalidade, do conhecido e do sensacional, das manchetes e do texto em letras miúdas, do editorial e da prosa dos anúncios, das fotos retocadas de propaganda política e dos anúncios sem importância, tal como eles se enfrentam à leitura de um jornal."

Assim escreve o historiador Karl Schlögel, que continua: "Aqui temos, ao lado da proclamação de uma sentença de morte, o anúncio de um concurso de piano; reportagens sobre a ampliação da rede de cabeleireiros e produtos químicos ao lado de notícias sobre o crescente perigo de guerra. No cinema estão em cartaz comédias *à la* Hollywood, enquanto os lares na vizinha 'Casa do Governo' se esvaziam em razão das detenções. De escolas recém--construídas podem-se alcançar com os olhos as prisões e todo mundo sabe o que os caminhões negros transportam".

Schlögel cita trechos do *Pravda* e do jornal vespertino de Moscou, o *Viétchnaia Moskvá*, do ano de 1936. Mas o que ele descreve vale também para o *Münchener Abendzeitung* do ano de 1938. Num mesmo número do jornal pode-se ler o seguinte: "*Bonbonnière*: O sucesso não para! Diariamente às oito horas, uma injeção de humor... A velha sinagoga e a última sala para rezas dos judeus em Munique foram desocupadas... Imersos em problemas, deixamos passar as coisas que estão mais próximas. Experimente Schwarz Weiss, você reconhecerá, de súbito, como se pode fumar excepcionalmente bem e a bom preço... Todas as ofertas com esta estrela são trabalhadas com os produtos Immerglatt... Para as vendas do meu corpete de primeira classe, que dá especial formato ao quadril, procuro representantes aplicadas. Kleeberg Espartilhos é, desde 1933, um negócio puramente ariano... O governador Wagner acerta as contas com o judaísmo... Última apresentação. *Das Weib bei fernen Völkern* [A mulher entre povos distantes]. Segunda apresentação da noite. *Código de honra: Discrição*... Os estabelecimentos judeus estão fechados não apenas temporariamente, mas em definitivo... À mulher madura e solitária ofereço tardes ensolaradas e cheias de vida em minha companhia. Tenha jovialidade e procure a felicidade... Grande festejo do clube de caça de Ober-

Cena de rua, Moscou, 1935/36

bayern... Com a curta e bem-sucedida transferência da Firma Felsenthal & Co, fábrica de charutos e tabaco, para propriedade alemã, o processo de arianização da indústria alemã de cigarros pode ser considerado concluído... Champanhe é barato, Casa Trimborn Cabinet com adição de gás ½ garrafa 1,50... Até agora foram detidos em Munique cerca de mil judeus, para fins de averiguação; em todos os casos, os detidos tinham alguma culpa no cartório".

No entanto, em novembro de 1938, os pogroms visíveis representam antes a exceção que a regra. Ao contrário dos stalinistas, os nazistas geralmente não exibiam seus crimes, preferindo camuflá-los como "Assuntos Secretos do Reich". As não simultaneidades são, porém, comuns aos dois regimes de que trata Schlögel. Elas tem a ver com a invencível obstinação do cotidiano. Quando se tratava de moradia, casos amorosos, preocupações com dinheiro, quando o que estava em jogo era o almoço diário e as fraldas por lavar, ideologia e propaganda política encontravam em algum momento as suas limitações. Nesse sentido, pode-se falar de sociedades totalitárias, mas não totais. Mesmo nas condições extremas dos campos de concentração, os guardas nunca conseguiram levar a cabo o apagamento completo da vida cotidiana; mesmo ali ainda havia trocas, cochichos, brigas e ajuda mútua.

O mesmo vale para os restos de vida civil sob o governo de Hitler. Inúmeros nichos sobreviveram até os últimos anos da guerra. No verão, as praias ficavam lotadas, as pessoas se dedicavam a criar abelhas, jogavam futebol, colecionavam selos ou iam velejar. A unidade do povo permaneceu uma ficção. Enquanto alguns, depois do trabalho, ainda cuidavam de seus pequenos lotes na periferia, onde cultivavam plantas e hortaliças, outros iam aos chás dançantes no Adlon ou se encontravam no Jóquei Clube.

Ainda assim, não faltaram tentativas de controlar também esses resíduos de espaço vital e fazê-los úteis. O entretenimento para as massas tinha alta prioridade. Enquanto as leis raciais eram proclamadas, a UFA produzia filmes como *Immer wenn ich glücklich bin* [Sempre que estou feliz] e *Zwei mal zwei im Himmelbett* [Duas vezes dois num dossel]. No auge do rearmamento, organizavam-se — para os trabalhadores braçais como para os intelectuais — viagens de férias e cruzeiros que fariam qualquer agência de publicidade de hoje explodir de inveja. De resto, a dominação total dos anos 30 e 40 foi contida por limites técnicos. Naquela época nem se pensava nos meios de controle e observação que hoje pertencem ao dia a dia até mesmo de sociedades democráticas. Isso esclarece, talvez, o tom completamente franco, direto e descuidado de muitos diários e cartas daqueles anos, e como o constante rumor de insatisfação e crítica permaneceu sem consequências. A principal fonte de informações da Gestapo não era um mecanismo onipresente de escuta e de observação, mas a denúncia que grassava por todos os lados.

Não temos, porém, que nos consolar com a persistência, sob as condições de um tal regime, de zonas de aparente normalidade. Ao contrário, a impressão é antes de estranhamento. Aos que nasceram depois, será sempre difícil entender como alguns nichos puderam permanecer intocados pelo terror. Seja como for, o escândalo da simultaneidade não pode ser compreendido com juízos morais rapidamente esboçados, de vez que ele não se deixa remeter facilmente ao passado. Sua virulência não cessa nem mesmo sob as condições muito mais benignas do presente.

VISITAS CAMPESTRES

Sempre com a devida cautela, Hammerstein seguiu em contato com os que partilhavam suas opiniões. Entre eles, estava a família dos condes de Lynar, donos de uma propriedade rural em Spreewald. (Na década de 40, o conde foi auxiliar do marechal Erwin von Witzleben, executado depois do Vinte de Julho.)

Em seu diário, Ulrich von Hassel anota suas impressões por ocasião de uma visita em dezembro de 1937: "Estive com Kurt Hammerstein. Tem a pior opinião possível sobre este regime de 'criminosos e imbecis', e nutre pouca esperança no Exército decapitado e emasculado".

Do mesmo modo, pode-se ler numa nota memorialística do conde Carl-Hans von Hardenberg, escrita na noite de Ano-Novo de 1945, o seguinte sobre as opiniões do amigo:

"O inteligentíssimo general barão Von Hammerstein, que continuou a trabalhar em colaboração estreita com o general Beck, apesar de sua grave doença — ele morreu antes do Vinte de Julho —, defendia que se devia deixar de lado toda ideia de atentado: para ele, o alemão era tão pouco afeito à política que jamais perceberia a necessidade de um tal ato enquanto não tivesse sentido até o fim a dor na própria carne e preferiria pensar que a ambição levaria a melhor sobre o gênio de Hitler. Ponderamos a sério essa avaliação das coisas e não tínhamos como negar sua verdade. Se afinal não a seguimos, foi por considerar que era dever dos que tinham conservado a lucidez tentar impedir que a juventude alemã seguisse morrendo à toa."

A condessa Reinhild von Hardenberg recorda vários encontros daqueles anos. Ainda quando era comandante do Exército, Hammerstein e sua família muitas vezes veranearam ou passaram fins de semana em Neuhardenberg, onde a antiga comandatura ficava à sua disposição. Andavam de carroça, saíam para caçadas e gozavam do ambiente idílico.

"A estima que meu avô [o conde Carl-Hans von Hardenberg] sentia por Kurt Hammerstein derivava da coragem cívica com que ele enfrentava as imposições do regime nacional-socialista. Por toda vida, Hammerstein permaneceu fiel a homens e princípios.

"A amizade entre Kurt e Maria Hammerstein e meus pais repetiu-se na amizade entre mim e os filhos deles, sobretudo com Hildur

Conde Carl-Hans von Hardenberg

e Ludwig Hammerstein. Alto e magricela, as lentes grossas diante dos olhos míopes, Ludwig parecia sempre um pouco subnutrido. Era um hóspede frequente em Neuhardenberg e contribuía muito para a diversão geral com sua espécie de ousadia amável. Ludwig sempre foi de muita tolerância com os que pensavam diferentemente dele. Mas muitas vezes me vinha a sensação de que essa tolerância resultava sobretudo de um horror ao conflito, pois sempre que possível ele se furtava a altercações. O que torna ainda mais notável que ele tenha entrado para a Resistência sem pensar duas vezes."

Naqueles anos, os visitantes se sucediam uns aos outros no castelo de Neuhardenberg. Passavam por ali sobretudo amigos do conde, que discutiam com ele a situação política e militar: além de Hammerstein, sobretudo Kurt von Plettenberg, Ulrich von Hassell, os condes Von der Schulenburg, o general Ludwig Beck, o conde Heinrich von Lehndorff, Fabian von Schlabrendorff e Nikolaus von Halem.

O pretexto eram caçadas que faziam parte dos rituais da nobreza. Um dos filhos de Hammerstein, com quem o pai se dava bem, também costumava participar dessas reuniões.

"Na madrugada dos dias de caça, um guarda-florestal vinha acordar todos com um toque de trompa. Após um café da manhã em grupo, meu pai metia-se no bosque com os demais caçadores. Uma vez embrenhados, o guarda-florestal Ristow assinalava os postos de tiro e as trompas de caça soavam a primeira rodada. Os batedores começavam a 'tocar' a caça na direção dos atiradores, até que um segundo sinal de trompa pusesse fim à primeira rodada. Ao meio-dia, serviam sopa grossa e vinho quente no meio do bosque. No outono, caçavam-se patos; no inverno, javalis, lebres, veados e cervos. Em Tempelberg havia também abetardas, pássaros da estepe, graúdos e ariscos, que raramente se mostravam.

"Com o crepúsculo tinha fim a caça e a multidão inteira voltava ao castelo. Diante da escadaria de entrada, as presas eram separadas e dispostas sobre tábuas de pinheiro. As trompas de caça tornavam a soar, e os guardas-florestais 'cantavam' a caça: havia um apito diferente para cada espécie abatida, e no fim ressoava o apito de 'a caçada terminou'. Então, os hóspedes retiravam-se para seus quartos, preparavam-se para o jantar suntuoso no salão junto ao jardim e apareciam, pouco depois, na companhia de suas senhoras."

UMA DESPEDIDA

Em outubro de 1937, Ruth von Mayenburg veio novamente a Berlim — como sempre, com documentos esmeradamente falsificados. Ela ainda não o adivinhava, mas seus sonhos de agente secreta estavam a ponto de chegar ao fim.

"Primeiro telefonema a Hammerstein. Maria Hammerstein atendeu, um pouco fria e seca: 'Meu marido foi caçar. Não sei quando volta. A senhora vai ficar por mais algum tempo no país?'. Não, não fico mais tempo, mas gostaria de rever seu marido e toda a família. 'Nunca se sabe o que vem pela frente...' Como não me convidou a visitá-la, nunca mais fui à casa de Dahlem ou estive com os Hammerstein — a não ser em meu coração e em meus pensamentos. Só uma vez voltei a ouvir a voz de Hako, que me ligava de um telefone público na Lietzenburger Strasse: 'Está me ouvindo, moça?'. 'Está tão longe, está horrível.' 'Não estou ligando de casa. Tome cuidado, moça!' Queria me ver assim que voltasse da caçada. '*Merde à toi*, Hako! Vou caçar também...' Foi uma conversa breve, de dois caçadores, ininteligível para ouvidos destreinados; por fim, uma promessa mútua: 'Até logo!'.

"Não a cumprimos."

UMA CONVERSA PÓSTUMA COM RUTH VON MAYENBURG (III)

E: Temo estar lhe dando nos nervos com este meu interrogatório sem fim.

M: Tolice. Eu já estava esperando. Fique à vontade.

E: Li o livro que a senhora publicou em 1969 com o belo título de *Sangue azul e bandeira vermelha* e fiquei impressionado com a admiração que a senhora expressa pela União Soviética.

M: Mesmo?

E: Por exemplo, quando a senhora conta seus encontros com o marechal Vorochílov, que de resto, como a senhora mesmo diz, era um dos homens mais próximos de Stálin: "Sentir o aperto de sua mão, ver seus olhos claros era como ver de frente a face do grande partido bolchevique de Lênin que levara a Revolução ao triunfo, criara o Exército Vermelho e construíra o socialismo". E assim por diante.

M: Ah, sim. Tinha até esquecido.

E: E a senhora só fala de passagem da grande *tschiska* e do Terror, como se fossem deslizes infelizes.

M: Ora, meu caro, não é exatamente lisonjeiro fazer desfilar citações assim. Aliás, pode fumar, se quiser. Parei há tempos, mas adoro o cheiro do tabaco. Uma lembrança de velhos tempos. Já lhe contei que Hammerstein sempre andava com um bom charuto no bolso?

E: A senhora está se esquivando!

M: É claro que estou, depois de perguntas constrangedoras assim. Mas estou disposta a responder, contanto que o senhor não transforme isto num interrogatório.

E: Jamais me daria o direito.

M: Muito bem. Só fui atingida diretamente pelo expurgo na cúpula do Exército Vermelho. Primeiro, foi a corte marcial secreta

Viatchesláv Mikháilovitch Mólotov, Ióssif Vissariônovitch Djugachvíli (Stálin), Klíment Iéfremovitch Vorochílov, 1938

contra o marechal Tukhatchévski e os demais. Num certo sentido, aquilo foi como decapitar o Exército; vários dos meus superiores caíram então.

E: Foram todos condenados por traição.

M: Obra de uma campanha de desinformação dos alemães, aliás coroada de êxito. Envolveram até mesmo meu amigo Hammerstein, com documentos falsificados que ele jamais tivera em mãos — que dirá assinar! É claro que não tive nada a ver com isso. Não achava explicação para aquele extermínio da liderança do Exército.

E: E a senhora passou incólume?

M: Mais ou menos. Depois das prisões, entrou em vigor o silêncio mais completo no rádio. Meus colegas de Moscou não davam sinal de vida. Dimítrov providenciou pessoalmente para que eu fosse desligada do aparato militar e pudesse assim viver com meu marido em Moscou.

E: Ernst Fischer, não é?

M: Ele mesmo. Era um dos líderes do Partido Comunista da Áustria no exílio.

M: Vocês viviam no conhecido e notório hotel Lux...

M: ... no qual eu jamais pusera os pés antes disso. Enquanto trabalhei na ilegalidade, não tive nada a ver com o Komintern. Teria sido impensável, por razões de segurança. Trabalhei sempre para o Exército Vermelho. Era completamente distinto.

E: Melhor?

M: Pelo menos não eram ratos de escritório.

E: Talvez por isso não se encontre um histórico partidário com o seu nome nos arquivos de Moscou.

M: O Exército Vermelho cuidava bem de seus próprios segredos.

E: Fiquei também impressionado ao ver que em seu segundo livro, publicado em 1978, a senhora escreve suas memórias num

Ruth von Mayenburg, por volta de 1955

tom bem diferente. Já não se nota admiração. A senhora designa muito claramente os colaboradores dos "órgãos" soviéticos como cães de caça. E sua opinião sobre Vorochílov parece menos calorosa. A senhora o considera "simplório e, portanto, inofensivo".

M: Vivendo e aprendendo.

E: Num filme sobre o hotel Lux, dirigido por Heinrich Breloer no começo da década de 90, a senhora aparece como testemunha daqueles tempos. Fiquei admirado com a precisão com que a senhora recorda o pesadelo dos expurgos, as delações mútuas, nas quais, diz a senhora, Herbert Wehner também esteve envolvido...

M: Morávamos ao lado dele. Toda noite ficávamos esperando que a NKVD chegasse e batesse na porta para nos levar. "Voltem para a Alemanha", eu dizia aos imigrantes, "mais vale morrer sob o inimigo do que entre amigos."

E: Mas a senhora ficou até o fim.

M: Sim, até a vitória sobre Hitler.

E: E mesmo depois. Até seu retorno a Viena.

M: Se o senhor quer saber com toda precisão, foi em 1966 que deixei o partido. E meu marido, Ernst Fischer, foi expulso um ano depois da Primavera de Praga. Foi difícil para ele, mas fazia tempo que eu tinha perdido o prazer.

E: Prazer?

M: Me diga uma coisa, meu amigo, já experimentou alguma droga? Não falo do seu cigarro, mas de coisas mais refinadas, mais fortes e bem mais perigosas. Substâncias que prometem dar sentido a uma existência inútil. Um jogo de apostas altas. Uma droga perigosa, que sobe à cabeça e afasta o tédio. O comunismo foi isso para mim. Como o senhor vê, não estou falando como uma camarada. Mas já não somos fedelhos e não precisamos fazer cena um para o outro.

E: E a crise de abstinência?

M: Não há clínica que ajude nesse caso. Muitos se deram mal.

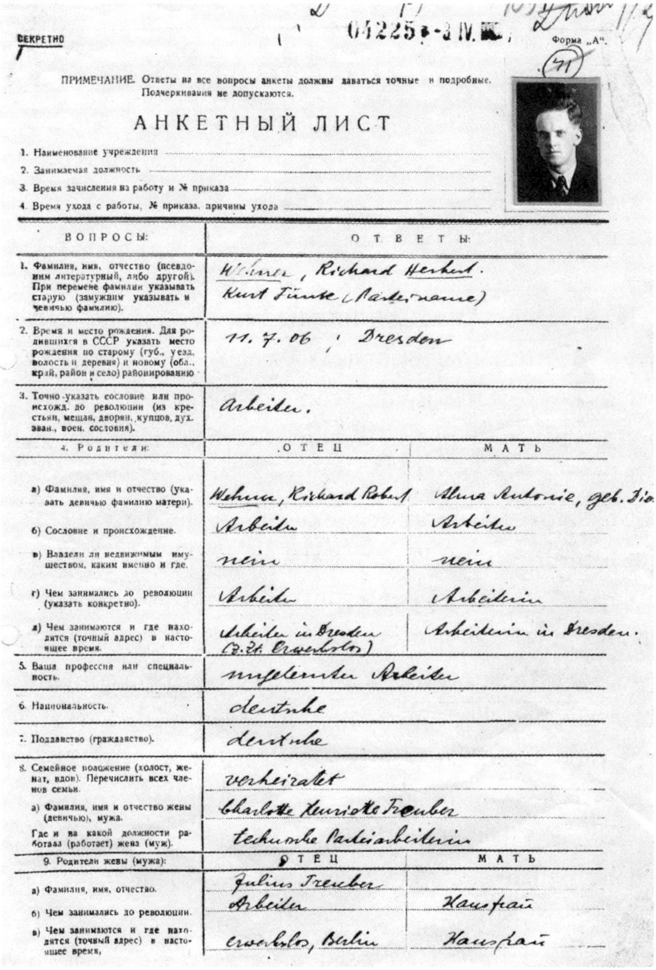

СЕКРЕТНО

04225 3 IV.

Форма „А".

(71)

ПРИМЕЧАНИЕ. Ответы на все вопросы анкеты должны даваться точные и подробные. Подчеркивания не допускаются.

АНКЕТНЫЙ ЛИСТ

1. Наименование учреждения

2. Занимаемая должность

3. Время зачисления на работу и № приказа

4. Время ухода с работы, № приказа, причины ухода

ВОПРОСЫ:	ОТВЕТЫ:	
1. Фамилия, имя, отчество (псевдоним литературный, либо другой). При перемене фамилии указывать старую (замужним указывать и девичью фамилию).	Wehner, Richard Herbert. Kurt Funke (Parteiname)	
2. Время и место рождения. Для родившихся в СССР указать место рождения по старому (губ., уезд, волость и деревня) и новому (обл., край, район и село) районированию	11. 7. 06 ; Dresden	
3. Точно указать сословие или происхожд. до революции (из крестьян, мещан, дворян, купцов, дух. зван., воен. сословия).	Arbeiter.	
4. Родители:	ОТЕЦ	МАТЬ
а) Фамилия, имя и отчество (указать девичью фамилию матери).	Wehner, Richard Robert	Alma Antonie, geb. Dio
б) Сословие и происхождение.	Arbeiter	Arbeiter
в) Владели ли недвижимым имуществом, каким именно и где.	nein	nein
г) Чем занимались до революции (указать конкретно).	Arbeiter	Arbeiterin
д) Чем занимаются и где находятся (точный адрес) в настоящее время.	Arbeiter in Dresden (z. Zt. Erwerbslos)	Arbeiterin in Dresden.
5. Ваша профессия или специальность.	ungelernter Arbeiter	
6. Национальность.	deutsche	
7. Подданство (гражданство).	deutsche	
8. Семейное положение (холост, женат, вдов). Перечислить всех членов семьи.	verheiratet	
а) Фамилия, имя и отчество жены (девичью), мужа.	Charlotte Henriette Treuber	
Где и на какой должности работал (работает) жена (муж).	technische Parteiarbeiterin	
9. Родители жены (мужа):	ОТЕЦ	МАТЬ
а) Фамилия, имя, отчество.	Julius Treuber	
б) Чем занимались до революции.	Arbeiter	Hausfrau
в) Чем занимаются и где находятся (точный адрес) в настоящее время.	erwerbslos, Berlin	Hausfrau

Documento de identificação de Herbert Wehner, Moscou, 1935

Mas, para mim, não foi drama nenhum. Foi um distanciamento gradual, quase, por assim dizer, sem que eu me desse conta. Certo dia, após a morte do meu marido, o comunismo simplesmente saiu da minha vida.

E: E não sente falta?

M: Eu me saí bem sem ele. Veja o senhor mesmo. Mas tome mais uma xícara de chá, antes que fique tarde demais.

GUERRA

Já em setembro de 1938, durante a assim chamada "Crise dos Sudetos", o comando superior da Wehrmacht quis recorrer a Hammerstein, que deveria tornar-se comandante em chefe do IV Exército, num plano de operação com o código "Caso Vermelho-Verde".

No dia 26 daquele mês, Hammerstein comemorava seu sexagésimo aniversário em Berlim. Entre os que lhe mandaram congratulações estava também o comandante do Estado-Maior do Exército, Franz Halder, sucessor de Ludwig Beck. Este abdicara em agosto, em protesto contra a perda de poder pelo comando da Wehrmacht; percebera que a condição de general de nada lhe valia e que tampouco era capaz de persuadir Hitler, que em 1934 havia assumido o posto de comandante em chefe das Forças Armadas do Terceiro Reich e instaurara a lealdade direta dos soldados à sua pessoa; dali em diante, só aceitaria no comando militar generais que não o contestassem.

Halder garantiu a Hammerstein que ele e seus amigos Beck e Adam negociariam em seu favor, caso Hitler quisesse ir à guerra. Tanto Halder como seu antecessor Beck eram membros de um grupo de conjurados que havia planejado a deposição de Hitler, na hipótese de uma reação militar da Inglaterra à Crise dos Sudetos.

Sob as ordens do general Erwin von Witzleben, reuniu-se uma tropa que deveria prender Hitler no momento da declaração de guerra. O Acordo de Munique e as concessões de Chamberlain, Daladier e Mussolini a Hitler subtraíram-lhes, no entanto, a justificação moral e política.

Hitler, aliás, não estava de maneira alguma contente com seu triunfo, ao contrário. Encarou o acordo como derrota; via a Crise dos Sudetos como oportunidade de iniciar a guerra no Leste, que ele planejava desde 1933, sem intervenção das forças do Ocidente. Até o último discurso no bunker, em 1945, defendeu a ideia de que 1938 teria sido o momento certo de iniciar a guerra. A sombra de Munique ainda o perseguia no começo da guerra na Polônia: "Minha maior preocupação é que no último minuto apareça um porco safado com um plano de mediação", disse a seus generais. Deixou em aberto a quem se referia — possivelmente apontava para o comportamento de Mussolini, que se fortalecera com a saída mais branda para a Crise dos Sudetos.

A essa altura, os generais Beck e Adam deixaram a ativa por não estarem mais dispostos a colaborar com a política de Hitler. Adam disse depois da guerra: "Hammerstein era um homem de visão muito ampla, de certo dom visionário em política. Era frio até a medula, não exibia nenhum paixão. Nunca escondeu que não se interessava muito pelo meramente militar. Na verdade, era pacifista e cidadão do mundo. Quando, em dezembro de 1939, mudou-se de Berlim para Garmisch, vaticinou em sua despedida o fim terrível que a guerra teria".

Nessa mesma época, a mulher de Hammerstein, Maria, escreveu para o filho: "Papai considera a guerra totalmente sem perspectivas; deveria ser interrompida imediatamente. Não posso escrever detalhes, não deixe de rasgar".

Depois dos exames finais da escola, Ludwig ainda pensava em seguir a carreira de oficial. O plano fracassou em razão da miopia, e ele deu início aos estudos de engenharia de minas. Quando estourou a guerra, os pais o aconselharam a não se alistar como voluntário, em hipótese alguma. Isso não o poupou da convocação. Ludwig telefonou para o conde Hardenberg, que comandava um batalhão de granadeiros em Potsdam e que o convocou imediatamente — um passo que não deixou de ter consequências. Como seu irmão Kunrat, Ludwig foi imediatamente mandado ao front, onde foi logo ferido e de onde voltou com um problema permanente de audição. Além disso, contraiu tuberculose, enquanto seu irmão Kunrat sofria de esclerose múltipla. Não deixou de ser sorte no azar: a partir de então, ambos foram liberados do serviço ativo.

É difícil explicar por que razão Kurt von Hammerstein voltou a ser posto na ativa logo antes da invasão da Polônia, ainda que por poucas semanas. No dia 31 de agosto de 1939, escreveu de Breslau a sua mulher: "Por enquanto eu sou o comandante em chefe da Silésia. Não tenho nada a fazer e por isso não faço uso do título fanfarrão".

Pouco depois, foi nomeado comandante em chefe do grupo A do Exército. Hospedou-se em Colônia, na casa do industrial de armamentos Otto Wolff, que ele conhecia bem e que se convertera, tarde demais, em inimigo de Hitler. O entusiasmo do general continuou limitado: "Quanto mais tédio aqui no Oeste, melhor", escreveu para casa. Depois do fim da campanha na Polônia, ele chegou a ser cogitado para "comandante em chefe do Leste"; mas no dia 24 de setembro foi definitivamente reformado. É possível que tenha contribuído para isso o rumor de que ele havia planejado prender Hiltler caso este visitasse o campo do Exército sob seu comando.

Esse propósito é muito discutido na historiografia sobre o período. O próprio Hammerstein nunca se manifestou a respeito. Há, no entanto, algumas testemunhas, a saber, Fabian von Schlabrendorff, que mais tarde empreendeu um fracassado atentado a bomba contra Hitler e que trabalhou muito de perto com os homens do Vinte de Julho. Ele descreve as intenções de Hammerstein da seguinte maneira:

"Uma feliz circunstância levou a que o grande general saísse do rebaixamento e recebesse o comando superior de um Exército no Reno. Traçou-se então um plano abrangente. Hitler devia ser convidado a fazer uma visita a esse exército para, justamente durante a campanha contra a Polônia e diante de uma possível reação da França, demonstrar o poderio militar do Terceiro Reich também no Reno. O general Hammerstein estava decidido a deter Hitler durante a visita e depô-lo. Quando, apesar de todos os esforços de sir Neville Henderson, as hostilidades entre a Inglaterra e o Terceiro Reich foram declaradas em 3 de setembro de 1939, às 11h15, foi-me dada a tarefa de participar aos ingleses o plano de Hammerstein. A embaixada inglesa em Berlim já havia sido evacuada, mas consegui encontrar sir George Ogilvy Forbers entre uma e duas da tarde no hotel Adlon Unter den Linden e pude cumprir minha missão.

"O plano de Hammerstein não chegou a ser executado. Hitler, que possuía um faro quase sinistro para o risco pessoal, declinou da já agendada visita ao Exército de Hammerstein. Pouco depois, ordenou a troca do comando. E assim Hammerstein voltou à reserva."

À MARGEM (II)

Mesmo após sua saída de cena, o general só aparentemente se recolheu a uma pacata vida privada. Lê-se num relatório do chefe da polícia de segurança e do SD, endereçado ao *Reichsleiter* Martin

Bormann, que Hammerstein, até pouco antes de sua morte, participara da tentativa de golpe de 1944:

> *Assunto secreto do Reich*
> Ref: 20 de julho de 1944   Berlim, 29 de julho de 1944
>
> *Homens por trás do golpe*
>
> As investigações comprovam repetidas vezes que a *preparação espiritual do golpe* veio de longa data. Werner von Alvensleben menciona, por exemplo, uma reunião noturna de senhores que ocorreu em fevereiro de 1942 na casa do falecido general Von Hammerstein. Os participantes eram Beck, Goerdeler e o redator dr. Pechel (preso há algum tempo por suas atividades hostis). Já naquele tempo, diziam que o Reich não tinha perspectivas de vitória, em razão do possível ingresso dos EUA na guerra, de modo que se devia considerar *absolutamente necessária uma saída pacífica*. Gessler recebeu (coisa que ele nega até hoje) a missão, uma vez na Suíça, *de sondar o lado inimigo*. Sendo velho conhecido de almirante Canaris, Gessler atuava para a Inteligência e a serviço dela viajou diversas vezes para a Suíça. No verão/outono de 1942, retornou com a notícia (depoimento de Alvensleben) de que *Churchill não queria tratar com um governo nacional-socialista*.

[Otto Gessler foi ministro da Defesa na República de Weimar de 1920 a 1928, obrigado a abdicar em razão do rearmamento secreto das Forças Armadas. Foi preso depois do Vinte de Julho e ficou encarcerado até o final da guerra no presídio de Ravensbrück. O jornalista Rudof Pechel foi constantemente observado pela Gestapo; mantinha contato com Goerdeler e Hammerstein, e funcionava como mensageiro da

Resistência. Preso em 1942, foi enviado a Sachsenhausen e Ravensbrück; escapou com vida e, depois de 1945, foi um dos fundadores da Democracia Cristã, a CDU.]

Os que nasceram depois talvez se perguntem por que o genocídio de judeus aparentemente não era assunto tratado nas reuniões desses grupos da Resistência. A famigerada conferência de Wannsee, em que foi decidida a organização da "Solução Final", realizou-se em janeiro de 1942. Deve-se levar em conta que esses planos foram traçados em sigilo absoluto. Os oficiais dependiam de boatos e relatos de testemunhas oculares nos territórios do Leste. No que se refere a Hammerstein, no início de 1942 ele falou em seu círculo familiar sobre "assassinato em massa organizado". No mês de dezembro seguinte ele soube pela prima de Steinhorster, que trabalhava para a Cruz Vermelha em Lemberg, que judeus haviam sido assassinados com gás. Em geral, essas informações só vieram à tona após sua morte, em abril de 1943.

Mais significativa é uma discussão que seu filho Kunrat teve três meses depois com seu mentor Carl Goerdeler, que insistia numa revolta dos militares. Kunrat pensava nas objeções de seu pai, que teria dito que, sendo uma ação armada contra Hitler obviamente correta quanto aos princípios, não se deviam subestimar as dificuldades, como muitos tendiam a fazer. Se fosse para agir assim, então o melhor seria desistir logo, pois as consequências de um fracasso seriam imensas. Os nazistas aproveitariam a ocasião para afastar seus inimigos internos e com isso aniquilar qualquer nova possibilidade. "Se alguém ousar assassinar Hitler", escreveu Kunrat em seu livro de anotações, "antes que o último alemão tenha certeza quanto ao abismo em que nos metemos por causa dele, é bem capaz que depois da guerra ressurja a lenda mentirosa de uma 'punhalada pelas costas'. Boa parte das pessoas dirá que 'Só mesmo o nosso milagreiro morto poderia ter evitado uma segunda punhalada pelas costas' e começará a disseminar novamente o velho veneno."

Kunrat disse a Goerdeler: "Por que devemos arriscar o que quer que seja pelos nossos compatriotas? Enquanto Hitler estiver vencendo, eles pouco vão se importar com os judeus". Goerdeler protestou com veemência. Kunrat, no entanto, tinha razão num ponto: só muito tarde o assassinato dos judeus ganhou importância aos olhos da Resistência militar.

DO QUARTEL-GENERAL DO FÜHRER

Hitler não se esquecera absolutamente de Hammerstein, seu antigo opositor. No meio da guerra ele voltou ao assunto em suas conversas à mesa:

> Wolfsschanze, 21 de maio de 1942.
> Os preparativos para a formação do governo (27.02.33) teriam sido dificultados pelos círculos do general Schleicher, que tentaram atrapalhá-los a todo custo. O mais próximo colaborador de Schleicher e comandante em chefe do Exército, general Von Hammerstein, não se vexou em telefonar para ele e dizer que "as Forças Armadas sob hipótese alguma poderiam aprovar sua chancelaria".
> Se acaso os homens de Schleicher pensavam que podiam abalar suas decisões com essas piadinhas, estavam redondamente enganados.
> No final da tarde de 29 de fevereiro, fora surpreendido pela notícia de um projeto mirabolante do bando de Schleicher. Conforme soubemos do primeiro-tenente [Werner] Von Alvensleben, o general V. Hammerstein havia posto a guarnição de Potsdam em alarme e dera ordem de combate. Além

disso, tencionava-se afastar o velho senhor [Hindenburg] para a Prússia Oriental.

Como medida contra essa tentativa de golpe, ele [Hitler] mobilizou toda a SA de Berlim, por meio de seu comandante berlinense, o conde Helldorf. Além disso, o major da polícia Wecke, homem de confiança, teria sido instruído a tomar as devidas providências para a ocupação da Wilhelmstrasse com seis batalhões da polícia. Por fim, teria incumbido o general V. Blomberg, futuro ministro da Defesa do Reich, de prestar juramento imediato a Hindenburg depois de sua chegada a Berlim, prevista para 30 de janeiro, por volta das oito horas, de modo que, na condição de comandante supremo das Forças Armadas, ele pudesse reprimir eventuais tentativas de golpe.

O relato é inexato. Trata-se de uma ideia fixa de Hitler. De fato, boatos de golpe correram por Berlim no dia 29 de janeiro, obra do homem de confiança de Schleicher, Werner von Alvensleben, que mais tarde desempenhou importante papel na oposição conservadora. Ele foi preso no dia 30 de junho de 1934, e uma segunda vez em 1937; mais tarde, manteve contato com seu companheiro de caça, Hammerstein, com Goerdeler e Beck; foi novamente preso, acusado e condenado; em abril de 1945, os americanos o libertaram do campo de concentração de Magdeburg.

Pouco depois da tomada do poder, Hitler se entregou à ideia de que a guarnição de Potsdam estaria aguardando ordens para evitar sua ascensão com um golpe militar. Trata-se de um equívoco. Ainda assim, Hitler soube até o final que tinha em Hammerstein um adversário digno de nota mesmo depois de sua passagem à reserva.

O FUNERAL

Antes que Hitler pudesse se vingar, Kurt von Hammerstein morreu em sua casa de Dahlem, no dia 24 de abril de 1943. Havia destruído todas as suas anotações pessoais, para que não caíssem nas mãos da Gestapo.

Seu filho Ludwig recorda-se: "A família desistiu de um funeral com as honras militares dispensadas a um general no Cemitério dos Inválidos em Berlim, pois uma bandeira de guerra do Terceiro Reich sobre o caixão teria sido uma grande ofensa". Foi necessária uma discussão acalorada com as autoridades militares; Kunrat von Hammerstein viu-se em meio a uma curiosa polêmica no Comando Geral:

"Se o caixão tem que ser coberto, peço que seja com a bandeira de guerra da Marinha dos tempos do Império ou com a bandeira das Forças Armadas do Império, porque meu pai não tem nada a ver com a atual bandeira.

"A bandeira imperial está fora de questão.

"Então, a bandeira de guerra do Império.

"Também é impossível.

"Mas ainda é utilizada oficialmente em algumas ocasiões.

"Pode até ter acontecido."

E assim por diante. Kunrat disse ao general responsável: "O senhor general há de entender que, agora que ele [o pai] está indefeso, não quero conduzi-lo ao sepultamento sob uma bandeira com a suástica".

A família também se intrometeu: "Então não vou à igreja", ameaçou a irmã Marie Luise, e Helga sugeriu que o enterro não ocorresse no Cemitério dos Inválidos, conforme estava previsto, onde Horst Wessel e outros nacional-socialistas haviam sido sepultados, e sim no cemitério dos Hammerstein em Steinhorst. Houve ainda o caso do laço ao redor da coroa que Hitler mandara.

Enterro de Kurt von Hammerstein em Steinhorst, 1943, com a viúva Maria e o filho Kunrat

Sumiu de repente, quando baixaram a coroa. Os parentes devem tê-lo "esquecido" no metrô. "Assim, após uma missa na igreja de Dahlem, Hammerstein acabou sendo enterrado no cemitério da família em Steinhorst. Apenas um caçador do conde Solm-Baruth soprou o sinal de 'a caçada terminou'."

Ursula von Kardorff escreve a respeito do 25 de abril de 1943: "Estive no enterro de Hammerstein. Uma cerimônia fria.

"Muitos generais, uma enorme coroa de Hitler, Hardenberg e muitos outros conhecidos. Com Hammerstein vai-se mais um homem em quem se depositaram muitas esperanças. Papai [Konrad von Kardorff] pintou um bonito retrato dele, muito embora na época ele já tivesse um inchaço na face, provocado por sua doença.

"Acho que não houve ninguém que se opusesse tão abertamente contra o regime, sem nenhuma precaução, sem temor algum. É incrível que nunca tenha sido preso. Dizia a quem quisesse ouvir que jamais venceríamos a Rússia, e já em 1939 prenunciava que perderíamos a guerra. Durante a cerimônia, lembrei-me de um dia que passei em Neuhardenberg; estava sentada ao lado dele num posto de tiro e segurava seu cigarro, enquanto ele atirava — e acertava. Em seu casaco simples de caça parecia bem à vontade, sem vaidade alguma. Essa aparente simplicidade contrapunha-se aos juízos cortantes, que proferia num leve dialeto berlinense, devagar, como se não tivessem importância, mas sempre certeiros. Isso lhe rendeu a fama de amargurado. Pessoas de visão apurada são facilmente lembradas com tais adjetivos.

"Comigo, Hammerstein era de uma gentileza quase paternal. 'Deixe a cabeça livre para grandes decisões', essa era a divisa daquele homem maravilhosamente preguiçoso, que não conhecia compromissos."

Depois da morte do pai, Franz von Hammerstein escreveu em seu diário: "Apesar de nunca ter falado nesse assunto, deve ter sido

Kurt von Hammerstein à paisana

horrível para ele estar ali ao lado, de olhos abertos, assistindo a Alemanha naufragar, sem que pudesse fazer nada. Poucos previram os desdobramentos tão bem quanto ele".

SEXTA GLOSA.
A PROPÓSITO DA NOBREZA

Qualquer consulta a uma lista telefônica alemã mostra que no país não faltam príncipes, condes e barões. É bastante curiosa a tenaz vitalidade com que um meio consegue se afirmar a despeito de todas as mudanças históricas e catástrofes, apesar de que, no sentido marxista, tenha deixado de representar uma classe desde que a monarquia, sua base existencial, chegou ao fim. Igualmente curiosa é a ambivalência com que é tratada pelo mundo exterior.

A mídia enxerga nisso, acima de tudo, uma fonte de boas citações; aos olhos dos americanos, trata-se de um anacronismo pitoresco. Mas também não faltam preconceito e ressentimento. Não são apenas os velhos jacobinos de esquerda que falam mal dos *Junkers* e que gostariam que esses "resquícios do passado" fossem eliminados. Na memória coletiva, a lembrança de antigas experiências de servidão, escravidão e guerra camponesa também continua viva. "Enquanto Adão cavava e Eva roçava, onde o homem nobre estava?" Num provérbio como esse, expressa-se uma reserva que, por outro lado, se casa bem com o interesse pela crônica mundana, por seus contos de fadas e seus escândalos.

É claro que tais visões são, por sua vez, anacrônicas, até porque o olhar de fora pressupõe na nobreza uma uniformidade da qual esse meio está mais que afastado. Ao contrário, a nobreza valoriza ao extremo as gradações e distinções mais sutis que se possam imaginar, justamente para que se saiba com exatidão com quem se está tratando. O almanaque de Gotha ocupa-se disso com toda minúcia genealógica. Velha nobreza, alta nobreza, nobreza militar e civil, cortesã ou rural — todos esses são mundos distintos. Antiguidade vale mais que posição e título outorgados. Sumamente indelicado, desde as desapropriações do pós-guerra, é falar em "nobreza de apartamento", na qual se incluem todos que não possuem "casa" própria, isto é, um castelo e uma propriedade adjacente. No mais, justamente as "boas" famílias veem com maus olhos qualquer sinal de presunção.

Mas é claro que esse meio pitoresco exibe também uma série de igualdades — e possivelmente são estas que explicam por que as forças vitais da nobreza não se extinguiram depois da perda de suas funções. Tenha-se em mente uma série de motivações e virtudes antiquadas. Em primeiro lugar, um característico sentido de família que perpassa muitas gerações. O cuidadoso planejamento familiar da classe média é estranho à nobreza; abundância de crianças não é a exceção, e sim a regra (Kurt e Maria von Hammerstein trataram de ter uma vigorosa descendência: nada menos que vinte netos, 42 bisnetos e vinte tataranetos).

Outros hábitos também colaboraram para a estabilidade do meio: a ajuda mútua em caso de necessidade, a hospitalidade imperativa e o desprezo do velho europeu pelas fronteiras nacionais. Ainda que os casamentos plebeus sejam aceitos em silêncio, ainda hoje a nobreza prefere casar-se entre iguais. Mesmo quando se trabalha no mercado automobilístico ou imobiliário, passa-se o verão nas terras de algum semelhante, onde se cavalga, coleciona-se porcelana, vai-se à caça e muitas vezes se cultivam diversos costumes e caprichos fora de moda.

Sem dúvida também nunca faltaram tentativas de sair do "ninho". O clã dos Hammerstein fornece exemplos retumbantes. As filhas do general manifestavam uma notável predileção por judeus e comunistas, mas nunca conseguiram livrar-se totalmente de sua origem; nesse sentido, pode-se até falar num tipo de estigma.

Mas as antigas virtudes que sobreviveram por muito tempo na sociedade paralela da nobreza não puderam imunizá-la contra as contestações políticas que a história alemã lhe preparou. E também não seria de esperar que a nobreza devesse ser mais astuta em política e mais íntegra na moral; o mais plausível é sempre que a média normal domine. Numa ditadura que, ao mesmo tempo, aproveitou e desgastou todas as tradições, justamente as expressões de conotação aristocrática como "honra", "patriotismo", "juramento à bandeira" e "lealdade" prestavam-se especialmente à instrumentalização.

Acrescente-se a isso, como em toda a Europa Ocidental, um antissemitismo bastante arraigado, apesar de suas formas civilizadas — apreciava-se consultar um médico de família, um advogado, um banqueiro judeu; essa postura tradicionalmente distante de modo algum imunizava as elites contra o ódio aniquilador dos nazistas aos judeus.

Curiosamente, como atestaram publicações recentes, foi a alta nobreza que se revelou mais suscetível aos nazistas (como é o caso das casas de Hessen e Schaumburg-Lippe), não por questões ideológicas, mas por oportunismo. O mesmo vale para grande parte da nobreza militar. Os doze anos de 1933 a 1945 mostraram-se como sua prova de fogo política.

Não eram poucos os generais da Wehrmacht que, pertencendo a esse meio, foram os responsáveis pela guerra devastadora contra a Rússia. Uma grande fileira de militares nobres foi a julgamento depois de 1945 por crimes de guerra, entre eles o marechal de campo Erich von Manstein, condenado a dezoito anos de prisão, mas libertado em 1953.

Por outro lado, quem estudar a lista de participantes na tentativa de golpe de Estado de 20 de julho de 1944 verá que constam ali mais de setenta nomes da nobreza, uma parcela bem acima de sua percentagem demográfica. Os nobres que participaram da

Resistência tiveram que pagar pelos crimes de muitos de seus iguais de sangue azul.

Conforme relata seu filho Kunrat, Kurt von Hammerstein retirou-se dos círculos da nobreza quando estes se livraram, em 1933/34, de seus membros não arianos. Transitava com certa reserva mesmo no círculo familiar; na maioria das vezes, preferia ser representado por sua mulher em encontros de família que reuniam de setenta a cem pessoas. Quanto a suas condecorações — era cavaleiro da ordem de Hohenzollern e cavaleiro dos Johanniter —, não deixava de encará-las com ironia e mal as envergava. Não o fez como um gesto de ruptura com seu meio de origem, antes como uma mostra de sua obstinação pessoal. Mais importante era que em seu clã não houvesse um único nacional-socialista. Não são muitas as famílias alemãs que podem afirmar isso de si mesmas.

UMA SALA NO BENDLERBLOCK

Afinal, quem foi esse Bendler? Um pedreiro e contramestre da Saxônia que, no começo do século XX, conseguiu se tornar chefe de distrito e proprietário em Berlim. A rua no quarteirão do Tiergarten ganhou o nome de seu construtor.

O grande complexo de prédios ao longo do canal prestou-se a fins militares durante quase um século. No edifício principal, construído em 1911 como Departamento Naval Imperial, formulou-se a política naval alemã na Primeira Guerra. Depois de 1918, o ministro da Defesa, o social-democrata Gustav Noske, transferiu-se para a antiga residência do almirante, enquanto uma grande residência oficial era colocada à disposição do comandante do Exército na antiga Bendlerstrasse, hoje Staufenbergstrasse. Ali Hammerstein sentou-se à escrivaninha durante quatro anos. Na antessala, era assistido por Margarethe von Oven, que em 1925 ocupara um cargo de secretária no Ministério da Defesa. Mas a filha de uma pobre viúva de oficial não era uma simples estenógrafa. Em 1928, como pessoa de confiança de seu chefe, passou seis meses sob nome falso na Rússia, no âmbito da cooperação secreta entre as Forças Armadas alemãs e o Exército Vermelho. Pouco depois da saída de Hammerstein, foi para o exterior, trabalhou nos escritórios militares de Budapeste e Lisboa, sob as ordens do chefe da Inteligência, o almirante Canaris, cujo escritório oficial se localizava no prédio principal do Bendlerblock. Muito tempo depois, foi braço direito de Henning von Tresckow, que participava da oposição militar. Em suas memórias, Carl-Hans von Hardenberg descreve um episódio que provavelmente remete ao ano de 1944: "Certo dia, Tresckow, Stauffenberg e a valente Margarethe von Oven, que datilografara os manifestos ao povo e ao Exército usando luvas para não deixar impressões digitais, estavam caminhando em Berlim, levando consigo as cópias dos manifestos na pasta, quando um comando surgiu sem avisar. Os oficiais saíram do carro no mesmo instante em que os três alcançavam e trancavam a porta de casa, sem fazer caso da intimação. Nesse momento, o coração dessas três pessoas valentes também bateu mais forte". Os Hammerstein encontraram-na novamente em Neuhardenberg, casada com um irmão do conde.

O complexo na Bendlerstrasse foi bastante ampliado após o início do rearmamento alemão. Durante os assassinatos de 30 de junho de 1934, o sucessor de Kurt von Hammerstein, general Von Fritsch, entrincheirou-se na antiga residência deste, atrás de uma guarda fortemente armada, temendo ataques da SS; após sua queda, quatro anos depois, o último comandante supremo do Exército, o general Brauchitsch, mudou-se para lá.

O cômodo na ala leste em que Hitler fez seu discurso no dia 3 de fevereiro de 1934 serviu a Hammersetin entre 1930 e 1934 como

Entrada do Bendlerblock, 1944

salão para convidados ilustres. A partir de 1940, serviu de escritório ao general Friedrich Fromm, comandante do Exército.

No dia 20 de julho de 1944, o marechal de campo Erwin von Witzleben e os generais Ludwig Beck, Friedrich Olbricht e Erich Hoepner transformaram esse mesmo salão em centro da tentativa de golpe. Detiveram Fromm naquela tarde e o mantiveram preso no terceiro andar, justamente na antiga residência privada de Hammerstein.

Beck, que seria o novo chefe de Estado caso o golpe tivesse êxito, foi gravemente ferido numa troca de tiros. Fromm disse-lhe que cometesse suicídio. A pedido de Beck, um segundo-sargento matou-o a tiros.

Fromm constitui-se pessoalmente em conselho de guerra e, no dia 21 de julho, ordenou que Olbricht, o conde Claus Schenk von Stauffenberg, Albrecht Mertz von Quirnheim e Werner von Haeften fossem executados no pátio interno.

A guerra foi conduzida até o final a partir do Bendlerblock. Em março e abril de 1945, o último comandante em chefe de Berlim teve ali seu posto de comando, até que o prédio fosse tomado pelas tropas soviéticas no dia 2 de maio. Para o marechal Zhukov, vencedor da batalha de Berlim, a tomada deve ter representado um estranho retorno: ele conhecia o Bendlerblock de outra época, quando fora instruído nas técnicas do Estado-Maior alemão no departamento de Tropas chefiado por Hammerstein.

Após a guerra, instalaram-se repartições públicas nos edifícios danificados. Depois o complexo foi novamente restaurado. Desde 1993, abriga novamente o Ministério da Defesa. Em 1968, foi instalado um memorial nas antigas salas de Hammerstein. Hoje, durante os dias de semana, classes barulhentas de escolares andam pela mesma sala em que Hitler fez sua primeira refeição com os generais. Essa sala é dedicada ao fracasso do golpe de Estado de 20 de julho.

O marechal Zhukov (terceiro a contar da direita) no Bendlerblock, maio de 1945

"O senhor agora é o presidente do conselho do memorial", disse um repórter em 1987 a Ludwig von Hammerstein. "Não é uma sensação estranha retornar assim a um lugar da infância? Mal se imagina um menino de onze, doze anos brincando num prédio do comando militar." "Antigamente era perfeitamente possível. Saíamos dali para ir à escola, brincávamos por ali, no fim da tarde atravessávamos todo o Ministério da Defesa, porque na outra ponta, no cais da Imperatriz Augusta, havia uma sala de ginástica que podíamos utilizar. O resultado é que eu conhecia muito bem o prédio, o que salvou a minha vida no dia 20 de julho."

UMA CONVERSA PÓSTUMA COM LUDWIG VON HAMMERSTEIN

E: Sr. Von Hammerstein, o senhor poderia me contar como entrou para a conspiração do Vinte de Julho?
L: É uma longa história.
E: Talvez esteja no sangue.
L: O senhor se refere ao meu pai. É claro que ele nunca quis nada com os nazistas, mas não me recrutou para a Resistência.
E: O senhor foi mobilizado logo no início da guerra.
L: Sim, naquele tempo escrevi em meu livro de anotações, no dia 6 de setembro: "Esta guerra é um crime ao qual todos sucumbiremos".
E: O senhor percebeu isso tão cedo assim?
L: Não era uma intuição minha. Não tinha nem vinte anos de idade. Era a conclusão de tudo o que eu ouvira naqueles dias. Quando fui para a Escola Militar em Potsdam, no início de 1941, voltei a ver meu pai na casa dele. Ele estava justamente conversando com o general Beck. Eles diziam claramente: "A próxima campanha está sendo preparada. Desta vez será contra a Rússia".

Ludwig von Hammerstein, por volta de 1940

E: E o senhor foi gravemente ferido no front russo.

L: Sim. Eu tive sorte no azar, porque então fui considerado inapto para o serviço no front. Pude até retomar meus estudos de engenharia de minas em Berlim.

E: Naquela época o senhor ainda não participava da Resistência ativa.

L: Não, o batalhão número 9, do qual eu fazia parte desde 1940, me convidava a participar das noites no clube dos oficiais de Potsdam. No dia 25 de fevereiro de 1943, dois meses antes que meu pai morresse, o conde Fritz-Dietlof von der Schulenburg, que eu não conhecia bem, me puxou de lado e perguntou: "Hammerstein, está preparado a participar de uma ação contra Hitler?". Era a hora certa. Era a época da catástrofe de Stalingrado. Minha divisão estava no caldeirão. Naquele tempo escrevi espontaneamente no meu caderno: "Dia de luto por Stalingrado, era preferível matar o sujeito a tiro". Então é claro que eu disse sim.

E: E como continuou?

L: "Ainda não sabemos exatamente quando será", explicou Fritzi Schulenburg, como o chamávamos naquele tempo, "veja se consegue arregimentar outros, porque faltam jovens que possam ajudar como ordenanças." Aceitei e tentei trazer outros. Um deles me disse: "Os nazistas que caiam sozinhos, a gente não deve se meter". Com outro eu mal pude tocar no assunto. Nem tinha falado em atentado e ele já arregalava os olhos e dizia: "Sabe, Ludwig, isso é alta traição, e eu devia denunciar". Eu respondi laconicamente: "Por favor". Sabia que os oficiais daquele regimento não eram de se denunciar uns aos outros. E ele também não o fez.

E: E o que aconteceu depois?

L: Já em março voltei a encontrar Schulenburg. Ele me disse que por ora não haveria nada. O que não sabíamos é que Fabian von Schlabrendorff e Henning von Tresckow tinham tentado mandar Hitler pelos ares com uma bomba disfarçada de presente em seu avião. A coisa falhou porque o detonador não funcionou direito. Pouco depois, num dia de homenagem aos heróis, Hitler quis visitar uma exposição e o general Von Gersdorff preparou uma bomba para matá-lo. Mas Hitler estava com pressa e passou pelas salas sem se deter. Demorou dez minutos até o detonador estar no ponto, e mais uma vez não aconteceu nada. Antes disso, meus camaradas de regimento Ewald Heinrich von Kleist e Axel von dem Bussche tinham feito planos parecidos. Certa vez, quando foram confeccionados novos uniformes para Hitler, Bussche quis aproveitar a oportunidade para um atentado; mas as amostras de uniforme queimaram num ataque aéreo e a visita foi cancelada. Bussche teve que retornar ao front, foi gravemente ferido e não pôde mais participar.

De modo que aguardávamos, fazíamos nosso trabalho ou seguíamos, como eu, os estudos e nos limitávamos a observar a situação. Estávamos mais bem informados que todos os outros. Na minha casa ouvíamos a BBC e a rádio Beromünster, e víamos Beck, Goerdeler e alguns outros.

E: O senhor não acreditou mais numa ação?

L: Pouco. Mas ela veio.

E: Quando?

L: Os primeiros avisos chegaram no começo de julho: estejam prontos! A partir daí começamos a treinar, a ficar em forma, a preparar nossas armas. A primeira data marcada foi 11 de julho. O comunicado que deveria me pôr a par não chegou a mim, mas a meu irmão Kunrat. Naquele tempo ele estudava em Leipzig e trabalhava para Goerdeler. Ele foi ao local combinado e aguardou por duas horas perto da Bendlerstrasse. Daí veio a notícia de que Hitler, Göring e Himmler não estariam presentes e a coisa foi suspensa.

No dia 15 de julho, nova tentativa. Estávamos no hotel Esplanade e esperamos algumas horas. Era muito angustiante. Mas aí chegou o nosso contato, Ewald Heinrich von Kleist, e disse: "Podem voltar para casa, não vai dar em nada de novo". Voltamos, continuamos a treinar pontaria e esperamos a próxima convocação. No dia 18 eu estava em Potsdam num belo almoço na casa de uma velha senhora. À noite encontramos, Kleist e eu, o conde Schwerin, que nos disse: "Será no dia 20".

Nesse dia, na hora do almoço, estávamos novamente no hotel Esplanade e ficamos esperando o chamado da uma às quatro da tarde. Por fim chegou a hora, pensei. Saímos imediatamente, e em dez minutos chegamos à Bendlerstrasse.

E: Quem estava com o senhor?

L: Éramos quatro: Kleist, Fritsche, Oppen e eu. Fomos levados a uma sala e ali encontramos Schwerin, Jäger, Berthold Stauffenberg, o irmão de Claus e Peter Yorck von Wartenburg.

E: Quais eram suas tarefas?

L: Primeiro deveríamos desarmar dois oficiais da SS. Depois eu deveria ir à antessala do general Olbricht para aguardar por novas instruções. Lá eu podia escutar os telefonemas que eram feitos a Paris, onde muitos estavam dispostos a participar: "Olá, *c'est bon*! Está na hora. Agir imediatamente!". Ouvi todo o vaivém e vi o entra e sai dos generais do Estado-Maior. Então Olbricht veio me buscar. De repente um ajudante escancarou a porta e gritou: "O general foi embora!". Referia-se ao comandante interino do 3º Distrito Militar, general Kortzfleisch. Ele tinha se recusado a participar e tentou fugir. Levei-o de volta à sala dele. Ele resistiu, mas eu o puxei pelo casaco. Ele gritou comigo: "Mas afinal a quem o senhor jurou lealdade?". Depois ele se acalmou e disse que só tinha um interesse: ir para casa e arrancar ervas daninhas no jardim. Comuniquei-o a Beck na nossa antiga sala de jantar, e ele disse: "Ele que fique onde está. Não queremos mais nada com ele".

Conde Peter Yorck von Wartenburg, 1943

General Friedrich Olbricht, 1942

E: E então?

L: Então veio o comunicado de que Hitler ainda estava vivo, que o regimento de sentinela não queria mais participar e que havia oficiais de Estado-Maior pelos corredores, fortemente armados com pistolas automáticas e granadas de mão. Protegi-me atrás de um armário e puxei minha pistola. Ao meu lado havia um tenente-coronel que disse: "Deixe no coldre, não adianta mais nada". Eu era completamente estranho naquela divisão e não podia reconhecer de que lado ele estava. Deixei a arma guardada, olhei para baixo no corredor e percebi que estavam atirando em Stauffenberg. Comecei a passar mal. O tenente-coronel disse: "Está havendo um golpe contra o Führer. O senhor está sob meu comando! Vamos, tranque a porta e os corredores de cima e de baixo. Vá para cima!".

Foi a minha sorte. Pensei no que fazer. Só havia uma possibilidade, fugir dali o quanto antes. Não poderia mais ajudar ninguém. Eu conhecia cada passagem, cada escada daquela casa porque morei e brinquei ali quando criança. Fui passando por atalhos, por dependências bombardeadas. Quase fiquei preso no porão porque não conseguia achar a saída. Por causa do front, meus ouvidos estavam prejudicados, eu não ouvia bem. Depois atravessei a ponte Bendler, fui até a estação e embarquei no trem. Infelizmente deixei minha pasta com a segunda pistola na sala de Olbricht. Pensei: "Com certeza vão achá-la e virão no meu encalço".

E: Um dia de azar.

L: Na minha vida já tive muita sorte e muito azar.

E: Para onde o senhor foi?

L: Fui para casa, mas minha mãe estava em Breslau, na casa de parentes. Eu disse para minha irmã Hildur, que cuidava da casa: "O golpe de Estado falhou. Tenho que desaparecer imediatamente, porque eles têm o meu nome. Vão procurar por mim aqui logo mais".

E: E os seus amigos Ewald von Kleist, Hans Fritsche e Georg Sigismund von Oppen?

L: Eles foram capturados pela Gestapo pouco tempo depois. Mas então aconteceu uma coisa curiosa: o júri popular os libertou por falta de provas. Sobrevivemos. Ainda hoje me parece um milagre.

A FUGA

As fontes que trazem o curso de uma biografia de volta à vida se assemelham a um rio. Ora borbulham demais, ora se esgotam. Foram poucos os que escreveram um diário como o de Thomas Mann, em que qualquer um pode saber o que ele comeu e com quem ele se irritou em determinado dia. Há histórias de amor do começo do século XIX cujo curso pode ser reconstruído dia após dia, às vezes hora a hora, porque naquele tempo, na falta de telefone, duas pessoas se entendiam ou brigavam por cartas acaloradas e guardavam essas provas amarradas com fita cor-de-rosa em suas gavetas. Em outras biografias abrem-se lacunas de anos, sem que nem sequer se possam adivinhar os motivos do obscurecimento.

Durante meses depois do dia 20 de julho, Kunrat von Hammerstein providenciou para que o mundo póstumo pudesse ter uma imagem precisa do que aconteceu com uma pessoa caçada pela Gestapo no verão e outono de 1944. Apesar de não ter participado da tentativa de golpe — em 20 de julho ele estava em Steinhorst —, foi incriminado por sua estreita ligação com Carl Goerdeler.

Seus livros de anotações, codificados, concebidos e conservados sob grande risco, foram mais tarde completados e publicados. Textos notáveis! Sua família conta que a ambição literária não lhe era estranha; seja como for, seus escritos muitas vezes parecem confusos. Uma profusão de detalhes e reminiscências ameaça sufocá-los. Mas são justamente esses defeitos que garantem sua autenticidade.

O que segue são alguns instantâneos de sua fuga. Ainda na noite de 22 de julho, Kunrat viajou para Berlim e à meia-noite entrou na casa de seus pais por uma janela aberta. Sua mãe gritou: "Franz, desça daí!". O irmão disse: "Ludwig esteve ontem por aqui, muito desnorteado. Goerderer não estava com ele. Você tem que voltar a Leipzig e fingir que não sabe de nada. Se dois de nós participaram, cairemos todos". Ele encontrou Ludwig na casa de uma amiga que lhe ofereceu refúgio. Ela aconselhou: "Não se apresente, mesmo que toda a família tenha que ir para um campo de concentração. Com certeza vai lhe custar a vida".

A situação de Kunrat era precária. Tinha sido dispensado da Wehrmacht em razão de seus ferimentos e mandado à Universidade de Bonn para seguir os estudos. Estava em posse de documentos que o comprovavam. Até aquele momento não tinha sido procurado. Mas devia contar com o fato de que sua ligação com Ludwig, mais cedo ou mais tarde, colocaria a Gestapo no seu encalço. Já no dia 21 de julho de 1944, a segurança do Reich formou uma comissão especial para capturar os traidores e seus ajudantes; em pouco tempo ela levou a cerca de seiscentas prisões. Havia controle em toda parte, nos hotéis, estações, na rua e no metrô.

Kunrat Hammerstein vestia o uniforme negro de sua unidade, a divisão blindada *Grossdeutschland*; a caveira na borda do colarinho confundia-se com o símbolo da SS, com a qual essa tropa não tinha absolutamente nada a ver. No bolso da capa, levava uma pistola carregada; estava pronto a se defender numa emergência.

Depois de alguns dias em Berlim, passando de um alojamento para outro, e de telefonemas tensos com amigos informados para obter alguma clareza sobre sua situação, viajou de carona — na maioria das vezes em carros militares — para Leipzig, onde se hospedou num quarto mobiliado. Ele até ia às aulas, "usava uniforme, falava de buracos de bombas com prisioneiros de guerra ingleses e cumprimentava alemães uniformizados com o braço esticado, conforme a ordem de Himmler". Ao mesmo tempo, buscava na imprensa e nos círculos de amigos informações a respeito do destino dos traidores. No dia 8 de agosto, descobriu que oito haviam sido condenados à morte e enforcados. O nome de Erwin Planck também viera à tona. O amigo da família fora preso e levado ao quartel-general da Gestapo. Também Goerdeler, com quem Kunrat ainda mantinha contato, foi procurado exaustivamente e capturado alguns dias depois, denunciado por uma mulher.

Com uma ousadia invejável, Kunrat pediu um semestre de licença de seu posto na Wehrmacht; alegou que pretendia participar de um curso de verão (que não existia) e, antes disso, gozar férias na casa de sua avó. Obteve autorização para tudo. Passou uma temporada em Breslau com a família Lüttwitz e na casa de parentes no campo, sempre atento a caçadores e denunciantes. Já chamava bastante atenção com seu 1,92 m de altura. Chegou a pensar em tentar se transferir para o front do Leste e, dali, desertar assim que possível; mas isso significaria uma nova batalha por documentos, e seu nome provavelmente se mostraria fatal.

No final de agosto, teve que arriscar mais uma viagem a Berlim, porque suas férias haviam expirado. Foi um general da SS que o levou em seu carro, carona que resultou num interrogatório de deixar os nervos à flor da pele e do qual ele se salvou por pura habilidade. Na capital, reencontrou seu irmão Ludwig na ilegalidade e estabeleceu contato com Wilhelm Scheidt, um velho amigo, que trabalhava como "encarregado especial do Führer para história militar" (e que, aliás, também providenciou para que Felix Hartlaub pudesse escrever seus *Apontamentos do quartel-general do Führer*). Chegou a falar em suicídio: "Qual é a melhor maneira de se matar com tiro?", perguntou Kunrat. "Pela boca aberta, para

Kunrat von Hammerstein e Ewald von Kleist, por volta de 1942

cima", respondeu Scheidt. Scheidt não conseguia dormir, e só o fazia com a pistola embaixo do travesseiro, para poder se matar a qualquer momento. "E *eu* faria o quê, depois?", perguntou a mulher. "Você se mata também", foi a resposta, em tom casual, "se não quiser ser torturada."

Finalmente Hammerstein viajou para Colônia, onde viveu na ilegalidade até o fim da guerra.

LEMBRANÇA DE UMA FARMACÊUTICA

Desses relatos depreende-se que, mesmo na "comunidade nacional" do Terceiro Reich havia uma sociedade civil mínima, mas persistente, com regras de jogo próprias. De uma maneira difícil de captar, reconhecia-se quem pertencia e quem não pertencia a ela. Na última fase do regime, essa comunidade de opinião não podia mais ser definida segundo a filiação a uma classe, a um programa político ou a uma determinada procedência. Antes, se percebia por um gesto, um dar de ombros, uma nuance na escolha das palavras. Na narrativa de Kunrat, referente a um período de seis semanas, surgem ao lado de oficiais e proprietários do meio dos Hammerstein os seguintes simpatizantes: uma antiga enfermeira, um funcionário público, um serralheiro, um carroceiro francês, um médico rural, um empreiteiro, uma estenógrafa tcheca de família meio judia, uma antiga comunista, um juiz militar, uma baronesa, um jardineiro, uma empregada doméstica polonesa e uma massagista. Até mesmo um policial e um homem da Gestapo agiram com reserva e o ajudaram por omissão.

Depois do golpe fracassado, não havia lugar para ações dramáticas como sabotagem ou novos planos de ataque, mas sim para um carimbo aqui e um aviso ou abrigo ali. Os ameaçados desenvolveram um sexto sentido para pessoas com quem se relacionavam. Pequenos indícios, palavras codificadas, entonações serviam-lhes como sinais de reconhecimento.

Ludwig von Hammerstein, diferentemente de seu irmão, participou diretamente do conflito no Bendlerblock. A pressão da perseguição sobre ele foi portanto mais forte. Dois dias depois do atentado fracassado, ele viajou com o último trem para Kreuzberg, para a Oranienstrasse 33, onde morava a mulher de um oficial que ele conhecia da Escola Militar. No mesmo andar morava uma farmacêutica de nome Hertha Kerp, cujo marido havia morrido. Quando começaram as deportações, essa mulher havia escondido uma senhora judia em sua farmácia. Ela logo se mostrou disposta a abrigar Hammerstein, que dormiu no chão na primeira noite. De 22 de julho até o dia da libertação, em 26 de abril de 1945, ele passou a maior parte do tempo ali; foi, por assim dizer, seu "quartel-general" até o fim. Não é preciso muita fantasia para imaginar o que isso significava para sua hospedeira, que ainda tinha que se preocupar com a farmácia. Hammerstein sentia-se a salvo ali, com ela e com sua mãe, até mesmo à vontade. Enfronhou-se nos livros de física que seus parentes arranjavam. Mas quando pediu loção capilar e devolveu a que lhe tinham mandado, por não ser a certa, sua irmã Helga perdeu a paciência: "Se continuarmos assim, logo estaremos perdidos".

Havia problemas urgentes. A longo prazo, Hammerstein não poderia sobreviver sem documentos. Helga conhecia um pintor e artista gráfico que se negara a lutar na guerra e que viveu por muito tempo na ilegalidade em Berlim sob o nome de Oskar Huth. Esse homem havia se especializado em falsificação de documentos. Quando vinha de visita, trazia vales de racionamento. Hammerstein não queria aceitá-los, pois o próprio Huth era clandestino e os vales podiam lhe fazer falta — até que Huth lhe disse: "Pode aceitar, fui eu que os fiz".

Um de seus amigos, aluno de um curso de defesa antiaérea em

Página de dados pessoais do documento militar de Ludwig von Hammerstein, 1944

Sonderausgabe
zum
Deutschen Kriminalpolizeiblatt
Herausgegeben vom Reichskriminalpolizeiamt in Berlin

Erscheint nach Bedarf	Zu beziehen durch die Geschäftsstelle Potsdam, Kaiserstraße 3
17. Jahrgang	Berlin, den 22. Dezember 1944	Nummer 5067 a

Nur für deutsche Behörden bestimmt!
Die Sonderausgaben sind nach ihrer Auswertung sorgfältig zu sammeln und unter Verschluß zu halten.

Mitteilungen zur Kriegsfahndung

Postausweise keine amtlichen Lichtbildausweise!

Nach dem RdErl. d. RFSSuChdDtPol. vom 10. 11. 44 (MBliV. S. 1131) gelten Postausweise fortan nur noch im Verkehr mit den Postanstalten. Sie werden als **amtliche Lichtbildausweise** im öffentlichen Verkehr, insbesondere bei polizeilichen und militärischen Personenkontrollen, nicht mehr anerkannt.

Alle in der Kriegsfahndung tätigen Kräfte sind hierüber zu unterrichten.
Bei Inländern können im Zusammenhang mit anderen Ausweispapieren Postausweise auch weiterhin zur Feststellung der Person herangezogen werden. In Händen von Ausländern sind Postausweise in keinem Falle als Personalpapiere oder als Ersatz von Personalpapieren anzuerkennen.

1012/44 — C 1 b —.   16. 12. 44.   Reichskriminalpolizeiamt, Kriegsfahndungszentrale

A. Neuausschreibungen

I. Raubmord durch SS-Angehörigen in Chynorany (Slowakei)

In der Nacht zum 9. 12. 44 wurde in Chynorany (Slowakei) 76jähr. Landwirtin und deren 40jähr. Tochter in ihrer Wohnung mit Beil ermordet. Hinzukommenden Sohn fesselte unbek. Täter auf Stuhl. Geraubt wurden: 3 Anzüge (schwa., gra., bla.); slow. Gendarmerie-Reithose; bla. Wintermantel; heligra. Ballonseidenmantel; 2 P. schwa. Damenstiefel; 2 P. schwa. Herrenstiefel; 830 Kronen; Herrenfahrrad „Pelikan", Nr. 424449; Koffer. Als Täter kommt der Schütze der SS-Einheit „Dirlewanger" in Frage, der sich bei der Familie 3 Tage lang einquartiert hatte. Er war im Besitze eines Marschbefehls, auf dem der Ort Dvormik verzeichnet war. Offenbar ist richtige Ortsbezeichnung Dvorrec bei Banovce (Slow.), da dort bezeichnete Einheit gelegen hat. Beschr.: Etwa 19 Jahre, etwa 1,68 m, ov. voll. Gesicht, bra. gewellte Haare, dkbra. Augen, ausgebogene kl. Nase; Wehrmachtschiffchenmütze mit schwa.-weiß-rot. Kokarde, Tarnjacke mit weiß. Futter, Feldbluse ohne Spiegel, rot. eingefaßte Schulterklappen, lg. gra. Militärhose, schwa. Stiefel, Aermelstreifen der Einheit „Dirlewanger".

Energische Fahndung! Festnahme!

C 2 a Nr. 76/44.   20. 12. 44.   Reichskriminalpolizeiamt

II. Fahnenflüchtige Wehrmachtangehörige

Wegen Fahnenflucht sind festzunehmen: Ludwig **von Hammerstein**, Stud. des Bergbaues, 17. 11. 19 Berlin, zul. Berlin-Zehlendorf, Breisacher Str. 19, bis Anfang September in Berlin illegal aufhältlich gewesen, will ins Ausland. Beschr.: 1,88 m, fast schwa. Haare, schlank; Narbe über r. Auge.

Kunrat **von Hammerstein**, stud. jur., 14. 6. 18 Berlin, zul. aufhältl. in Leipzig, jetzt möglicherweise im Rheinland (Köln, Bonn, Koblenz). Beschr.: 1,92 m, dklblo. Haare, schlank, kurzsichtig. Es handelt sich um Brüder. **Sie sind hierunter abgebildet.**

Festnehmen!

IV 1 b (S K IV) 422/44 g.   29. 11. 44.   StapoLSt Berlin

Ludwig von Hammerstein

Kunrat von Hammerstein

sind festzunehmen.

Cartaz policial, 1944

Schulzendorf, conseguiu furtar vários documentos de identificação das Forças Armadas em branco. Ludwig deixou crescer bigode e costeletas e tirou uma foto vestindo o uniforme de um amigo. Huth colou a foto no documento de identificação, aplicou-lhe um carimbo e o preencheu com dados falsos:

Sobrenome: Hegemann
Nome: Karl, Ludwig
Data de nascimento: 25 de agosto de 1917
Local de nascimento: Casa Santa Tereza (Uruguai)
Nacionalidade: Alemanha e Uruguai

Apesar do risco, o suposto sr. Hegemann saía bastante à noite, em trajes civis, mas com a pistola no bolso. Ele mantinha encontros com bons conhecidos para descobrir quem tinha sido preso e como viam a situação. Teve mesmo a audácia de voltar para casa em novembro, para encontrar-se com a irmã Helga. Demorou um tempo razoável até que a Gestapo concluísse suas investigações e os dois irmãos fossem parar na seção de procurados do jornal policial alemão, no dia 22 de dezembro de 1944.

A OFENSIVA

O atentado pôs um ponto final à indecisão do regime diante dos Hammerstein. Dali em diante não havia mais trégua.
Já no dia 21 de julho uma certa sra. Theile, vizinha em Steinhorst, onde Maria von Hammerstein vivia, fez uma denúncia por telefone contra Kunrat e sua mãe. Um homem da Gestapo, que veio de Wolfsburg, talvez tenha considerado a denunciante histérica, ou talvez simplesmente não quisesse encontrar nada; o fato é que não houve inspeção na residência.

Três semanas depois, a Gestapo revistou a casa de Berlim na Breisacher Strasse e interrogou a viúva do general no Prinz-Albrecht-Palais, sua central na Französische-Strasse. No mesmo dia, homens da Gestapo tocaram a campainha na casa da meia avó Lüttwitz em Breslau, perguntando pelos dois irmãos. Kunrat estivera ali havia pouco tempo, mas a criada negou tudo. A inspeção na casa não deu resultado e os irmãos permaneceram desaparecidos.

Depois disso, a Gestapo concentrou-se nos parentes. Primeiro em Franz von Hammerstein, o irmão mais jovem, que foi poupado da convocação. "Eu só enxergo com um olho", disse ele, "sou cego do outro. É possível que tenha sobrevivido por isso." Tinha formação em comércio e trabalhava na Krupp. Foi preso pela Gestapo por suspeita de participação na tentativa de golpe, e esperava-se que com sua ajuda os irmãos pudessem ser encontrados. "Graças a Deus", lembra-se ele, "logo não soubemos mais onde meus irmãos estavam escondidos. A partir de agosto de 1944, fiquei preso numa cela solitária na prisão da Gestapo em Moabit, sem livros, jornais, rádio, regularmente interrogado, com piolhos, mas livre de me tornar mais culpado como soldado ou na indústria de armamento, livre da responsabilidade militar pelos terríveis crimes de guerra."

Depois Helga também foi presa, sendo, no entanto, libertada depois de catorze dias; abandonaram-na à noite na rua, com febre alta e entregue ao destino. Por fim, foi a vez de Maria von Hammerstein e de sua filha mais nova; as duas foram presas no dia 1º de dezembro no presídio feminino de Moabit. Mais tarde, ficaram detidas por três meses para averiguações na prisão de Charlottenburg, na Kantstrasse. A Gestapo tinha forte convicção de que a mãe conhecia o esconderijo dos filhos e não queria libertá-la antes que ela o revelasse. Seu irmão Smilo escreveu ao marechal do campo Keitel, pedindo-lhe que tratasse da rápida libertação de sua irmã e de seus filhos. Depois de três semanas, o marechal Keitel mandou um subordinado do departamento pessoal responder: "Sua carta ao marechal Keitel é a primeira queixa que recebemos. Todas as outras expressaram gratidão pelas medidas tomadas. *Heil Hitler!*".

"Nós todos mentimos", disse Hildur; numa mensagem que conseguiu mandar para sua irmã Helga, ela escreveu: "Mamãe é muito descuidada e me põe nas situações mais absurdas. Ela provavelmente nunca vai aprender como se fala numa prisão. Por favor, me mande alguma coisa contra piolhos".

CÚMPLICES PELO SANGUE

Surpreendentemente, no dia 1º de março de 1945, Franz voltou a ver a mãe e a irmã Hildur num vagão verde que as levou à parada de trem. Com elas estavam Reinhard Goerdeler, filho de Carl Goerdeler — o pai fora executado em fevereiro em Plötzensee. O que os presos não sabiam era que seu destino era o campo de concentração de Buchenwald.

Já em novembro de 1944, o comando da Segurança do Reich lavrara uma instrução relativa à prisão de parentes de criminosos. Por parente, a dita instrução entendia o cônjuge, os filhos, irmãos, pais e todos aqueles que fossem sabidamente nocivos. Os parentes podiam ser detidos sem mandado e só eram instruídos verbalmente sobre os motivos da prisão. A sede de vingança e o calculismo da operação formavam uma mistura turva. Um plano nutrido havia tempo por Himmler estava por trás de tudo. Ele queria se apoderar desses reféns a fim de utilizá-los como reféns, movido pela noção absurda de que poderia, pelas costas de Hitler, negociar com as potências vencedoras e obter alguma vantagem para si. Usaria a parentela aprisionada como escudo diante das tropas dos aliados que avançavam — e então a ideia delirante de um reduto nas montanhas, na assim chamada Fortaleza dos Alpes, teria sua utilidade.

Hans-Günter Richardi pesquisou em detalhe o rapto de prisioneiros ilustres — mais de 130. Entre eles estavam todos os parentes dos protagonistas da Resistência alemã: ao lado das famílias Gisevius, Goerdeler, Von Hassell, Von Plettenberg, Von Stauffenberg, ali estavam Maria, Franz e Hildur von Hammerstein. Além deles, Himmler ainda se apoderou de outros reféns de dezessete nações — políticos, oficiais e funcionários de alto escalão —, contando usá-los como moeda de troca; entre eles, estava o ex-primeiro-ministro francês Léon Blum, que sabia muito bem os motivos pelos quais os nazistas o capturaram e levaram para Buchenwald: "Porque para eles, mais que um político francês, eu era um democrata socialista e judeu. Os mesmos motivos que faziam de mim um inimigo detestável também me tornavam um refém valioso. Queriam conseguir alguma vantagem. E uma negociação dessas não é possível sem opressão e ameaça, sem que a vida do refém seja posta em risco".

Alguns outros nomes:
Conde Alexander Schenk von Stauffenberg, professor de história antiga;
Condes Otto, Marquart e Marquart Jr. von Stauffenberg;
Condessas Alexandra, Elisabeth, Inez, Maria e Marie Gabriele Schenk von Stauffenberg;
Franz Halder, chefe de Estado-Maior até 1942;
Alexander von Falkenhausen, comandante em chefe na Bélgica e no norte da França até 1944;
Bogislav von Bonin, oficial do Estado-Maior do Exército;
Hjalmar Schacht, ministro da economia até 1937 e presidente do Banco Central alemão até 1939;
Hermann Pünder, secretário de Estado;

Martin Niemöller, pastor evangélico;
Fritz Thyssen, industrial, e sua mulher Amélie;
Wilhelm von Flügge, diretor da IG Farben;
Príncipe Friedrich Leopold da Prússia;
Príncipe Philipp von Hessen, embaixador alemão na Itália até 1943;
Fey von Hassel, filha do embaixador em Roma, Ulrich von Hassel;
Isa Vermehren, dançarina de cabaré na Katakombe de Werner Fincks em Berlim;
Kurt von Schuschnigg, chanceler austríaco até 1938, e sua mulher;
Príncipe Xavier de Bourbon, irmão da imperatriz Zita;
Mario Badoglio, filho do marechal italiano de mesmo nome;
Johannes van Dijk, ministro da Defesa dos Países Baixos até 1940;
Hans Lunding, chefe do Serviço de Inteligência dinamarquês;
Alexander Papagos, comandante supremo do Exército grego;
Ivan Bessónov, general do Exército Vermelho;
Miklós von Kállay, presidente da Hungria até 1944;
Miklós von Horthy, filho do mandatário húngaro;
Sigismund Payne Best, capitão do Serviço Secreto britânico;
Sante Garibaldi, general italiano.

A NECROSE DO PODER

No caos dos últimos meses da guerra, os prisioneiros foram lançados a uma insólita odisseia que, passando pelos campos de concentração de Buchenwald e Dachau, os levou à imaginária fortificação alpina do Tirol Meridional. Os guardas da SS tinham ordem de matá-los em caso de dúvida.

A partir da estação ferroviária de Weimar, aguardava-os uma marcha noturna. "Depois de duas horas e meia de caminhada, surgiram diante de nós as primeiras barreiras com luz vermelha e, sinistramente iluminada, uma tabuleta com a caveira e as tíbias cruzadas", disse Isa Vermehren, e Franz von Hammerstein relata:

"Em Buchenwald, ficamos diante do portão, tiritando, esperando. Mas não nos fizeram entrar no campo, deixaram-nos do lado de fora, num barracão cercado por muros, de modo que ficamos isolados na companhia de um grupo impressionante: Amélie e Fritz Thyssen, com quem eu jogava xadrez, vários Stauffenberg velhos e jovens, Gertrud Halder, os Kaisers, Fey von Hassel, Annelise Gisevius, a família Goerdeler e outros adultos e crianças, cada família num quartinho com beliches.

"Só depois eu me dei conta de que lá não havia apenas participantes do Vinte de Julho, mas também parentes de membros do Comitê Nacional por uma Alemanha Livre, da União Soviética, familiares de desertores e diversos outros participantes da Resistência. Todos já conheciam a detenção e a prisão e haviam passado por vários campos de concentração como Stutthof ou Ravensbrück."

Fey von Hassel escreve: "Foi uma alegria encontrar Maria Hammerstein, sua filha Hildur, cujo apelido era Puppe, e Franz, um dos seus muitos filhos. Na juventude, Maria era uma das melhores amigas da minha mãe. Iam juntas aos bailes de gala".

Como já se ouvia o fogo de artilharia na frente de batalha próxima — as tropas americanas se achavam a apenas quarenta quilômetros de Weimar —, no dia 3 de abril chegou a ordem de partir. A confusão de competências, as ordens contraditórias, a destruição dos meios de transporte e comunicação impossibilitavam uma retirada ordenada. Prisioneiros de outros campos se juntaram ao comboio; outros, por motivos incompreensíveis para todos, ficaram para trás. A viagem noturna dos restantes levou primeiramente a Flossenbürg, mas o comandante do campo se recusou a receber os presos. Estes também foram rejeitados em Regensburg, indício de dissolução das estruturas de comando. Os vigias estavam perplexos. Como contou a sra. Von Hassel, o responsável pelo transporte, um segundo-tenente da SS, "estava desesperado e nos perguntava para onde havia de nos trasportar. Simplesmente inacreditável!". Por fim, o comandante do campo de concentração de Dachau declarou-se disposto a acolhê-los.

Marie Gabriele von Stauffenberg descreve o panorama do interior da Alemanha na época: no caminho, "em toda parte colunas do que restava das tropas fracionadas, um quadro triste, refugiados na estrada. Landshut em chamas. Alarme permanente — muitas paradas e viagem vagarosa com os faróis apagados. Por todos os lados, o rubor dos incêndios tingia o céu". Sra. Von Hassell: "Ataques aéreos incessantes acompanharam a nossa viagem noturna. Veículos queimados, cadáveres de cavalos e uma multidão de desabrigados nas margens do caminho. Então atravessamos Munique. Eu fiquei estarrecida. De longe, tudo parecia intacto. Mas, à medida que nos aproximávamos, víamos mais claramente: só restavam muros e fachadas; por trás, apenas o escancarado vazio, algumas pessoas perambulavam por lá. Já não havia automóveis. Munique tinha se transformado numa cidade fantasma envolta no mais profundo silêncio".

Um prisioneiro britânico, o capitão Payne Best, descreve a chegada a Dachau: "Não havia onde sentar, nós estávamos morrendo de fome e cansaço e passamos uma hora ali, de pé, o nosso estado de espírito a piorar a cada minuto. Enfim apareceu um gordo oficial da SS que, com extrema afabilidade, se apresentou como o tenente-coronel Weiter, comandante de Dachau. Muito amável, fez um belo discurso de boas-vindas e teve até a galantaria de tentar, ainda que em vão, beijar a mão da sra. Schuschnigg. Lamentou muito que nos houvessem feito esperar tanto tempo, mas Dachau estava lotadíssimo e fora extraordinariamente difícil arranjar acomodações para hóspedes tão ilustres. Ele havia feito o que estava ao seu alcance, porém, mesmo assim, era evidente que o alojamento ao qual nos ia conduzir estava longe de ser o que esperávamos e merecíamos, mas era o melhor que podia pôr à nossa disposição, e ele esperava que perdoássemos as condições tão precárias".

Tal recepção levou os pasmados ouvintes a concluírem que reinava um grande nervosismo entre os guardas. Os bombardeios eram constantes e, em Dachau, também se ouvia ao longe o fogo de artilharia do Exército americano em pleno avanço. "Os nossos guardiões da SS", diz Isa Vermehren, "envelheceram e se agrisalharam naqueles dias, só se apresentavam esporadicamente no serviço e estavam tão profundamente absortos nas suas preocupações que não valia a pena importuná-los com perguntas. O nervoso zanzar de todo o pessoal da SS lembrava as desesperadas tentativas de fuga de um bicho enjaulado."

O cativeiro em Dachau não durou nem três semanas. Já no dia 17 de abril, os primeiros reféns, rigorosamente vigiados, partiram de ônibus e caminhão para Innsbruck. Separado da mãe e da irmã Hildur, Franz von Hammerstein teve que ficar porque, segundo se alegou, nos veículos não havia lugar para ele e outras quatro pessoas detidas por serem parentes de condenados; mandaram-nos seguir para o sul a pé. Em 27 de abril, um comboio de 139 prisioneiros partiu de Innsbruck para o Tirol Meridional. Nesse grupo, achavam-se os reféns mais importantes em que Himmler conseguira pôr as mãos. Ninguém sabia onde a viagem ia terminar. Só no último instante os prisioneiros foram informados de que o destino era um grande hotel muito retirado nas Dolomitas, perto de Niederdorf. Lá se constatou que três generais da Wehrmacht se haviam instalado com os seus Estados-Maiores no hotel Pragser Wildsee, que supostamente serviria de alojamento para os reféns, os quais agora teriam que se contentar com um abrigo improvisado na aldeia. A população ficou boquiaberta, nas palavras de Hermann Pünder, "ao dar com aquele bando tão discrepante: homens magérrimos com calça de general, paletó civil e chapéu acabanado, mulheres com botas militares de cano alto, vultos enregelados com lenço no pescoço para se agasalhar, velhos com uma surrada mochila às costas curvadas".

Em tal situação, o relaxamento da prisão se alterna com ameaças. Os 86 homens dos comandos de escolta da SS e do SD estão desmoralizados. O coronel Bogislav von Bonin resolve agir. Consegue ter uma conversa relâmpago com o alto comando do Grupo de Exércitos Itália. Pede ajuda devido à ameaça da SS de liquidar os reféns. Finalmente, em 30 de abril, pouco antes da capitulação das tropas alemãs na Itália, uma companhia da Wehrmacht, comandada pelo capitão Wichard von Alvensleben, chega a Niederdorf. Coloca os reféns sob a sua proteção e obriga a SS a se retirar sem combater. Ainda na mesma noite, acomoda os reféns no hotel Pragser Wildsee. O cativeiro termina. Na manhã do dia 4 de maio, chega um comando avançado do Exército americano. Em breve, aparece uma gigantesca frota de jipes, caminhões, caminhões-rádio e cozinhas de campanha, e, pouco depois, os primeiros jornalistas e *cameramen*.

Agora eram os soldados alemães que iniciavam a sua marcha para o campo de prisioneiros. O quartel-general do Exército americano enviou um general de brigada que ordenou a partida dos hóspedes mais eminentes. Ele tinha instruções de levá-los a Nápoles, via Verona, e de lá para a ilha de Capri. Só depois de semanas de espera, Maria e Hildur von Hammerstein conseguiram sair da sua gaiola dourada, na devastada Alemanha, e voltar para indagar sobre o paradeiro dos parentes.

Hotel Pragser Wildsee (Lago di Braies); cartão-postal, década de 30

Entrada das tropas americanas em Niederdorf, Tirol Meridional, 2/5/1945

Enquanto sua mãe errava pelos Alpes com a filha caçula, Ludwig von Hammerstein assistia ao fim da guerra na casa da farmacêutica de Kreuzberg. Ele escreveu:

"No dia 21 de abril, caíram em nossa cidade as primeiras granadas russas. Já não havia energia elétrica. Consequentemente, nenhuma notícia de rádio de Londres, Beromünster e Moscou. Em compensação, aumentaram os boatos de toda sorte. Em 23 de abril, os armazéns de Osthafen foram liberados para 'saqueio'. As pessoas levavam para casa barris de manteiga e quartos de rês. Houve cenas de selvageria. A Ponte de Varsóvia já estava bloqueada e foi preparada para explodir. Só voltavam soldados e os garotos exaustos do *Kinderflak*, a defesa antiaérea infantil. Nas ruas jaziam cadáveres esparsos, cobertos com cartazes de papelão 'Nós ainda estamos no poder'. Terror até o último instante.

"No dia 25 de abril, tentei telefonar para uns amigos em Zehlendorf. Mas atendeu uma voz que falava em russo. Em 26 de abril, a dona Kerp preparou um almoço delicioso. Acompanhado de uma garrafa de vinho tinto. Todos voltaram a ter esperança nas bombas e granadas. Então, por volta das quinze horas, os primeiros infantes russos apareceram na Oranienstrasse. Os moradores saíram ao portão, contentes porque a imundície finalmente tinha terminado. Não vi ninguém opor resistência. Os últimos soldados alemães já tinham desaparecido, passando pelo nosso quintal.

"Os russos apontaram as armas para nós e nos aliviaram de relógios e joias. Depois se serviram de fumo e charutos na loja da esquina e revistaram as casas em busca de soldados alemães escondidos. Um deles caiu da escada da farmácia escura, por sorte não se machucou, mas ficou tão furioso que quis me fuzilar, a mim que tinha sido obrigado a acompanhá-lo. Eu levantei os braços e sorri para ele — que mais podia fazer? —, o rapaz acalmou-se e se limitou a me dar um soco no queixo. Quando me perguntou se eu era soldado, respondi, *nix* soldado, *nix* fascista. Eu tinha tido tempo de esconder na lata de lixo a minha pistola, que devia me proteger da Gestapo.

"Enquanto foi dia claro, os russos se comportaram mais ou menos bem. Quando escureceu, isso acabou. Pequenos grupos de soldados puseram-se a invadir os porões e vivendas. De pistola em punho, levavam mulheres e moças para fora. Só as velhas e as mais resolutas — como a dona Kerp — constituíam certa proteção. A maioria dos soldados tinha respeito por elas. Alguns oficiais tentaram impedir a violência. Mas não podiam estar em toda parte.

"Nesse meio-tempo, um coronel se instalou na farmácia, e todos nós dormimos na loja, feito sardinhas em lata. No dia 3 de abril, fui detido como possível militar e posto sob custódia no quintal. Else Kerp falou insistentemente com o coronel até que ele me entregasse ao comandante local para que averiguassem a minha identidade. Lá tive que declarar minha filiação partidária, contar quem eu realmente era, inclusive o 'tenente-coronel'. Foi tudo bem. O comandante falava alemão e já tinha ouvido alguma coisa acerca do Vinte de Julho. Fez uma anotação em russo na minha carteira de habilitação, o único documento autêntico que me restava.

"Eu não conseguia ler a anotação, mas todos a acatavam com respeito. Isso me permitiu viajar sem impedimento a Zehlendorf. Em 8 de maio, pude entrar novamente na nossa casa, mas ninguém falava na capitulação do Reich alemão. Não havia noticiários de rádio nem jornais. A única coisa que sabíamos era que em Berlim a guerra tinha acabado. À noite, os russos atiravam para o alto, em geral fogo pesado. Deviam saber por quê. A mim, o que me interessava era saber quem tinha sobrevivido. Em Berlim, salvaram-se todos os que arriscaram a vida para me ajudar a fugir da Gestapo. Da minha mãe, da minha irmã caçula e do meu irmão, que a Gestapo havia detido, assim como do meu irmão mais velho, que estava escondido em Colônia, só tive notícias em julho. Boas notícias."

Ludwig von Hammerstein, 1944

O RETORNO

Maria von Hammerstein chegou a Frankfurt-am-Main com Hildur no dia 16 de junho de 1945. Nada sabia do destino do resto da família, e logo depois enfrentou a cansativa viagem a Munique para se encontrar com Butzi, que morava em Prien.

Ainda durante a guerra, Marie Luise abandonara a fazenda dos Münchhausen, onde também trabalhavam prisioneiros poloneses e ucranianos; ela não se interessava por agricultura, e a ocupação de fazendeira não a entusiasmava. Por outro lado, a Gestapo, que obtivera sua ficha em Berlim, tinha voltado a revistar a casa e a interrogá-la durante horas. Em todo caso, o casal se havia separado, e em 1942, quando Münchhausen teve licença da frente de batalha e esteve em Herrengosserstedt, descobriu que a esposa partira com os filhos.

"Eu saí da casa do meu marido contra a vontade dele", escreve Marie Luise, "e me mudei com os meus três filhos para Prien, na Alta Baviera, onde uma ex-colega de escola me acolheu, muito embora a polícia estivesse me seguindo." Nem mesmo lá Marie Luise ficou livre da perseguição da Gestapo. (Já na década de 20, essa sua amiga de Kassel, cujo nome de solteira era Irmgard Wegener, tivera um papel importante na politização das irmãs Hammerstein, como conta Maria Therese; aliás, ela diz que Irmgard foi o "pior demônio" de Marie Luise e também de Helga e os seus; sem dúvida alguma, refere-se à influência política de Irmgard Wegener sobre as irmãs. Nesse ínterim, essa amiga se casou com Franz Josef Schöningk, que posteriormente foi um dos fundadores do *Süddeutsche Zeitung*, e se mudou para o Chiemsee.)

Nas últimas semanas da guerra, a tropa do capitão Von Münchhausen foi transferida da Itália para a Boêmia. A caminho, ele teve oportunidade de visitar a mulher na Baviera. Marie Luise recomendou: "Fique aqui. Eu posso escondê-lo". Mas Münchhausen, como ele mesmo diz, não quis abandonar os companheiros e, com toda a sua companhia, acabou sendo capturado pelos russos. A fazenda de Herrengosserstedt foi desapropriada logo depois da guerra.

Mal terminado o conflito, as duas amigas tentaram criar uma célula comunista na idílica Prien e, nas primeiras eleições parlamentares regionais do pós-guerra, candidataram-se pelo KPD. Quem quer que conheça a região de Chiemgau não ficará surpreso em saber que a militância não obteve um sucesso arrasador.

Somente no outono de 1945, a família Hammerstein pôde se reunir em Steinhorst, na casa de Celle, onde Maria e os filhos já se haviam refugiado depois da Primeira Guerra. Numa das primeiras cartas que escreveu, sua filha Maria Therese convidou-a a voltar para a Alemanha. Em Steinhorst, a família teve a primeira ocasião de se refazer: "Naturalmente, o problema de habitação é grande. Há urgência em criar possibilidades de alojamento, barracões e coisa melhor. Em barracões decentemente construídos, pode-se viver muito bem. Isso nós constatamos em Buchenwald e Dachau, onde ficamos durante o cativeiro. Em Berlim, obviamente, tudo o que tinha valor se perdeu. Mas dá para viver com simplicidade — inclusive melhor — pelo trabalho". Mas sua filha não quis voltar para o seio da família com uma mão na frente outra atrás.

"Em fevereiro de 1946, mamãe foi para Berlim, onde a casa da Breisacher Strasse suportara relativamente bem a Gestapo, as bombas, a ocupação e a pilhagem. A viagem se prolongou por quatro dias, pois ela teve que passar por um campo de refugiados na fronteira entre as zonas. Só em 1949 se fixou definitivamente em Berlim." (Ludwig)

"No fim dos anos 40, na casa superpovoada de Dahlem, na Breisacher Strasse 19. Franz morava no armário de roupas; Hildur, atrás de um armário no vestíbulo; na cozinha, Ama abrigava Hüthchen, o mestre dos documentos falsos [que na época nazista salvara muita gente com a sua produção]; Kunrat estava de cama, pois andava fraco do peito; Ludwig trabalhava no *Welt* durante o dia; só mesmo Helga, com o marido e o filhinho adotivo Horst no andar superior, tinha o luxo de uma empregada herdada dos Magnus, os amigos judeus emigrados. O primeiro a sair daquela casa lotada foi Ludwig: para Bonn e para o ministro Kaiser. A seguir, Hildur para Zurique com uma bolsa de estudos; depois Franz e Hildur, ambos para os Estados Unidos." (Verena v. H.)

A MÃE

"Maria passou a receber pensão de viúva em 1952, mais de mil marcos, e desde então foi a mais rica da família e adorava dar presentes. Contratou um velho alfaiate húngaro, que a tratava por Excelência, para tirar as medidas de Franz, o pastor recém-formado que ganhava na época apenas 250 marcos, e lhe fazer um terno preto. Para si, ela conservou o estilo de vida improvisado e só comprava o estritamente necessário — com exceção de um chapéu elegantíssimo para um casamento muito aristocrático, o qual perdeu na viagem de volta. Nos anos 60, convidava alguns netos para dormir em casa, e eles logo compreenderam que não deviam levar a escola muito a sério. Com frequência, deixava-os passar a manhã lá, e escrevia uma justificativa que os professores logo identificavam como obra da avó." (Verena v. H.)

"Embora não fosse alta, ela era imponente na atitude. Tinha a língua ferina tanto em alemão como em inglês. Havia uma cerejeira no quintal. Sob o seu olhar vigilante, as crianças podiam apanhar as frutas. Eu sempre ficava meio acanhada na sua presença." (Carol Levine Paasche, nora de Maria Therese).

"De manhã cedo, costumava passear descalça no relvado dos parques de Dahlem. Um guarda chamou-lhe a atenção, pois era

Maria von Hammerstein, por volta de 1968

proibido. Indignada, ela o encarou e respondeu: 'Por Deus, meu jovem, não seja tão provinciano'. Para que o sr. Huth ganhasse dinheiro, mandava-o restaurar seus móveis com frequência; e sempre o remunerava com prodigalidade. Um dia foi a vez da escrivaninha em que ficava guardada uma parte das suas joias. Depois ela contou à minha mãe que dera pela falta de um valioso par de brincos. O seu comentário: 'Com certeza foi o Huth que o pegou; afinal ele precisa mais. Para que uma bruxa velha como eu há de andar por aí com uma joia pendurada!'" (Verena v. H.)

"Quando falavam na sua ótima saúde, ela respondia: 'Se o senhor tivesse nascido na Hungria [queria dizer: Silésia], na sarjeta como eu, e comesse tanto alho, estaria bem mais sadio'." (Conde Christian zu Lynar)

"Ela sempre tomava uma garrafinha de champanhe. Durante a sesta, não se deitava na cama, preferia descansar, despida, alongando-se com um cabo de vassoura às costas. Nas manhãs de domingo, às sete horas, ia à missa católica e, às dez, à comunidade cristã ou à igreja protestante." (Joan Paasche, filha de Maria Therese)

"Por último, passou a morar sozinha num apartamento na Breisacher Strasse 7, que Helga montou para ela. Não suportava a solidão. Até então, sempre conseguira atrair gente jovem. Mas com o tempo deixou de se cuidar adequadamente. Não aceitou a ajuda de uma acompanhante, tampouco Pari [a antiga babá Caspari da Bendlerstrasse]; nem mesmo a querida neta Bettina ela tolerou durante muito tempo. Helga, que morava na mesma rua, ficava de olho. Mas a solução foram aqueles escolares que se alternavam para dormir em sua casa, na companhia dos quais não se sentia vigiada, mas que avisavam quando surgia algum problema. Com mais de oitenta anos, continuava dando voltas de bicicleta. Quando lhe tomavam a bicicleta, ela subornava um neto, que a devolvia.

"Nos últimos anos, tornou-se muito inquieta. Continuava

viajando para fazer visitas em Munique, Bonn ou Hamburgo. Uma vez, deitou-se num banco de Tempelhof antes do voo, pois não aguentava mais. De resto, quase não chamava a atenção. Escrevia uma infinidade de cartões-postais e não foi por acaso que, em 1970, desmaiou diante de uma caixa de cartas em Mutlangen, quando estava internada no Paracelsus-Sanatorium. A sua melhor amiga na velhice, a viúva do conde de Lynar, fazia-lhe companhia. Ia ao hospital católico, no qual ela passou três semanas sendo tratada por freiras. Ria-se muito junto ao leito hospitalar. Ama confundia os filhos com os irmãos e não os poupava de suas observações incisivas. Quando notou que estava semiparalítica, recusou-se a comer, e as freiras a deixaram em paz. Tendo recebido a extrema-unção, fechou os olhos tranquilamente no dia 9 de março de 1970, dois dias antes de completar 83 anos. Foi sepultada ao lado do marido no cemitério de Steinhorst." (Verena v. H.)

QUATRO LONGOS CAMINHOS DE VOLTA À NORMALIDADE

Em 1945, Franz von Hammerstein foi separado dos parentes, em Dachau, e teve que ir para o sul a pé. "Contávamos com uma carroça para a bagagem e pernoitávamos na casa de camponeses ou em celeiros. Em 30 de abril, prenderam-nos no porão de uma granja. No dia 1º de maio, quando subimos, a SS havia desaparecido, os camponeses nos deram o café da manhã; lá fora, os americanos estavam passando e nos levaram a Munique." A caminho de casa, não longe de Steinhorst, conta ele, "um vagabundo veio em minha direção, e eu fiquei imediatamente com medo de que tentasse me roubar a bicicleta, o meu derradeiro pertence. Mas, quando ele se aproximou, reconheci o meu irmão Kunrat, dado por perdido havia tanto tempo. Pois nos reencontramos por acaso, na estrada, a centenas de quilômetros de Berlim".

"Franz desistiu do comércio", relata sua mãe, "depois de tudo o que passou." Refere-se à experiência na prisão e à fuga. Talvez a influência da igreja de Dahlem tenha tido um papel em sua decisão de estudar teologia, primeiro em Bethel, depois em Göttingen. Em 1948, ele prosseguiu os estudos em Chicago. E entrou em contato com a cultura judaica. "Eu ainda tive colegas judeus no colégio, a nossa família se relacionava com judeus, as minhas irmãs mais velhas ajudaram judeus a fugir, mas do judaísmo, da história judaica, da vida na sinagoga, eu não tinha a menor ideia." Isso ele aprendeu com os emigrantes judeu-alemães como Bergsträsser, Rothfels e Schuber, que davam aula em Washington.

Depois Hammerstein foi para a Howard University, um estabelecimento negro de Washington, DC, onde se viu confrontado com o problema racial; a paróquia reprovava a sua relação com os negros. Em 1950, voltou a Berlim, onde foi ordenado pelo bispo Dibelius. Em 1952, casou-se em Zurique com a suíça Verena Rordorf. Só mais tarde, em Jerusalém, foi que conheceu Leo Baeck e Martin Buber, dos quais trata a sua dissertação [*Das Messiasproblem bei Martin Buber* (O problema do Messias em Martin Buber). Stuttgart: Kohlhammer, 1958]. Após uma nova temporada nos Estados Unidos, assumiu a recém-criada Paróquia Social de Berlim e foi cofundador da Ação de Conciliação. A partir de então, Franz von Hammerstein muito se empenhou na reconciliação com os poloneses, os tchecos e os russos. Também trabalhou para o Conselho Mundial de Igrejas. Em 1973, retornou, exausto, de Moscou, onde participara do Congresso Mundial da Paz. Desde 1978 até a aposentadoria em 1986, dirigiu a Academia Evangélica de Berlim.

O mais sensato dos irmãos talvez tenha sido Ludwig von Hammerstein. Sua breve biografia distingue-se pela reserva e a clareza. Ele participou sem titubear da construção da República Federal da Alemanha. Logo depois da guerra, ingressou na redação

Franz von Hammerstein, por volta de 2000

do *Welt*; a partir de 1950, exerceu durante uma década a função de assessor de imprensa do Ministério das Questões Pan-Alemãs. Nesse posto, foi espionado pelo serviço secreto da Alemanha Oriental, mas o resultado da investigação foi pífio: "Muito amigo do ministro Kaiser e sua esposa, viaja constantemente a trabalho, fuma pouco, gosta de beber, nada se sabe da sua vida privada, cerca de 1,80 de altura, magro, cabeça pequena, usa óculos, cabelo preto ligeiramente ondulado, sempre se veste à inglesa".

Em 1961, assumiu a vice-diretoria do Norddeutsche Rundfunk e, em 1974, a diretoria da RIAS Berlin. Aposentado, participou da fundação da rádio Alemanha. A Fundação 20 de Julho também lhe deve muito. Ele fez o que pôde para auxiliar os parentes dos mortos em combate e muito contribuiu para que cessassem de difamá-los. Em 1950, casou-se com Dorothee Claessen. Morreu em 1966, em Berlim. Sua filha Juliane Kutter mora em Hamburgo.

Tampouco a vida de Hildur se caracteriza pela extravagância. Em 1952, tendo concluído os estudos em Munique, ela se casou com Ralph Zorn, um pastor norte-americano, com o qual se mudou para os Estados Unidos no ano seguinte; primeiramente, ele dirigiu uma paróquia luterana em Yonkers, no estado de Nova York, depois foi para o Sul. Em 1962, os Zorn retornaram a Berlim com cinco filhos. Tinham entrado em conflito com a muito mesquinha igreja luterana de Missouri, que não aceitava negros na comunidade religiosa. Isso os Zorn não admitiam. A mãe de Hildur apelou para o bispo Dibelius, que ela conhecia bem, e solicitou que lhe desse uma paróquia em Berlim.

VIDA NOVA NO NOVO MUNDO

Em 1948, Maria Therese deixou o Japão e migrou para San Francisco com o marido Joachim (John) Paasche e os quatro filhos.

Maria Therese com as três filhas, Joan, Michaela e Vergilia; Califórnia, 1949

John Paasche, 1950

Jacob Wuest e outros amigos, sempre muito leais aos Hammerstein, providenciaram a documentação de imigrantes, a chamada "declaração juramentada", e os alojaram. Seu filho Gottfried disse: "Ser meio alemão e, ao mesmo tempo, meio japonês nos Estados Unidos, em plena Guerra Fria, era o próprio inferno". Não foi nem de longe o retorno a uma civilização conhecida. "Para nós, os americanos eram quase tão alienígenas quanto os japoneses", disse Maria Therese. "O sorriso gentil deles só servia para encobrir um abismo."

Vigiados na Alemanha, tratados com desconfiança no Japão, os dois foram considerados suspeitos pelo FBI. Tal como a esposa, Joachim Paasche falava russo e havia estudado eslavística; à parte isso, conhecia o famigerado dr. Sorge, e as irmãs de sua mulher trabalharam para os comunistas. Era o suficiente.

Joachim Paasche não conseguiu colocação como acadêmico independente nos Estados Unidos e teve que sobreviver como simples operário. Nessas condições precárias, começou a estudar chinês. Sua esposa ganhava a vida como cozinheira e faxineira. Franz, o cunhado de Paasche, escreveu então: "Não é fácil para ele, pois, por um lado, ainda não é cidadão americano e, por outro, não tem formação acadêmica completa. À parte isso, é sensível e não gosta de se submeter a horário de trabalho, coisa que, infelizmente, é habitual nos Estados Unidos". O casamento também sofreu nessa situação. "Meu pai era um homem íntegro, mas pouco prático e muito suscetível", disse Gottfried Paasche, "e minha mãe gostava de personalidades fortes."

Já em 1954, a mãe de Maria Therese pôde visitar os parentes na América do Norte: Hildur, que morava em Nova Jersey, o neto Gottfried em Vermont e os Paasche na Califórnia. Passou quase seis meses nos Estados Unidos e reatou a antiga amizade com Jacob Wuest, de Berlim.

Só em 1957 Paasche conseguiu trabalho no Departamento de Chinês da Biblioteca do Congresso. Faleceu em 1994.

Maria Therese raramente falava com os filhos sobre a sua experiência na Resistência. Morreu aos noventa anos num asilo judaico para idosos. Suas cinzas foram depositadas no túmulo da família Steinhorster.

O DESPERTAR DA ADORMECIDA

Em 1947, Marie Luise foi morar em Dahlem; a casa subsistira à guerra. Logo ficou claro que, apesar de dois casamentos com aristocratas, suas convicções comunistas haviam resistido com tenacidade no Terceiro Reich. Como desconfiava profundamente do novo Estado alemão ocidental, "devido às suas muitas manchas pardas", vendeu sua casa no Ocidente e, em 1949, com a fundação da RDA, mudou-se com os três filhos para "o setor democrático de Berlim", como ela o denominava.

Sua mãe ficou preocupadíssima com o retorno de Friedemann von Münchhausen, depois de cinco anos de prisão de guerra na Rússia, e com a expectativa de Butzi de que ele fosse viver com ela em Berlim Oriental. Münchhausen se recusou. Posteriormente, foi secretário de Estado em Düsseldorf.

Marie Luise aderiu com muito radicalismo ao novo Estado alemão-oriental. Quanto à família, não deixou pedra sobre pedra oficialmente. Foram as seguintes as respostas que deu no formulário de dados pessoais em 1951: "Seis irmãos, todos em Berlim Ocidental e na Alemanha Ocidental, com exceção de uma irmã nos Estados Unidos. Atividade profissional e local de trabalho desconhecidos, pois todos os vínculos com eles se romperam há muito tempo". Com referência ao marido, acrescentou: "É possível que a responsabilidade pelo divórcio seja atribuída exclusivamente a mim, já que, por motivos políticos, eu me recuso a manter o casamento". E, para limpar totalmente o terreno, renunciou à sua partícula nobiliárquica: "Eu abandonei o *von* do meu nome quando me mudei para o setor democrático e providenciei para que o meu documento de identidade fosse assim emitido" — decisão da qual nunca voltou atrás.

Logo depois da mudança, ingressou no SED, retomou o estudo de direito, prestou o segundo exame de graduação, foi morar em Wilhelmsruh e passou a advogar num escritório comunitário de Pankow. Até o fim dos anos 50, também se ocupou de direito penal; defendeu *Republikflüchtlinge* — alemães orientais que tentavam passar para o Ocidente —, e, em alguns casos, conseguiu atenuar a pena.

Não só no aspecto político retomou o fio da meada perdido em 1934. Continuou interessadíssima pelos judeus. Tinha contato intenso com a pequena comunidade judaica de Berlim Oriental. Relacionava-se sobretudo com os comunistas judeus da sua geração que voltaram da União Soviética depois da guerra. Era grande amiga de Ernst Scholem, um sobrinho de Werner, que morreu stalinista. Participava com frequência de encontros no cemitério judeu de Weissensee. Dava grande importância aos escritos de Gershom Scholem, que ela admirava. Também defendeu clientes judeus acusados de sionismo, delito que o partido gostava muito de lhes imputar.

Com a construção do Muro, ela suspendeu a atividade de advogada de defesa em causas penais, limitando-se ao direito de família, de sucessão e de autor, talvez por medo de possíveis represálias e para não pôr os filhos em perigo. No entanto, em 1976, quando se tratou da expulsão do jurista Rudolf Havemanns da Ordem dos Advogados, na reunião do partido na associação, foi a única a votar contra a decisão.

Muito embora não houvesse a menor dúvida quanto à sua fidelidade e muito embora, na qualidade de perseguida pelo regime nazista, gozasse de certa proteção, Marie Luise era permanentemente vigiada pelos órgãos de segurança. Nos arquivos destes, um documento dá a entender que, depois da guerra, ela também trabalhou para a KGB:

Departamento XX   Berlim, 4/12/1976
BStU 000100/101

Informe

Von Münchhausen, Marie-Luise, n. Von Hammerstein
data de nascimento: 24/9/1908, em Berlim
endereço: Berlim-Wilhelmsruh, Lessingstrasse 5
advogada, membro da Ordem dos Advogados da grande Berlim
membro do SED, da FDGB e da Associação Cultural

Münchhausen é de uma antiga família nobre de militares. Seu pai, o generalíssimo Von Hammerstein, foi chefe do alto comando do Reichswehr de 1930-36 [na verdade, 1934].

Em 1928, ainda estudante de direito, ela ingressou no KPD. Com a sua ajuda, parece ter chegado ao conhecimento do KPD um documento informativo sobre a construção de cruzadores-encouraçados.

Os irmãos de Münchhausen, residentes na RFA, tiveram envolvimento com os acontecimentos de 20 de julho de 1944, mas conseguiram escapar à perseguição que se seguiu, ao passo que outros membros da família foram presos.

Entre 1950 e 1960, M. trabalhou extraoficialmente para os órgãos de segurança soviéticos.

M. é divorciada. Seu ex-marido, advogado na RFA, visitava-a regularmente.

Um filho tornou-se "fugitivo da República" em 1958 [na verdade, 1956] e vive na RFA.

Uma filha, professora, fugiu secretamente da RDA com o marido em 1960 [na verdade, 1969]. Não se sabe quais são as ligações de M. com esses filhos.

Nos anos 60, M. foi avaliada extraoficialmente como uma pessoa enérgica, leal à RDA, mas que, devido à origem, à educação burguesa e aos muitos vínculos com o Ocidente, não pareceu isenta de preconceitos nem de mentalidade pequeno-burguesa.

Na qualidade de advogada, ocupou-se exclusivamente de casos de direito civil.

A documentação disponível deixa claro que, em 1959, M. atuou na Comissão Legislativa de Direitos Autorais do Ministério da Cultura. À parte isso, deu assessoria jurídica à Associação dos Artistas Visuais.

O Departamento XX da antiga Administração da Instrução da Grande Berlim informou, em 1969, que M. mantinha ligações com o círculo pessoal de Havemann e Biermann.

Em 1970, chamou a atenção do Dep. II da Administração Distrital Potsdam devido à sua ligação com um cidadão norte-americano condenado por instigar hostilidade ao Estado. [Não procede; a sua filha Cecil é que era amiga de um americano.] O controle operativo do Dep. II não registra nenhum indício de atividade hostil.

A hipótese de Marie Luise ter trabalhado para o serviço secreto soviético é rejeitada de maneira veemente por suas filhas Bettina e Cecil. Nesses casos, a única coisa certa é que a documentação da Satsi nunca foi totalmente confiável.

QUESTÕES DE FRONTEIRA

"As duas últimas décadas de Ama [1950-70] transcorreram ao sabor das suas viagens semanais a Wilhelmsruh com saquinhos plásticos cheios de suco de laranja fresco pendurados no forro do casaco, dinheiro escondido nos bolsos, impressos proibidos. Ludwig teve que usar a força no dia 17 de junho de 1953, quando se trocavam tiros no centro da cidade, para impedi-la de fazer o passeio habitual. Afinal, ela era conhecida pelas policiais da Polícia Popular [Volkspolizei]." (Verena v. H.)

 Relatório operativo de averiguação sobre a pessoa:
 Von Hammerstein, nascida Freiin von Lüttwitz, prenome, Marie-Luise, nascida em 11/3/86 em Schweidnitz, endereço, Steinhorst bei Celle, 1, aposentada.
 Circunstâncias:
 H. chegou em 5/7/67, por volta das 11h, para entrar na capital da RDA. Achava-se em sua companhia o cidadão da Alemanha Ocidental Franz v. Hammerstein. — Na aduana, foram detectados 20.- DM/DBB, os quais ela não tinha declarado. O controle também encontrou no bolso do casaco de H. 50.- MDN (marco oriental) — ela declarou que queria fazer pequenas compras em "Berlim Oriental". Convém mencionar ainda que, durante o controle aduaneiro, H. tentou *engolir* os MDN, tendo sido impedida. O mencionado dinheiro foi apreendido, sendo ela multada em 50.- DM ocidentais. H. também manifestou que não pode entender por que, sendo mulher, é constantemente controlada com rigor. Afinal, antes de 1945 esteve no campo de concentração.
 Ass. Kunze, capitão   Hänsel, primeiro-sargento

"De vez em quando, ela pedia aos jovens policiais fronteiriços que a ajudassem a carregar a pesada bolsa, já que era velha, e, desse modo, conseguia passar facilmente pelo controle. Anos depois, sempre que liam o nome Hammerstein num passaporte, os guardas ainda perguntavam pela senhora idosa que passava com tanta frequência pela ponte Bornholmer." (Ludwig)

"Marie Luise vivia num outro mundo, disso nós sabíamos", disse sua mãe. Isso também se depreende de uma carta ríspida por ela endereçada ao seu irmão Kunrat em 1954. Bem à maneira do SED, vê na Alemanha Ocidental um Estado policial que lembra os anos 30:

"Antes de 33 nunca, mas em 1934, 1942/43 e 1944, eu fui interrogada pela 'polícia secreta do Estado' por causa da minha militância no Partido Comunista. Talvez logo volte a acontecer [no Ocidente]. Fora isso, minhas relações pessoais e correspondência são vigiadas o tempo todo. Por isso só escrevo cartas de amor. Esqueci [de mencionar] o 1º de maio de 1929, em que manifestantes foram mortos a tiros perto de mim, e eu fui presa. Isso pode tornar a acontecer hoje. Portanto, não me venha com graça, comigo não."

Quanto a isso, Verena, a cunhada de Marie Luise, observou que a fidelidade e a ternura da mãe abrandaram, paulatinamente, o endurecimento ideológico da filha, que em geral se manifestava de modo ofensivo. De resto, com o correr dos anos, a própria Butzi teria que se haver com o partido de sua confiança.

Nos últimos anos, parece que ela se distanciou cada vez mais do aparelho de Estado e passou a recomendar aos filhos que tivessem cuidado; chegou a comparar a Stasi com a Gestapo. Tornou-se cada vez mais difícil para ela conciliar esse temor com a sua obstinação, lealdade e teimosia. Nunca rompeu totalmente os vínculos com a família, tampouco com o ex-marido, o qual ela jamais abandonou. Em 1954, até participou de uma reunião de família no Paris Bar, em Berlim Ocidental, no qual comemoraram o aniversário de Marie Luise.

Seu querido filho Kai nunca se deu bem no Leste; teve dificuldades quando ainda estudava agronomia. "Você está serrando o galho em que está trepado", disse-lhe a mãe. "Vá morar com o seu pai e siga em frente no Ocidente!" Em 1956, ele acatou o seu conselho e passou para o Ocidente, embora fosse e continuasse sendo comunista. Depois da construção do Muro, imitou-o a filha de Marie Luise, Bettina. Em 1968, o marido dela conheceu um diplomata tcheco que se dispôs a ajudá-los a fugir. Um ano depois, no espaço de doze horas, transportou-os pela fronteira das duas Alemanhas no porta-malas do carro. "Foi dificílimo para todos os envolvidos, para os que ficaram no Leste, terrível", contou Bettina von Münchhausen. "O mundo se abriu para nós dois, e fomos poupados dos últimos vinte anos da RDA." Ela e o marido, que era especialista em agricultura tropical, trabalharam no mundo inteiro em projetos de desenvolvimento. Hoje estão aposentados e moram em Essen.

A filha mais nova de Marie Luise ficou no Leste. Em casa, cuidou da mãe, que havia perdido a memória, até a sua morte no fim do outono de 1999.

UMA CONVERSA PÓSTUMA COM MARIE LUISE VON MÜNCHHAUSEN

E: Eu conversei com os seus irmãos, sra. Von Münchhausen, e soube que a senhora não gosta de falar na sua experiência. Mas há coisas sobre as quais só a senhora pode dar informações.

M: Já sei o que o senhor quer me perguntar.

E: O quê?

M: Sempre a mesma coisa. Primeiro sobre meus pais, depois sobre meu marido, meus irmãos e, por fim, meus filhos.

E: Parece que a senhora não confia em mim.

M: Ora, eu sei muito bem quem é o senhor. Assisti a uma peça sua sobre Cuba no Berliner Ensemble. Deve ter sido no começo dos anos 70.

E: Não chegava a ser uma peça. Só uma documentação.

M: O seu passado.

E: Sim. Mas o que me interessa é o seu.

M: Curto e grosso: o senhor quer me investigar.

E: Pode-se dizer. A família não conta tudo. Eu examino os arquivos. O legado de Werner Scholem, prontuários de Moscou e Berlim.

M: Quer dizer que o senhor acredita no que dizem esses documentos?

E: Não necessariamente.

M: E o que dizem os meus parentes? Nada de bom, imagino.

E: Parece que a senhora se afastou dos seus irmãos Ludwig e Kunrat; embora estivessem na Resistência, para a senhora, eles eram ideologicamente suspeitos por ser oficiais; evidentemente, Franz foi o único que mereceu a sua indulgência, porque, na guerra, ele nunca demonstrou ambição militar e, posteriormente, contribuiu para a amizade germano-soviética.

M: Não admira que a família me ache exótica. O senhor provavelmente acredita que o ser determina a consciência?

E: Não é um postulado novo. Mas, no seu caso, essa frase não parece nada verossímil. Começou muito cedo. Nathan Steinberger diz que a senhora foi a primeira a entrar na clandestinidade, antes mesmo da sua irmã Helga.

M: Isso foi há muito tempo.

E: Eu me pergunto como a senhora conseguiu sobreviver aos doze anos do período nazista. Dois casamentos correspondentes à sua condição social, uma existência de proprietária rural...

M: Mais ou menos. À parte isso, nada mais a declarar.

E: Nas suas convicções políticas, parece que nada se alterou. Do contrário, a senhora não teria optado pelo SED.

M: Não foi a opção mais confortável.

E: Na época, o seu engajamento devia ser enorme. A senhora

trabalhou não só para o SED como também para os soviéticos, mais exatamente, para a KGB.

M: Quem disse isso?

E: O Departamento XX do Ministério da Segurança do Estado [Stasi].

M: Não acredito.

E: Atualmente, qualquer um que queira pode ler essas fichas. A burocracia não esquece nada.

M: O senhor não tem coisa melhor para fazer?

E: Não. A sua obstinação na honra. Manter-se fiel a uma causa perdida durante vinte, trinta, quarenta anos, isso não é pouca coisa. Mas — tinha que ser logo a KGB?

M: Isso é o senhor que afirma.

E: É o que a Stasi afirma.

M: Na qual, evidentemente, o senhor confia.

E: Pelo contrário. Por isso estou perguntando à senhora.

M: O senhor quer me interrogar, mas eu já passei por muitos interrogatórios. Vou armar uma arapuca — o que o senhor diria se eu tivesse pensado na época: ora, que se dane. Para que trabalhar na filial, que, em todo caso, nada tem a dizer? Por que não diretamente na matriz? Ou, se o senhor preferir: talvez eu tenha aproveitado a oportunidade de ter um pretexto para evitar que a polícia secreta da RDA me transformasse numa informante? Está vendo, há mais motivos para uma observação dessas numa ficha do que o senhor imagina. Mas para que saber disso? O senhor vive em tempos normais.

E: Não existem tempos normais. Conhece o ditado italiano? *Nel peggio non c'è fine*; desgraça não tem fim.

M: Nem todos se conformam com isso. Eu fiz o que pude.

E: Como o seu pai.

M: À maneira dele. Nós nunca concordamos. No fim, os dois saímos perdendo. Mas, às vezes, eu acho que ele tinha razão. Mas eu já contei muita coisa para o senhor, um desconhecido. Escreva o que quiser, mas me deixe em paz, e não volte mais.

OS ÚLTIMOS ANOS DE HELGA

No fim da década de 40, Helga morava com o marido na casa da mãe em Berlim. Queria ardentemente ter um filho, mas não pôde. Adotou um menino de cinco anos que sobrevivera ao tifo num orfanato.

Uma vez mais, apresenta-se um velho amigo do início dos anos 30. Hubert von Ranke escreve: "Eu permaneci constantemente ligado a ela por amizade, só a guerra interrompeu esse vínculo. Helga tinha o seu próprio e pesado fardo para carregar. Quando nos reencontramos depois da guerra, foi gratificante sentir que cada um de nós, à sua maneira, tinha seguido o mesmo curso. Eu a visitei no verão passado. Foi como se tivéssemos interrompido a nossa conversa no dia anterior; nós sempre falamos a mesma linguagem".

Walter Rossow, seu marido, não se limitou a ser um mero jardineiro. Tornou-se especialista em paisagismo. Teve um papel decisivo na reconstrução do zoológico de Berlim; entretanto, nunca foi professor na cidade porque não havia concluído o ensino médio. Por isso, a família se mudou para Stuttgart, onde ele fundou o Instituto de Paisagismo no Instituto de Tecnologia; foi presidente da Deutsche Werkbund e membro da Ordem pour le Mérite. Detestava o *kitsch* e o sentimentalismo. Sua estética adquiriu feições verdadeiramente tirânicas. Para ele, vigoravam leis inexoráveis no tocante à forma, à cor e à disposição.

Helga cuidava de três casas: a antiga residência da mãe em Berlim, na qual ficava o escritório de planejamento do marido, seu apartamento em Stuttgart e um sítio perto de Ravensburg que

Rossow comprou e explorava conforme os princípios antroposóficos.

Posteriormente, seus problemas de saúde se acumularam. Helga tinha diabetes e já não conseguia administrar os remédios sozinha. Em 1992, quando seu marido morreu subitamente, ela estava num hospital cujo nefasto nome era *Waldfrieden* [Paz Silvestre]. Sozinha em Berlim, caiu em depressão profunda. Internou-se num asilo de idosos em Esslingen. Depois, cada vez mais confusa, passou a ser atendida na clínica gerontopsiquiátrica St. Vincent, em Plattenhardt, onde faleceu em 2005.

Helga sonhava muito. Uma vez, contou que viajara pela Ferrovia Transiberiana, passando por Moscou (!), para visitar a irmã Maria Therese no Japão. Em 2004, o sobrinho Gottfried Paasche a visitou. Ela já não podia se mover e quase não falava. Sentada na cadeira de rodas, encarou-o longamente quando ele mencionou seu amigo Leo Roth; então disse que Leo Roth, uma ótima pessoa, era o homem mais importante em sua vida.

SÉTIMA GLOSA.
O SILÊNCIO DOS HAMMERSTEIN

Não se pode dizer que os sobreviventes da família se recusem a responder as perguntas de uma pessoa da nova geração. Receberam-na com cordialidade e paciência extremas e, talvez também, como no caso de Hildur Zorn, a filha mais nova do general, uma senhora de 84 anos, com uma boa dose de ironia. É que ela duvida que a história em geral e a da sua família em particular possam ser contadas por gente de fora. Não só porque a memória engana, porque cada testemunha recorda à sua maneira e porque toda tradição está eivada de versões e contradições. Seu ceticismo não se fundamenta unicamente na teoria do conhecimento. E tampouco se trata daquela discrição tão cara às famílias prussianas. Ela não dá a impressão de omitir os acontecimentos desagradáveis. Os fatos, desde que sejam claros, são narrados com toda objetividade.

Mas permanece a dúvida se os mais novos têm imaginação suficiente para compreender o sucedido há muitas décadas. "Os de hoje, em todo caso, não conseguem entender, porque pensam que sabem tudo", diz Hildur Zorn com sua secura habitual.

Seja como for, entre os Hammerstein reina um silêncio de tipo especial. Quem teve que aprender, em tempos de ditadura, que é perigoso dizer tudo o que lhe passa pela cabeça, acaba transformando esse treinamento numa segunda natureza e não se livra dela facilmente. É o que, aliás, corrobora o comportamento de muitos sobreviventes do genocídio, que tantas vezes calaram sua experiência durante décadas.

Mas, no caso Hammerstein, outros momentos também têm um papel. Quanto ao próprio pai, os irmãos são unânimes em contar que ele raramente dizia uma palavra à mesa, e também é verdade que, calado, fechava os olhos para as arriscadas aventuras das filhas. "Ele falava muito pouco, de modo que, no fundo, todos tínhamos que adivinhar, cada qual como preferisse fazer." Esse é o comentário de Maria Therese, que, aliás, se recusou a vida toda a comentar suas ações de resgate dos perseguidos; e, quanto a Helga e Marie Luise, jamais falaram no seu passado militante; e mais: antes de morrer, passaram anos totalmente emudecidas. Também dizem que Kunrat se apartou inteiramente do mundo exterior.

Acerca de seu envolvimento com a Resistência, os irmãos Hammerstein só se manifestavam com muita reticência, caso se manifestassem. Quando perguntaram se os conspiradores do Vinte de Julho podiam contar com ele, Ludwig se limitou a responder: "Sim, claro", sem mais explicações.

"Nenhum deles queria ser herói", diz Hildur. "Não havia outra saída. Eles fizeram o que era preciso fazer."

Impera entre os Hammerstein uma rejeição profundamente arraigada a se queixar das provações por que passaram e mais ainda a expor seus méritos e conflitos. "Nós não queríamos que se falasse nisso", diz Hildur, e sua mãe constata numa carta escrita ainda em 1946: "Nossa trajetória é coisa do passado e já não precisa ser mencionada".

As decisões de cada um não eram questionadas, e sim aceitas, mesmo quando, como no caso de Helga e Marie Luise, eram difíceis de entender e implicavam perigos políticos. Não se cobravam nem se davam explicações. Hildur Zorn diz: "Por que eles iam explicar a sua vida?". Detecta-se nessa atitude alguma coisa do desprendimento do general. Em todo caso, o silêncio dos Hammerstein diz respeito a um pacto a que nenhum estranho tem acesso. Perdura um resíduo não dito que nenhuma biografia pode resolver; e o que importa talvez seja justamente esse resíduo.

Por que este livro não é um romance
Um *post-scriptum*

I.

Que importa ao público o modo como um autor chega ao seu tema? Só mesmo quem pretende escrever uma dissertação de mestrado se dá o trabalho de pesquisar semelhante coisa. De resto, o mais aconselhável é poupar o leitor de tais informações. Mas eu tenho vontade de transgredir essa regra não escrita; ainda que não se trate de contar a minha história, e sim a de outras pessoas que, como acredito, merecem ser lembradas.

Faz mais de meio século que ouvi falar pela primeira vez em certo general de nome Hammerstein, na antiga estação de rádio de Stuttgart, na Neckarstrasse. Em 1955, Alfred Andersch, um homem a quem devo muito, colocou-me na redação do programa *Radio-Essay*, da Süddeutsche Rundfunk, o meu primeiro emprego realmente interessante, pois naquela época o rádio era um meio de comunicação com um grau de liberdade inconcebível hoje em dia. O diretor nos deixava totalmente à vontade. Chamava-se Fritz Eberhard e era um homem da Resistência que, em 1937, fora obrigado a se refugiar na Inglaterra e, depois da guerra, teve participação essencial na construção das instituições democráticas. Autores como Wolfgang Koeppen, Arno Schmidt e Theodor W. Adorno o frequentavam assiduamente. Além disso, Andersch foi um dos poucos que tentaram ajudar os escritores do exílio, dos quais a indústria cultural não queria saber, e a maior parte dos quais sobrevivera miseravelmente num lugar qualquer do estrangeiro.

Um dia, a convite dele, apareceu na redação de Stuttgart um senhor já idoso de San Francisco, de aspecto doentio, baixo, malvestido, mas de temperamento combativo. Na época, Franz Jung pertencia aos olvidados da sua geração. Alguns dados rapidamente enumerados dão uma vaga ideia da sua trajetória:

Antes da Primeira Guerra, amizade com Erich Mühsam e Oskar Maria Graf. Colaborador das revistas expressionistas *Der Sturm* e *Die Aktion*. Em 1914, deserção do Exército, prisão, internamento psiquiátrico. Vida dupla: trabalho remunerado no jornalismo econômico e na cobertura da Bolsa, atividade política clandestina. Coeditor do *Club Dada*, relações estreitas com George Grosz, Richard Huelsenbeck e John Heartfield. Depois da guerra, participação nas lutas da Liga Spartakus no bairro jornalístico de Berlim. Prisão e fuga. Militância no KPD, exclusão em 1920. Viagem a Moscou num pesqueiro sequestrado, nova prisão por "pirataria em alto-mar". Em 1921, depois do Levante de Março na Alemanha Central, deportação para a União Soviética. Construção de uma fábrica de fósforos de segurança nas imediações de Novgorod. Em 1923, retorno à Alemanha com a identidade falsa de Franz Larsz. Retomada da atividade de jornalista econômico e empresário. Negócios escusos com divisas. Paralelamente, dramaturgo, colaboração com Piscator. Depois de 1933, editor de um boletim sobre questões econômicas, simultaneamente, militância no grupo clandestino "Combatentes Vermelhos". Nova prisão, fuga para Praga, Viena e Genebra. Expulsão por espionagem econômica. Em

Franz Jung, por volta de 1950

1939, agente de seguros em Budapeste; 1944, mais uma prisão, fuga para a Itália, internação no campo de concentração de Bozen. Em 1948, emigração para os Estados Unidos.

Esse currículo impressionou Andersch de tal modo que ele se dispôs a fazer o possível para ajudar Jung em sua situação precaríssima. Planejou com ele alguns programas de rádio. O visitante fez sugestões, e eu me lembro de que também falou em Hammerstein e suas filhas. Fiquei fascinado com o que Jung nos contou e ali farejei um material exemplar. Na minha ingenuidade, acreditei em tudo o que ouvi e não me dei conta dos elementos sensacionalistas nas alusões de Jung. Tal como seus outros numerosos projetos, o planejado programa de rádio não deu em nada.

Franz Jung morreu na mais completa pobreza em Stuttgart em 1963. A sua redescoberta chegou tarde para ele. Tampouco alterou as coisas a publicação de *Der Weg nach unten* [O caminho para baixo] (1961), a sua poderosa autobiografia, implacavelmente franca. Só onze anos depois, reeditada com o título *Der Torpedokäfer* [O escaravelho-torpedo], foi que ela despertou o interesse pelo autor. De lá para cá, publicaram-se duas volumosas edições de suas obras, e existe inclusive uma edição de suas cartas.

O escaravelho-torpedo, que ele inventou, o animal totêmico de Jung, pode servir de emblema dos muitos currículos interrompidos no "breve século xx":

"O escaravelho se põe em movimento, avança em disparada, acelerando ininterruptamente rumo ao alvo [...] o tempo transcorre num suspense carregado de pânico, os olhos fechados. Choque com a Resistência — e então a queda [...]. É própria do escaravelho-torpedo a capacidade biológica de voar contra o alvo e se precipitar [...]. Uma vez no chão, esvai-se toda a força. Para o observador, é óbvio: o escaravelho não vai conseguir. Mas consegue. De volta ao ponto de partida [...]. Eu vivi o voo na carne inúmeras vezes, dia e noite. O fim é sempre igual: a colisão, a queda, o arrastar-se no chão, a volta à linha de partida, ao ponto inicial — com agrura e cada vez com mais esforço [...]. A parede contra a qual o escaravelho arremete é solidamente construída. Gerações de humanidade a sustentam. Possivelmente, a estreita abertura visada e que ainda brilha de quando em quando, antes e depois, não passa de uma miragem e, na realidade, não existe."

II.

No fim da década de 50, conheci Walter Maria Guggenheimer. Era colaborador do *Frankfurter Hefte* e leitor da Suhrkamp; um dos poucos em que se podia confiar na época. Guggenheimer era um *gentleman* judeu e tivera uma vida cheia de aventuras no exílio. Durante o chamado Terceiro Reich, foi para Teerã. Em 1941, aderiu às *Forces Françaises Libres* de De Gaulle, para as quais cumpriu missões secretas no Oriente Próximo, no norte da África, na Itália e na França. Mas, à parte sua perspicácia política, não deixava transparecer nada disso. Restringia-se ao trabalho de crítico, tradutor e comentarista. Dispunha, porém, de um horizonte raríssimo naqueles anos sombrios. Guggenheimer chamou-me a atenção para Hannah Arendt e para *O pensamento cativo* de Czesław Miłosz e, um dia, entregou-me *Stalin und der deutsche Kommunismus* [Stálin e o comunismo alemão] de Ruth Fischer, publicado já em 1949, mas pouco resenhado.

Essa mulher inteligente, ambiciosa e combativa foi uma das figuras-chave da esquerda alemã da década de 20. Teve pelo menos oito nomes diferentes, mas na verdade chamava-se Elfriede Eisler e, tal como o compositor Hanns Eisler e o seu irmão Gerhart Eisler, depois funcionário do SED, provinha de um clã austríaco. Ruth Fischer era um de seus inúmeros nomes de guerra. Em novembro de 1918, ela fundou em Viena o primeiro partido comunista da

Europa Oriental e portava a carteira de inscrição nº 1 no Partido Comunista da Áustria. Um ano depois, mudou-se para Berlim. Em 1924, eleita dirigente do partido alemão, determinou a sua linha política. Pouco depois, devido às suas posições ultraesquerdistas, foi chamada a se justificar em Moscou.

Muito antes disso, conhecera Arkadi Maslow em Berlim, com quem viveu até o fim. Inicialmente, esse homem se chamava Isaak Tschemerinski. Filho de um intelectual pobre de uma cidadezinha do sul da Ucrânia, imigrou com a mãe para a Alemanha. Aos vinte anos já manifestava grande talento musical; fazia turnês como pianista. Depois estudou matemática em Berlin com Planck e Einstein. Em 1918, ingressou na Liga Spartakus. Ruth Fischer conheceu-o em 1919. "Fomos felizes em 1919 e 1920", escreveu ele posteriormente, "quando éramos jovens e tolos e tomávamos a aparência pela essência." A seguir, foi revolucionário profissional e, tal como Ruth, ascendeu à direção do KPD.

Quando ele estava sendo julgado por alta traição pela Justiça do Reich, Ruth Fischer foi convocada a Moscou, onde teve uma acalorada discussão com Stálin. Obviamente, ficou hospedada no hotel Lux. Era uma espécie de prisão domiciliar. Stálin declarou perante a plenária do Komintern: "De todos os grupos indesejáveis e negativos do Partido Comunista, o grupo de Ruth Fischer é o mais indesejável e negativista". Só em 1926 a deixaram retornar à Alemanha. No mesmo ano, ela e Maslow foram expulsos do partido por "atividade fracionista contumaz".

Em 1933, tiveram que fugir da Alemanha. Fixaram-se em Paris e, até 1936, colaboraram com Trótski na qualidade de "renegados a contragosto". Num processo secreto em Moscou, ambos foram condenados à morte à revelia por uma suposta conspiração para assassinar Stálin. Graças a um casamento de conveniência, Ruth Fischer adquiriu cidadania francesa e passou a se chamar Maria Elfriede Pleuchot. Perseguido tanto pelos nazistas quanto

Ruth Fischer, por volta de 1920

pelos comunistas, o casal logrou fugir para Lisboa, via Espanha, antes da ocupação alemã. Lá viviam com o dinheiro que Franz Jung lhes transferia. Ao passo que Ruth Fischer desembarcava em Nova York com um passaporte dinamarquês, Maslow teve que ficar em Havana, pois lhe negaram o visto americano. Poucos meses depois, foi encontrado inconsciente na rua e, hospitalizado, morreu de causa desconhecida em 21 de novembro. Ruth Fischer passou o resto da vida convencida de que essa morte foi obra do serviço secreto soviético. Por isso também suspeitava do seu irmão Gerhart. Charlie Chaplin disse: "Na família Eisler, as relações de parentesco são como nos dramas dos reis de Shakespeare".

Nos Estados Unidos, Ruth Fisher desenvolveu uma intensa atividade publicitária com a meta de combater o stalinismo. Arranjou o emprego muito bem pago de especialista em comunismo na Universidade Harvard e se naturalizou americana. Em 1947, ao depor numa comissão de inquérito, acusou os dois irmãos Gerhart e Hanns de "atividades antiamericanas". "Eu o considero um terrorista extremamente perigoso", disse acerca de Gerhart. Os adversários asseveram que Ruth estava ligada ao serviço secreto norte-americano; mas, na verdade, ela atuou apenas durante algum tempo como assessora do State Department e como professora em Harvard. Em 1955, retornou a Paris. Nos seus últimos anos, tornou a se aproximar das posições militantes da sua fase ultraesquerdista e se entusiasmou com Mao Tse-Tung; por isso, chegou a arriscar a indenização a que tinha direito na Alemanha.

Pouco antes da sua morte — faleceu em março de 1961 —, eu a visitei em Paris. Ruth morava na rue Montalivet, numa casa confortável que ficava num pequeno jardim afastado da rua. Lá abrigava uma grande biblioteca e um volumoso arquivo privado. Naquela tarde, contou-me duas coisas. Primeiro, que, em 1938, o seu companheiro Arkadi Maslow escreveu um romance sobre o "caso Hammerstein" que nunca foi publicado. O manuscrito se intitulava *Die*

Tochter des Generals [A filha do general] e se achava na Houghton Library da Universidade Harvard, que preservava seu legado.

Ao que tudo indica, Maslow redigira esse texto por precisar de dinheiro; tinha esperança na filmagem do material trabalhado de modo sensacionalista. Mas seu talento literário não era lá grande coisa, e, por outro lado, ele não tinha compromisso com os fatos. Hindenburg, Schleicher, Ribbentrop e Göring figuravam como caricaturas à margem. Kurt von Hammerstein aparecia com o nome Franz von Bimmelburg e era o clichê do reacionário obtuso e fixado no espírito de casta; sua mulher, a esposa azeda; Gerhard Scholem, que, aliás, tinha sido amigo de Maslow, um mulherengo; Marie Luise, uma ingênua, a insípida loirinha mimada que, no fim, morre cruelmente na guilhotina... A análise política é previsível; e a trama, pura invenção.

III.

Eu teria deixado isso de lado se Ruth Fischer não me falasse de sua longa amizade com Franz Jung. Os dois se conheciam desde os dias de novembro de 1919 e mantiveram contato durante o período do exílio. Foi Ruth Fischer que conseguiu para ele um visto de entrada nos Estados Unidos em 1941. Em 1960, Jung a visitou em Paris e, a despeito das diferenças políticas, sua amizade se conservou intacta. Ele nada queria saber da nova abordagem do comunismo de Ruth. "As mesmas pessoas são os heróis outra vez", escreveu a uma amiga na Itália, "subserviência total, até ao manda-chuva local. Eu não consigo entender." Sem dúvida, deve ter sido uma espécie de nova mocidade para ela, isso ele percebia, mas já não queria participar.

Mesmo assim, propôs-lhe uma nova colaboração. Ela lhe mostrara o romance de Maslow, a partir do qual Jung desenvolveu um extenso trabalho. Intitula-se "Ref. *Os Hammerstein*. A luta pelo comando no Exército alemão 1932-37" e devia servir de base para um livro e para um filme de televisão. Estilisticamente, o texto se apresenta como um relato factual. Os personagens fictícios de Maslow são designados pelo nome histórico. A análise política de Jung é muito menos amadorística que a de Maslow, mesmo porque este, em 1938, não dispunha de informação suficiente. Jung eliminou grande parte dos elementos romanescos banais. No entanto, sua trama extrai do modelo original inúmeras histórias arbitrariamente inventadas. Tanto que ele chega a afirmar que Helga von Hammerstein foi presa na fronteira, ao retornar de Paris, e "desapareceu". Quanto a Marie Luise, teria enfrentado um processo por espionagem que resultou em pena de morte. Ao mesmo tempo, esse final melodramático está contaminado por um caso completamente diferente, o de Renate von Natzmer, que em 1935 foi executada no Presídio de Plötzensee por espionagem para a Polônia — para não falar nos muitos outros erros e ficções de Franz Jung.

Um terceiro autor que escreveu sobre Hammerstein e suas filhas é Alexander Kluge. Como em todos os seus outros livros, nas histórias de *Die Lücke, die der Teufel lässt* [A fresta que o diabo deixa], ele aborda o assunto com muita superficialidade, para não dizer sem nenhum escrúpulo; mas não se trata, como no caso de Maslow, de propaganda ou banalização, e sim de reconstrução fantasiosa de momentos históricos. A fonte de Kluge é um fictício biógrafo chinês da Universidade de Pequim que chega a conclusões geniais. O que Hammerstein e as filhas vivenciaram, diz ele, "foi sempre um abismo ao lado da vida, por assim dizer, uma segunda vida, seguida de um novo abismo. O ano de 1931 é o ano das vidas múltiplas". Mesmo quem apenas roça os fatos é capaz, como se vê, de chegar a conclusões acertadas. A "fatografia" não é a única técnica razoável.

IV.

Apesar disso, eu decidi pesquisar a coisa, ainda que tarde, talvez tarde demais, uma vez que muitas testemunhas já morreram. Isso me parece necessário porque, com base na história da família Hammerstein, é possível, num espaço reduzido, reencontrar e apresentar todos os motivos e contradições decisivos do gravíssimo caso alemão: desde a tomada do poder total por Hitler até a embriaguez alemã entre o Leste e o Oeste, desde o colapso da República de Weimar até o fracasso da Resistência, e desde o fascínio pela utopia comunista até o fim da Guerra Fria. E essa exemplar história alemã trata dos últimos sinais de vida da simbiose teuto-judaica e do fato de que, muito antes dos movimentos feministas das últimas décadas, foi da força da mulher que dependeu a sobrevivência dos sobreviventes.

Naturalmente, semelhante trabalho levanta toda uma série de problemas literários e de teoria do conhecimento.

John Lothrop Motley, um historiador americano do século XIX, fez reflexões muito radicais a respeito: "Não existe história da humanidade", escreve. "Esta é a triste e profunda verdade. Os seus anais nunca foram e nunca serão escritos; e mesmo que ela existisse, nós seríamos incapazes de lê-la. O que temos é uma ou outra página do grande livro do destino arrastada pelo vento das tempestades que varrem a Terra. Nós a deciframos na medida do possível, com olhos míopes; mas a única coisa que obtemos é um balbuciar confuso. Estamos às voltas com hieróglifos cuja cifra nos falta."

Tão longe eu não pretendo chegar; o ceticismo de Motley sofre de um excesso de poesia romântica. Mas escrúpulos e reservas são muito oportunos num caso como este. Como qualquer criminalista sabe por experiência própria, as declarações das testemunhas oculares nem sempre devem ser tomadas ao pé da letra.

Mesmo os relatos bem-intencionados muitas vezes são omissos ou contraditórios. O afã de prestígio ou a edulcoração podem causar tanta confusão quanto a memória curta ou a mentira deslavada. As fontes escritas não são melhores. A palavra *documento* sugere uma fidedignidade com a qual geralmente não se vai muito longe. As lembranças de tempos muito remotos estão eivadas de esquecimento. Mas o problema menor é a falsificação descarada — esta se pode desmascarar. Atrapalha mais a mistura específica de meticulosidade com negligência, comum nas burocracias desenvolvidas. Mais perigosas ainda são as distorções politicamente motivadas. Recomenda-se um cuidado especial quando se trata, como em muitas partes deste relato, de fontes da esfera do serviço secreto. Aqui importam não só as intrigas e a necessidade de autoafirmação como a paranoia própria do meio. Totalmente duvidosas são as declarações — geralmente arrancadas mediante tortura — dos acusados nos processos políticos dos anos 30 e 40.

Apesar dessas dificuldades, tentei distinguir fatos de meras invenções. Muitas coisas não são cabalmente elucidáveis. Não raro, surgem várias versões diferentes do mesmíssimo fato. Deixo para os especialistas a crítica aprofundada das fontes.

Mesmo assim, este livro não é um romance. Para fazer uma comparação ousada, ele se aproxima mais da fotografia que da pintura. Procurei separar do meu juízo subjetivo, que aqui aparece na forma de glosas, tudo quanto me foi possível documentar com base em fontes escritas e orais. Complementarmente, recorri à venerável forma literária do diálogo com os mortos. Tais conversas póstumas possibilitam o diálogo entre os de hoje e aqueles que os precederam — uma discussão que, como se sabe, enfrenta diversas dificuldades de entendimento, quem escapou com vida geralmente se acreditando mais lúcido do que quem viveu num permanente estado de exceção e, por isso, arriscou a pele.

A recusa do romance não significa que este trabalho tenha

pretensões científicas. Por isso mesmo, abri mão de notas de rodapé, números de páginas e indicações de corte nas citações. Quem quiser informações mais exatas pode se remeter à bibliografia. Ademais, tive acesso a um grande acervo de material não publicado: extensos documentos dos mencionados arquivos, entrevistas com os parentes sobreviventes e cartas e anotações manuscritas que puseram à minha disposição. Muitíssimo obrigado a todos os meus interlocutores. Sem a ajuda dos historiadores e dos arquivistas, eu não teria ido além do primeiro passo; mas nunca tive a intenção de invadir o território deles. Cada um, mesmo o escritor, faz o melhor que pode.

Fontes

Arquivos

Berlim, Behörde der Bundesbeauftragten für die Unterlagen des Staatssicherheitsdienstes der ehemaligen Deutschen Demokratischen Republik.
Berlim, Gedenkstätte Deutscher Widerstand.
Berlim, arquivo da família de Franz von Hammerstein.
Berlim, Stiftung Archiv der Parteien und Massenorganisationen der DDR im Bundesarchiv (SAPMO-DDR).
Cambridge, Mass. Houghton Library, Harvard University, Ruth Fischer Files; especialmente Arkadij Maslow, *Die Tochter des Generals*, esboço de romance, Ms. 249 S. Doc 2775-2777.
Hamburgo, arquivo da família de Juliane Kutter.
Hamburgo, Hamburger Institut für Sozialforschung (cópias de documentos de arquivos em Berlim e Moscou).
Hannover, Archiv des Instituts für Politikwissenschaft, Universidade de Hannover.
Koblenz, Bundesarchiv, seção ED 902.
Moscou, Arquivo Estatal de História Política e Social (RGASPI).
Moscou, Arquivo Central do Exército Soviético (ZGASA).
Munique, Institut für Zeitgeschichte.
Washington, National Archives.

Publicações

BRACHER, Karl Dietrich; SAUER, Wolfgang & SCHULZ, Gerhard. *Die nationalsozialistische Machtergreifung. Studien zur Errichtung der totalitären Herrschaft in Deutschland.* Colônia: Westdeutscher Verlag, 1962.

BRÜNING, Heinrich. *Memoiren 1918-1934.* Stuttgart: DVA, 1970.

BUCKMILLER, Michael & NAFE, Pascal. "Die Naherwartung des Kommunismus — Werner Scholem". In BUCKMILLER, Michael; HEIMANN, Dietrich & PERELS, Joachim (orgs.). *Judentum und politische Existenz. Siebzehn Porträts deutsch-jüdischer Intellektueller.* Hannover: Offizin, 2000.

_____ & MESCHKAT, Klaus (orgs.). *Biographisches Handbuch zur Geschichte der Kommunistischen Internationale.* Berlim: Akademie Verlag, 2007.

CARSTEN, Francis L. *Reichswehr und Politik 1918-1933.* Colônia: Kiepenheuer & Witsch, 1964.

_____ "Die Reichswehr und die Diktatur". In JASPER, Gotthard (org.). *Von Weimar zu Hitler 1930-1933.* Colônia/Berlim: Kiepenheuer & Witsch, 1968.

FEUCHTWANGER, Franz. "Der militärpolitische Apparat der KPD in den Jahren 1928-1935. Erinnerungen". *Internationale wissenschaftliche Korrespondenz zur Geschichte der deutschen Arbeiterbewegung,* fasc. 4, 1981.

FISCHER, Ruth. *Stalin und der deutsche Kommunismus. Der Übergang zur Konterrevolution.* Trad. H. Langerhans. Frankfurt am Main: Verlag der Frankfurter Hefte, [1949].

_____ & MASLOW, Arkadij. *Abtrünnig wider Willen. Aus Briefen und Manuskripten des Exils.* Org. Peter Lübbe, prefácio de Hermann Weber. Munique: Oldenbourg, 1990.

FLEXIUS, Walter. *Das Blutbad im Dritten Reich. Authentische Darstellungen nach den Mitteilungen geflüchteter SA-Führer.* Panfleto da Liga Patriótica de Saarland. Saarbrücken, [1934].

FOERTSCH, Hermann. *Schuld und Verhängnis. Die Fritsch-Krise im Frühjahr 1938 als Wendepunkt in der Geschichte der nationalsozialistischen Zeit.* Stuttgart: DVA, 1951.

GROEHLER, Olaf. *Selbstmörderische Allianz. Deutsch-russische Militärbeziehungen 1920-1941.* Berlim: Vision Verlag, 1992.

HAMMERSTEIN, Kunrat von. "Schleicher, Hammerstein und die Machtübernahme 1933". *Frankfurter Hefte,* 11, 1956.

_____ *Spähtrupp.* Stuttgart: Goverts, 1963.

_____ *Flucht. Aufzeichnungen nach dem 20. Juli.* Olten e Freiburg im Breisgau: Walter, 1966.

HAMMERSTEIN, Ludwig von. "Kurt Freiherr von Hammerstein-Equord 1878-

1943". *Familienblatt des Familienverbandes der Freiherrn von Hammerstein*, 19, dez. 1961.

_____ "Notizen". In STEINHOFF, Johannes; PECHEL, Peter & SHOWALTER, Dennis (orgs.). *Deutsche im Zweiten Weltkrieg. Zeitzeugen sprechen*. Munique: Schneekluth, 1989.

_____ *Der 20. Juli 1944. Erinnerungen eines Beteiligten*. Saarbrücken: Europa-Institut, 1994.

HARDENBERG, Condessa Reinhild von. *Auf immer neuen Wegen. Erinnerungen an Neuhardenberg und den Widerstand gegen den Nationalsozialismus*. Berlim: Lukas, 2003.

HASSELL, Fey von. *Niemals sich beugen. Erinnerungen einer Sondergefangenen der SS*. Munique: Piper, 1990.

HASSELL, Ulrich von. *Die Hassell-Tagebücher 1938-1944. Aufzeichnungen vom Anderen Deutschland*. Ed. rev. e ampliada. Org. Friedrich Hiller von Gaertingen. Berlim: Siedler, 1988.

HEDELER, Wladislaw. *Chronik der Moskauer Schauprozesse 1936, 1937 und 1938. Planung, Inszenierung und Wirkung*. Com um ensaio de Steffen Dietzsch. Berlim: Akademie Verlag, 2003.

HERING, Sabine & SCHILDE, Kurt. *Kampfname Ruth Fischer. Wandlungen einer deutschen Kommunistin*. Frankfurt am Main: DPA-Verlag, 1995.

JUNG, Franz. *Briefe*. Org. Klaus Behnken. Salzhausen: Petra Nettelbeck, 1981.

_____ *Briefe und Prospekte. Dokumente eines Lebenskonzeptes*. Org. e comentário de Sieglinde e Fritz Mierau. Hamburgo: Nautilus, 1988.

KAHLENBERG, Friedrich P.; PICHOJA, Rudolf G. & DVOJNYCH, Ljudmila V. *Reichswehr und Rote Armee. Dokumente aus den Militärarchiven Deutschlands und Russlands 1925-1931*. Koblenz: Bundesarchiv, 1995.

KARDORFF, Ursula von. *Berliner Aufzeichnungen*. Ed. rev. e comentada por Peter Hartl. Munique: Beck, 1992.

KAUFMANN, Bernd et alii. *Der Nachrichtendienst der KPD 1919-1937*. Berlim: Dietz, 1993.

KLUGE, Alexander. *Die Lücke, die der Teufel lässt. Im Umfeld des neuen Jahrhunderts*. Frankfurt am Main: Suhrkamp, 2003.

KOBE, Gerd. *Pflicht und Gewissen. Smilo Freiherr v. Lüttwitz. Lebensbild eines Soldaten*. Mainz: v. Hase & Koehler, 1988.

KOENEN, Gerd. "Hitlers Russland. Ambivalenzen im deutschen 'Drang nach Osten'". *Kommune*, 1, 2003.

_____ *Der Russland-Komplex. Die Deutschen und der Osten 1900-1945*. Munique: Beck, 2005.

KOESTLER, Arthur. *Sonnenfinsternis*. Londres: Hamish Hamilton, 1946.

KROSIGK, Ludwig Schwerin von. *Es geschah in Deutschland. Menschenbilder unseres Jahrhunderts.* Tübingen: Wunderlich, 1951.

LUKÁCS, Georg; BECHER, Johannes R.; WOLF, Friedrich et alii. *Die Säuberung. Moskau 1936: Stenogramm einer geschlossenen Parteiversammlung.* Org. Reinhard Müller. Reinbek: Rowohlt, 1991.

MANSTEIN, Erwin von. *Aus einem Soldatenleben 1887-1939.* Bonn: Athenäum, 1958.

MAYENBURG, Ruth von. *Blaues Blut und rote Fahnen. Ein Leben unter vielen Namen.* Viena/Munique: Molden, 1969.

_____ *Hotel Lux. Mit Dimitrow, Ernst Fischer, Ho Tschi Minh, Pieck, Rakosi, Slansky, Dr. Sorge, Tito, Togliatti, Tschou En-Lai, Ulbricht und Wehner im Moskauer Quartier der Kommunistischen Internationale.* Munique: Bertelsmann, 1978.

MEISSNER, Hans Otto & WILDE, Harry. *Die Machtergreifung. Ein Bericht über die Technik des nationalsozialistischen Staatsstreichs.* Stuttgart: Cotta, 1958.

MÜLLER, Klaus-Jürgen. *Das Heer und Hitler. Armee und nationalsozialistisches Regime 1933-1940.* Stuttgart: DVA, 1969.

MÜLLER, Reinhard. *Die Akte Wehner. Moskau 1937 bis 1941.* Berlim: Rowohlt, 1993.

_____ "Hitlers Rede vor der Reichswehr- und Reichsmarineführung am 3. Februar 1933. Eine neue Moskauer Überlieferung". *Mittelweg,* 4, 2000.

_____ *Menschenfalle Moskau. Exil und stalinistische Verfolgung.* Hamburgo: Hamburger Edition, 2001.

_____ *Herbert Wehner. Moskau 1937.* Hamburgo: Hamburger Edition, 2004.

OTT, Eugen. "Ein Bild des Generals Kurt von Schleicher, aus den Erfahrungen seiner Mitarbeiter dargestellt". *Politische Studien,* 10, 1959.

PAASCHE, Maria Therese. *Our thanks to the Fuji-san.* Entrevista a Sandra Marshall Finley. San Francisco: ed. privada, 1984.

_____ & PAASCHE, John. *Diverse antecedents.* Org. Sandra Marshall Finley. San Francisco, ed. privada, 1986.

PAPEN, Franz von. *Vom Scheitern einer Demokratie 1930-1933.* Mainz: v. Hase & Koehler, 1968.

PICKER, Henry. *Hitlers Tischgespräche im Führerhauptquartier 1941-1942.* Org. Percy Ernst Schramm em colaboração com Andreas Hillgruber e Martin Vogt. Stuttgart: Seewald, 1963.

PUFENDORF, Astrid von. *Die Plancks. Eine Familie zwischen Patriotismus und Widerstand.* Berlim: Propyläen, 2006.

RICHARDI, Hans-Günter. *SS-Geiseln in der Alpenfestung. Die Verschleppung promi-*

nenter KZ-Häftlinge aus Deutschland nach Südtirol. Bozen: Edition Raetia, 2006.

SANDVOSS, Hans-Rainer. *Widerstand in Mitte und Tiergarten.* Berlim: Gedenkstätte Deutscher Widerstand, 1994.

_____ *Die "andere" Reichshauptstadt. Widerstand aus der Arbeiterbewegung in Berlin von 1933 bis 1945.* Berlim: Lukas, 2007.

SCHÄFER, Kirstin A. *Werner von Blomberg, Hitlers erster Feldmarschall.* Paderborn: Schöningh, 2005.

SCHLABRENDORFF, Fabian von. *Offiziere gegen Hitler.* Org. Gero Schulze-Gaevernitz. Zurique: Europa, 1946.

SCHLÖGEL, Karl. *Berlin — Ostbahnhof Europas. Russen und Deutsche in ihrem Jahrhundert.* Berlim: Siedler, 1998.

_____ "Moskau 1937. Eine Stadt in den Zeiten des Grossen Terrors". *Jahrbuch des Historischen Kollegs*, 12, 2006.

SPEIDEL, Helm. "Reichswehr und Rote Armee". *Vierteljahreshefte für Zeitgeschichte*, 1, 1953.

STEINBERGER, Nathan & BROGGINI, Barbara. *Berlin-Moskau-Kolyma und zurück. Ein biographisches Gespräch über Stalinismus und Antisemitismus.* Berlim/Amsterdam: ID-Archiv, 1996.

STRENGE, Irene. *Kurt von Schleicher. Politik im Reichswehrministerium am Ende der Weimarer Republik.* Berlim: Duncker & Humblot, 2006.

VERMEHREN, Isa. *Reise durch den letzten Akt. Ravensbrück, Buchenwald, Dachau: eine Frau berichtet.* Hamburgo: Wegner, 1946; Reinbek: Rowohlt, 1979.

VOGELSANG, Thilo. "Neue Dokumente zur Geschichte der Reichswehr 1930-1933". *Vierteljahresheft für Zeitgeschichte*, 2, 1956.

_____ *Reichswehr, Staat und NSDAP. Beiträge zur deutschen Geschichte 1930-1933.* Stuttgart: DVA, 1962.

WEBER, Hermann & HERBST, Andreas. *Deutsche Kommunisten. Biographisches Handbuch 1918 bis 1945.* Berlim: Dietz, 2004.

WEHNER, Herbert. *Zeugnis.* Org. Gerhard Jahn. Colônia: Kiepenheuer & Witsch, 1982.

WOHLFEIL, Rainer & DOLLINGER, Hans. *Die deutsche Reichswehr. Bilder, Dokumente, Texte zur Geschichte des Hunderttausend-Mann-Heeres 1919-1933.* Frankfurt am Main: Bernhard & Graefe, 1972.

ZEIDLER, Manfred. *Reichswehr und Rote Armee 1920-1933. Wege und Stationen einer ungewöhnlichen Zusammenarbeit.* Munique: Oldenbourg, 1993.

Agradecimentos

Em primeiro lugar, aos membros da família Hammerstein, que me abriram seus arquivos privados e me confiaram não apenas suas fotografias, mas também suas recordações: Franz e Verena von Hammerstein, Berlim; Hildur Zorn, Berlim; Gottfried Paasche, Toronto; Cecil von Münchhausen, Berlim; e Juliane Kutter, Hamburgo.

Não menos indispensável foi o auxílio generoso de Reinhard Müller, conhecedor da história do comunismo alemão, a quem dificilmente escapam fontes remotas e arquivos secretos. Sem suas pesquisas em Moscou e Paris, muito do que se deu no assim chamado "aparato" teria permanecido no escuro. Igualmente indispensável será sua colaboração na filmagem da história dos Hammerstein, supondo que venha a se realizar.

Finalmente, quero ainda agradecer a: Michael Buckmiller, Hannover; Renée Goddard, Londres; Christine Haselmayr von Ranke, Munique; Andreas Herbst, Berlim; Olga Mannheimer, Munique; Hartmut Mehringer, Munique; Hans-Rainer Sandvoss, Berlim; e Johannes Tuchel, Berlim.

Sobre as ilustrações

Salvo menção em contrário, as imagens provêm dos arquivos das famílias Von Hammerstein, Paasche, Kutter e Höslmayr.

Páginas 33, 70, 95, 128, 177, 178, 186, 188, 196, 197, 202, 219, 231: Hamburger Institut für Sozialforschung;
Páginas 38, 42, 45, 132, 158, 223, 249, 251, 257, 258, 266, 267: Gedenkstätte Deutscher Widerstand;
Páginas 96, 173: Ruth von Mayenburg, *Blaues Blut und rote Fahnen*;
Página 313: Sabine Hering e Kurt Schilde, *Kampfname Ruth Fischer*;
Páginas 277, 278: Hans Günter Richardi, *SS-Geiseln in der Alpenfestung*;
Página 92: Arquivo da família Höslmayr, Munique;
Página 309: Deutsches Literaturarchiv, Marbach.

Índice onomástico

Adam, Wilhelm 79, 232
"Adam" *ver* Kippenberger, Hans
Adenauer, Konrad 69, 71, 150
Adorno, Theodor W. 308
"Albert" *ver* Roth, Leo
"Alex" *ver* Kippenberger, Hans
Alvensleben, Ludolf v. 99
Alvensleben, Werner v. 99, 153, 236, 238
Alvensleben, Wichard v. 276
"Ama" *ver* Hammerstein-Equord, Maria v.
Andersch, Alfred 307, 308, 310,
Arendt, Hannah 85, 195, 311
Asseburg-Neindorf, Alexander v. 91
Asseburg-Neindorf, Maximilian v. 89, 92

Badoglio, Mario 272
Baeck, Leo 288
Bauer, Gustav 29
Bechstein, Edwin 11, 59, 97
Bechstein, Helene 11
Beck, Ludwig 100, 105, 148, 222, 224, 232, 233, 236, 239, 250-2, 255, 256,
Beckmann, Max 34
Bendler, Johann Christoph 247
Beneš, Edvard 213
Benjamin, Walter 126, 127
Benn, Gottfried 43, 99
Bergsträsser, Arnold 288
"Berndt" *ver* Roth, Leo
Bessónov, Iwan 272
Best, Sigismund Payne 272, 274,
Biermann, Wolf 297
Bismarck, Otto v. 205
Björnsen, Bergljot 87
Blomberg, Werner v. 37, 71, 79, 98, 104-7, 114, 122, 152, 153, 179, 239
Blücher, Heinrich 85
Blum, Léon 271
Bonin, Bogislav v. 271, 276
Bormann, Martin 236
Bourbon, Xavier Prince de 272

Boveri, Margret 133
Brauchitsch, Walther v. 79, 248
Brecht, Bertolt 35, 66
Bredow, Ferdinand v. 75, 96, 140, 149, 152, 198, 200, 201,
Breloer, Heinrich 230
Brückner, Wilhelm 106
Brühl ["Brühls"] 54
Brüning, Heinrich 28, 38, 40, 41, 43, 46, 47
Brunner, Christina *ver* Kerff, Anna
Buber, Martin 288
"Burg" *ver* König, Gustav
Bussche-Ippenburg, Axel v. d. 255
Bussche-Ippenburg, Erich v. d. 95, 96, 104, 105
"Butzi" *ver* Hammerstein-Equord, Marie Luise v.

Caden, Gerd ["Cello", "Schellow"] 181-4
Canaris, Wilhelm 100, 178, 201, 236, 248
Canetti, Elias 156
Caspari, Else ("Pari") 54, 286
"Cello" *ver* Caden, Gerd
Chamberlain, Houston Stewart 20
Chamberlain, Neville 233
Chamfort, Nicolas 23
Chaplin, Charlie 314
Chintschuk, Lew 153
Churchill, Winston 236
Claessen, Dorothee *ver* Hammerstein-Equord, Dorothee v.
Clausewitz, Carl v. 77, 204, 210,
Cochenhausen, Friedrich v. 183
Coudenhove-Calergi, Richard Nikolaus Graf v. 25

Dahlem, Franz 194
Daladier, Edouard 233
Dibelius, Otto 288, 290
Dijk, Johannes van 272
Dimítrov, Georgij 115, 161, 180, 187, 193, 202, 228,
Dohna-Schlobitten, conde Heinrich zu 54
Dollfuss, Engelbert 156, 162
Dostoiévski, Fiódor 204
Dünow, Hermann 83, 84, 116,

Eberhard, Fritz 307
Eberhardt, Magnus v. 12
Einstein, Albert 135, 312
Eisler, Elfriede *ver* Fischer, Ruth
Eisler, Gerhart 311, 314
Eisler, Hanns 311, 314
Engels, Friedrich 61, 181
Enver Pascha 74
"Esi" *ver* Hammerstein-Equord, Maria Therese v.

Falkenhausen, Alexander v. 271
Feldman, B. M. 77
Feuchtwanger, Franz 116, 118, 136, 158
Feuchtwanger, Lion 193
Feuerbach, Ludwig 61
Filipacci, Catarina 17
Finck, Werner 272
Fischer, Ernst 154, 191, 228, 230
Fischer, Ruth [Elfriede Eisler] 12-7, 311-2, 313-5
Flügge, Wilhelm v. 272
Foertsch, Hermann 69, 71
Fontane, Theodor 26
Fontenelle, Bernard de 23
Forbers, sir George Ogilvy 235

Francois-Poncet, André 150, 161
Fritsch, Werner v. 151, 179, 183, 248,
Fritsche, Hans 256, 260
Fromm, Friedrich 250
Funk, Kurt *ver* Wehner, Herbert
Furtwängler, Wilhelm 59

Garibaldi, Sante 272
Gaulle, Charles de 210, 311
Gersdorff, Rudolf Christoph v. 255
Gessler, Otto 236
Gisevius, Annelise 271, 273,
Goebbels, Joseph 34, 206
Goerdeler, Carl 148, 236-9, 255, 262, 260, 270-1, 273,
Goerdeler, Reinhard 270-1, 273
Goethe, Johann Wolfgang v. 116
Gollwitzer, Hellmut 148
Göring, Hermann 71, 255, 315
Graf, Oskar Maria 308
Groener, Wilhelm 40, 44, 100
Grosz, George 308
Guderian, Heinz 79
Guggenheimer, Walter Maria 311
Güntel, Marie 150-1
Gysi, Klaus 153

Haber, Fritz 124
Hackebeil, Heinz 130
Haeften, Werner v. 250
"Hako" *ver* Hammerstein-Equord, Kurt v.
Halder, Franz 232, 271
Halder, Gertrud 273
Halem, Nikolaus v. 224
Hammerstein-Equord, Dorothee v. 290
Hammerstein-Equord, Franz v. 12-14, 52-54, 55, 56, 138, 148, 171, 242, 261, 269, 273, 275, 282, 283, 284, 287-9, 293, 298, 301
Hammerstein-Equord, Heino v. 16
Hammerstein-Equord, Helga v. ["Grete Pelgert"] 20, 23, 51, 52, 53, 57, 62, 64, 65, 68, 84, 87, 91, 93, 106, 112, 115, 116, 132, 136, 138, 142, 147, 164, 165, 169-70, 175, 176-79, 180, 186, 187, 189, 200, 201, 203, 215, 216, 217, 240, 265, 268, 270, 282, 284, 286, 301, 303, 304-6, 316
Hammerstein-Equord, Hildur v. ["Puppe"] 56, 57, 148, 171, 222, 259, 270, 271, 273, 275, 276, 282, 283, 284, 290, 293, 304-6, 327
Hammerstein-Equord, Kunrat v. 29, 53, 56, 57, 59, 112, 138, 234, 237, 238, 240, 241, 247, 255, 260, 261, 262, 263, 264, 268, 269, 284, 287, 299, 301, 305,
Hammerstein-Equord, Kurt v. ["Papus", "Hako"] passim
Hammerstein-Equord, Ludwig v. 11, 22, 53, 55, 61, 100, 120, 148, 150, 224, 233, 234, 240, 252, 253, 262, 262, 265, 266, 268, 281, 283, 284, 288, 299, 301, 305
Hammerstein-Equord, Maria v. ["Mietze", "Ama"] 17-22, 29, 48, 49, 50, 51, 55, 106, 137, 222, 225, 233, 242, 245, 268, 269, 271, 273, 276, 282, 283, 284, 285
Hammerstein-Equord, Maria Therese v. ["Esi"] 20, 23, 24, 26, 27, 48, 50, 51, 53, 57, 58, 60-2, 65, 101, 106, 120, 139-2, 144-5, 153, 200-3, 282-4, 290, 291, 293, 294, 304, 305
Hammerstein-Equord, Marie Luise v. ["Butzi"] 20, 23, 50, 51, 57, 62-5,

106, 112, 120, 130-2, 137-9, 168, 170, 189, 203, 240, 282, 294, 295, 297, 299, 300, 305, 306, 315, 316
Hammerstein-Equord, Verena v. 284, 286, 287, 288, 298, 299, 327
Hammerstein-Loxten, Wilhelm v. 147
Harbou, Bodo v. 28, 137, 139,
Harbou, Marie Luise v. *ver* Hammerstein-Equord, Marie Luise v.
Harbou, Mogens v. 137, 139
Hardenberg, conde Carl-Hans v. 54, 222, 223, 234, 242, 248,
Hardenberg, condessa Reinhild v. 25, 222
Hardenberg, conde Wilfried v. 248
Hartlaub, Felix 262
Hassel, Fey v. 272, 273 f.
Hassell, Ulrich v. 222, 224, 272,
Havemann, Rudolf 295, 297
Heartfield, John 308
Heidegger, Martin 35
Helldorf, conde Wolf v. 100, 239
Henderson, sir Neville 235
Hess, Ernst *ver* Roth, Leo
Hessen, Príncipe Philipp v. 272
Heydrich, Reinhard 211, 213
Himmler, Heinrich 85, 99, 149, 183, 255, 262, 270, 271, 275
Hindenburg, Oscar v. 16, 173
Hindenburg, Paul v. 16, 22, 30, 32, 43, 44, 46, 47, 54, 77, 78, 93, 94, 96, 98, 114, 119, 120, 122, 149, 152, 173, 239, 315
Hirsch, Werner 194-8
Hitler, Adolf 11, 12, 25, 31, 35, 40, 43, 46, 48, 62, 64, 70, 71, 93, 95-101, 104-7, 112, 115, 118, 120, 122, 132, 137, 138-40, 145, 148-50, 152, 162, 166, 171-74, 179, 180, 183, 185, 192, 193, 195, 198, 207, 213, 217, 220, 222, 230, 232, 233, 234, 235, 237, 238, 239, 240, 242, 248, 250, 254, 255, 259, 270, 317
Hoelz, Max 79
Hoepner, Erich 250
Horkheimer, Max 35
Horthy, Miklós v. 272
Huelsenbeck, Richard 308
Hugenberg, Alfred 47, 94
Huth, Oskar 215, 265, 268, 286,

Jäger, Friedrich Gustav 256
Júkov, Geórgui 124, 250
Jung, Franz 308, 309, 310, 314, 315, 316,
Jünger, Ernst 35, 126

Kaden, Gerd *ver* Caden
Kaiser, Jakob 273, 284, 290
Kállay, Miklós v. 272
Kapp, Wolfgang 29, 100, 183
Kardorff, Konrad v. 242
Kardorff, Ursula v. 242
Keitel, Wilhelm 79, 269, 270,
Kerff, Anna ["Lore", Christina Brunner, Christine Kjossewa] 87, 136, 193, 198, 199,
Kerp, Else 279, 280
Kerp, Hertha 265
Kippenberger, Hans ["Alex", "Adam", "Wolf"] 83, 84, 85, 87, 89, 101, 115, 116, 118, 134, 136, 158, 160, 169, 171, 175, 180, 181, 184, 193, 194, 195, 196, 198, 199, 200, 201
Kirchner, Ernst Ludwig 59
Kjossewa, Christine *ver* Kerff, Anna
Klages, Ludwig 205
Klee, Paul 59

Kleist, Ewald Heinrich v. 255, 256, 260, 263
Klemperer, Otto 59
Kluge, Alexander 316
Koeppen, Wolfgang 308
Koestler, Arthur 103
König, Gustav ["Burg"] 166-8
Korsch, Karl 35, 66, 127
Kortzfleisch, Joachim v. 256
Kotzner, Friedrich *ver* Roth, Leo
Kraushaar, Luise 107, 135,
Krupp, Gustav 87
Kühlenthal, Erich 140, 154, 201
Kutter, Juliane 290, 321, 327

Lammers, Hans Heinrich 105
Lehndorff, conde Heinrich v. 224
"Lena" *ver* Mayenburg, Ruth v.
Lênin, Vladímir 66, 74, 162, 205, 226
Leviné, Eugen 103
Lewin, Wera 57, 141, 145
Lichtenberg, Georg Christoph 23
Liebknecht, Karl 27, 103, 118, 183
Liebmann, Curt 105
"Lore" *ver* Kerff, Anna
Lubbe, Marinus van der 115
Ludendorff, Erich 29
Lunding, Hans 272
Lüttwitz, Marie v. 15, 17, 29
Lüttwitz, Smilo v. 22, 69, 269
Lüttwitz, Walther v. 15-8, 21, 22, 27, 29, 31, 36, 50, 54, 168
Luxemburgo, Rosa 27, 183
Lynar, conde Christian zu 221, 286, 287
Lynar, condessa Ilse zu 221, 287

Mann, Thomas 260
Manstein, Erich v. 71, 79, 246
Mao Tse-Tung 314

Marx, Karl 181
Maslow, Arkadi 126-7, 312, 314-6
Mayenburg, Ruth v. ["Lena", "Ruth Wieden"] 89, 90, 92, 146, 154, 155, 162, 164, 171, 172, 191, 193, 213, 215, 225, 226, 229
Mehring, Walter 181
Meissner, Otto 47, 94
Mellenthin, Horst v. 105
Merker, Paul 194
Mertens, Edna *ver* Wilde, Grete
Metternich, Príncipe Clemens Wenzel v. 204
"Mietze" *ver* Hammerstein-Equord, Maria v.
Miłosz, Czesław 311
Mittelberger, Hilmar v. 211
"Moritz" *ver* Ranke, Hans Hubert v.
Motley, John Lothrop 317
Mühsam, Erich 308
Müller, Hermann 40
Müller, Reinhard 85, 193
Münchhausen, Bettina v. 286, 297, 300
Münchhausen, Cecil v. 297, 327
Münchhausen, Friedemann v. 139, 282, 294, 296, 300
Münchhausen, Kai v. 296, 299
Münchhausen, Marie Luise v. *ver* Hammerstein-Equord, Marie Luise v.
Münzenberg, Willi 115, 116, 152,
Mussolini, Benito 233

"Naphta" *ver* Noble, Werner
Napoleão 204
"Nati" *ver* Steinberger, Nathan
Natzmer, Renate v. 316
Neurath, Konstantin v. 105, 152
Niekisch, Ernst 206
Niemöller, Martin 148, 163, 272

Noble, Werner ["Naphta"] 139
Noske, Gustav 28, 247
Nuding, Hermann 180

Obyoni, Olga v. *ver* Ranke, Olga v.
Olbricht, Friedrich 250, 256, 258, 259
Oppen, Georg Sigismund v. 256, 260
Ott, Eugen 37, 96, 106, 143, 145, 146, 150, 172
Ott, Helma 146
Oven, Margarethe v. 25, 55, 248,

Paasche, Carol 284
Paasche, Gottfried 142, 144, 293, 304, 327
Paasche, Hans 141
Paasche, Joachim [John] 25, 139-41, 290, 292, 293
Paasche, Joan 144, 286, 291
Paasche, Maria Therese *ver* Hammerstein-Equord, Maria Therese v.
Paasche, Michaela 291
Paasche, Vergilia 291
Pabst, Waldemar 183
Papagos, Alexander 272
Papen, Franz v. 40, 42, 43, 44, 47, 54, 94, 96, 122, 149, 152, 173, 183
"Papus" *ver* Hammerstein-Equord, Kurt v.
"Pari" *ver* Caspari, Else
Paulus, Friedrich 79
Pechel, Rudolf 236
Pelgert, Grete *ver* Hammerstein-Equord, Helga v.
Pieck, Wilhelm 161, 175, 186, 194, 195
Piscator, Erwin 308
Planck, Erwin 38, 39, 43, 96, 99, 150, 151, 153, 262, 312
Planck, Max 125

Plettenberg, Kurt v. 225, 271
Prússia, Príncipe Friedrich Leopold da 272
Prússia, Príncipe Louis Ferdinand da 54
Pünder, Hermann 271, 276
"Puppe" *ver* Hammerstein-Equord, Hildur v.

Quirnheim, Albrecht Mertz v. 100, 250

Radek, Karl 74-5
Raeder, Ernst 105
Ranke, Hans Hubert v. ["Moritz"] 84-7, 102, 115, 116, 217, 303
Ranke, Olga v. 85, 103
Rauschning, Hermann 148
Reichenau, Walther v. 106, 122, 201
Reinhardt, Max 59
Ribbentrop, Joachim v. 315
Richardi, Hans-Günter 271
Rilke, Rainer Maria 57, 204
Rinck v. Baldenstein, sra. v. 182
Rinck v. Baldenstein, Werner v. 182
Röhm, Ernst 136, 148-9, 151
Roland ["Rolland", "Baron"] 62, 200, 201, 203
Rordorf, Verena *ver* Hammerstein-Equord, Verena v.
Rossow, Helga *ver* Hammerstein-Equord, Helga v.
Rossow, Walter 217, 303-4
Roth, Joseph 31
Roth, Leo ["Albert", "Berndt", "Ernst Hess", "Friedrich Kotzner", "Rudi", "Viktor"] 65-8, 87-9, 102, 106, 112, 115, 130-1, 133-6, 158-9, 166-8, 170, 174-8, 182, 184, 186-7, 189, 193, 195, 198-9, 203, 215, 304

Rothfels, Hans 288
"Rudi" *ver* Roth, Leo

Sauerbruch, Ferdinand 209
Schacht, Hjalmar 271
Schad, Christian 34
Scheidemann, Philipp 76, 122
Scheidt, Wilhelm 262
"Schellow" *ver* Caden, Gerd
Schiller, Friedrich 116
Schlabrendorff, Fabian v. 96, 224, 234-5, 254
Schleicher, Elisabeth v. 138, 149
Schleicher, Kurt v. 12, 16, 20, 28-9, 35, 38, 40-2, 44, 46-7, 54, 62, 70-1, 74, 93-9, 101, 104, 114, 122, 138, 141, 145, 149, 150-1, 153, 173, 178-9, 194, 197, 238-9, 315
Schlögel, Karl 207, 218
Schmidt, Arno 308
Schmitt, Carl 35, 141, 149
Scholem, Emmy 126, 129, 130
Scholem, Ernst 295
Scholem, Gerhard [Gershom] 125, 126, 127, 129, 295, 315
Scholem, Werner 64, 112, 125, 128, 137, 295, 301
Schöningk, Franz Josef 282
Schulenburg, conde Fritz-Dietlof v. d. 224, 254
Schulenburg, conde Werner v. d. 100, 224
Schuschnigg, sra. v. 272, 274
Schuschnigg, Kurt v. 272
Schwerin v. Krosigk, conde Ludwig 70
Schwerin v. Schwanenfeld, Conde Ulrich Wilhelm 256
Schwitters, Kurt 34
Seeckt, Hans v. 74, 75

Seldte, Franz 152
Solm-Baruth, príncipe Friedrich zu 242
Sorge, Richard 146, 293
Spengler, Oswald 206
Stálin 68, 118, 127, 181, 207, 211, 213, 226, 227, 311, 312
Stauffenberg, conde Alexander Schenk v. 271
Stauffenberg, condessa Alexandra Schenk v. 271
Stauffenberg, conde Berthold Schenk v. 248, 273
Stauffenberg, conde Claus Schenk v. 100, 250,
Stauffenberg, condessa Elisabeth Schenk v. 271
Stauffenberg, condessa Inez Schenk v. 271
Stauffenberg, condessa Maria Schenk v. 271
Stauffenberg, condessa Marie Gabriele Schenk v. 271, 274
Stauffenberg, conde Marquart Schenk Jr. v. 271
Stauffenberg, conde Marquart Schenk v. 271
Stauffenberg, conde Otto Schenk v. 271
Steinberger, Nathan ["Nati"] 59, 189, 215, 301
Stolberg-Wernigerode, conde Albrecht zu 54
Strasser, Gregor 47
Stresemann, Gustav 75, 77
Stülpnagel, Joachim v. 77, 94

Taut, Bruno 142
Thälmann, Ernst 34, 169, 195,

Thyssen, Amélie 272, 373
Thyssen, Fritz 304, 305
Togliatti, Palmiro 178
Tolstói, Lev 59, 204
Tresckow, Henning v. 100, 248, 254
Troeltsch, Ernst 31
Trótski, Leon 74, 312
Tschemerinski, Isaak *ver* Maslow, Arkadi
Tukhatchévski, Mihaíl 77, 78, 123, 124, 210, 211, 212, 213, 214, 228

Ulbricht, Walter 158, 161, 175, 180, 193

Vermehren, Isa 272, 273, 275
"Viktor" *ver* Roth, Leo
Vorochílov, Klíment 80, 81, 82, 123, 124, 138, 172, 192, 208, 210, 211, 226, 228, 230

Walter, Bruno 59
Warburg, Eric M. 73
Wegener, Irmgard 282
Wehner, Herbert ["Kurt Funk"] 87, 133, 161, 174, 175, 178, 194, 195, 215, 230, 231
Weiter, Eduard 274
Wengersky, Marie v. *ver* Lüttwitz, Marie v.
Werfel, Franz 184
Wessel, Horst 240
Wieden, Ruth *ver* Mayenburg, Ruth v.
Wilde, Grete ["Edna Mertens"] 187, 188, 193, 195
Wille, Gundalene Inez 101
Witzleben, Erwin v. 221, 233, 250,
"Wolf" *ver* Kippenberger, Hans
Wolff, Otto 150, 234
Wuest, Jacob 82, 153, 293,

Yorck v. Wartenburg, conde Ludwig 204
Yorck v. Wartenburg, conde Peter 100, 256, 257

Zorn, Hildur *ver* Hammerstein-Equord, Hildur v.
Zorn, Ralph 290

ESTA OBRA FOI COMPOSTA PELA SPRESS EM DANTE E IMPRESSA EM OFSETE
PELA GEOGRÁFICA SOBRE PAPEL PÓLEN SOFT DA SUZANO PAPEL E CELULOSE
PARA A EDITORA SCHWARCZ EM JUNHO DE 2009